Heinz Schwitzke

Evangelium der Gefangenen

Luther-Verlag Bielefeld

ISBN 3-7858-0249-8

Umschlaggestaltung von Herbert Lange BDG
Satz und Druck: Poeschel & Schulz-Schomburgk, Eschwege
Einband: Hunke & Schröder, Iserlohn
Printed in Germany

Dieses Buch wurde geschrieben 1945 bis 1948
im Gefangenenlager Tscherepowetz am Tscheksna-Fluß,
am Rand der großen Wälder.
Es entstand nicht mit poetischer Absicht, eher als Antipoesie,
nämlich zum Gebrauch für mehrere tausend Gefangene,
unter denen es Abschnitt für Abschnitt in der Dunkelheit
ihrer Baracken heimlich gelesen und vorgelesen wurde
und die viele Abschriften herstellten.
Eine davon gelangte nach Deutschland.
Es will auch heute nicht gelesen werden nur als persönliches
Bekenntnis oder zur Erbauung, sondern als Ausdruck einer
Existenzerfahrung und Dokument einer Bedrängnis, deren
Zeit vielleicht noch nicht vorüber ist.
Im Auge des Zyklons ist schwer zu begreifen, weder nach
Form noch nach Inhalt, was damals lebensrettend war.
Der Vorbericht »Das Manuskript aus der Feldflasche« ist ein
Versuch, das Begreifen zu erleichtern.

Vorbericht

Das Manuskript aus der Feldflasche

Freiheit, die ich meine

Im Juni 1945 – die Tage zählten wir nicht mehr, die uns Hunger und Geduld gelehrt hatten – wurden wir in Aibling bei München aus der Gefangenschaft entlassen. Kein Stacheldraht ringsum, nur Straßen und Wege, die ins Beliebige und Weite führten! Höflich hatte man uns sogar gefragt, wohin wir gebracht zu werden wünschten. Und dann hatte man mich mit einem Dutzend meinesgleichen auf einen offenen Lastwagen nach Coburg verladen. Zwei farbige US-Soldaten im Fahrerhaus, wir mit weichen Knien hinter ihnen, Autobahnen und Landstraßen buchstäblich leergefegt: Im warmen Fahrtwind umwehte uns trotz unsrer grollenden Eingeweide unbegreifliche Verheißung.

An einem Waldeck vor Nürnberg machten die Fahrer halt, setzten sich abseits ins Grüne und begannen ihr Frühstück auszupacken. Sie lösten es aus Hüllen von durchsichtiger Schönheit, Meisterwerken einer Verpackungskunst, von der wir damals noch keine Ahnung hatten. Hohläugig, hohlwangig umstanden meine Gefährten die Schmausenden. Ich schämte mich noch solcher Begehrlichkeit, schritt, krampfhaft seitwärts blickend und meine Gier bezwingend, weitab hin und her.

Entsprechend reagierte ich, als einer der mit mir Entlassenen aufgeregt zu mir kam: Der schwarze Fahrer habe an meiner Sonnenbrille Gefallen geäußert, hatte wohl die eigene vergessen oder verloren, ich solle ihm, damit er uns geneigt bleibe, gefällig sein. Sofort reichte ich dem Boten das Verlangte. Die Brille war ohnehin keinen Pfennig wert, am Bügel schon mit einer Stecknadel statt des Splints zusammengehalten.

Auf einmal sah ich den Schwarzen am Waldrand aufspringen und auf mich zulaufen. Sein Eifer machte mir Angst. Er packte mich am Ellenbogen und zog mich hinter sich her zum Wagen. Doch der Freundliche hatte nur Freundliches im Sinn. Seinen Fahrersitz aufklappend, unter dem sich eine geräumige Kiste befand, griff er mit beiden Händen hinein – riesigen Händen, die eine unvorstellbare

Ladung jener bewunderten Frühstückspakete fassen konnten. Fröhliche weiße Zähne bleckend legte er sie mir in die Arme: sein Gegengeschenk.

Die dunkelhäutigen Männer, ich sah es wieder, waren das Unterworfensein länger gewöhnt als wir, wußten genauer, wie Solidarität die Ohnmächtigen verbindet. Ohne recht daran glauben zu können, hatten wir es manchmal schon in den paar Wochen der Gefangenschaft gespürt: Sie fühlten sich, anders als die weißen Herren, ganz und gar als unsresgleichen.

Nun saß ich also, behaglich Brot und Butter, Wurst und Käse verteilend, im Kreis der Gefährten. Die Schokolade in den Päckchen hatte ich mir allein ausbedungen, vom andern wollte ich nur wenig. Ich war satt vor Freude bei dem Gedanken an meine Frau und die Kinder, die ich morgen oder übermorgen wiedersehen würde, und bei dem Gedanken an eine Freiheit, der ich erst jetzt, dank dem dunkelhäutigen Garanten, einigermaßen zu trauen begann.

Off Limits

Die Schokoladetäfelchen klapperten in meiner Tasche, der Gebirgskamm des Thüringer Waldes lag hinter mir, das gutgelaunte Fahrrad gab, abwärts rollend, sein Bestes. Ich hatte es in Coburg von freiheitsselig herumstreunenden jungen Polen gegen meine wasserdichte Armbanduhr eingehandelt. Ebenfalls in Coburg hatte ich bei einer Kriegerwitwe, deren Sohn ich vor Jahr und Tag hatte begraben helfen, gegen meine dreckverkrustete Uniform einen Zivilanzug bekommen. Nach dem lauen Sommerregen saß er wie angegossen, klebte eng um Schultern und Schenkel, die er zuvor wie eine Fahne umflattert hatte. Bald würde ich in der fremden Kleinstadt sein, in der meine Eltern nun wohnten. Alles war mir dort unbekannt.

Auch mein Vater war inzwischen vorwärts geflohen: Dies die Methode, mit der man sich seit mehr als einem Jahrzehnt bei uns der Weltgeschichte zu entziehen suchte; für die meisten gab es keine bessere. Vor Jahren (ich hatte ihn seitdem nicht gesehen) hatte der Sechzigjährige plötzlich seinen Lehrerberuf an den Nagel gehängt und ein Pfarramt übernommen. Als geistlicher Oberhirt entlegener Thüringischer Pfarrdörfer war er freier, als er sich zuletzt vor den Fragen seiner Berliner Schulkinder gefühlt hatte. Darum hatte er alles, was er besaß, verlassen, hatte seine noch immer unzerbombte Berliner Vorstadtwohnung aufgegeben und die Theologie gewählt. Der Weg bot sich an, da er, seit einem Vierteljahrhundert Mitglied eines Kirchengemeinderats, zu den Männern zählte, die sich »Bekennende« nannten. Sie wollten sich nicht länger zu dem bekennen, was ringsum geschah. Selig sind die Thüringischen Pfarrdörfer.

Durch einen Wehrmachtkurier hatte ich meiner Frau vor ein paar Monaten die dringende Mahnung zugestellt, unser Haus bei Berlin ebenfalls möglichst schnell zu verlassen: Binnen kurzem – es gehörte keine Prophetengabe zu der Erkenntnis – werde die Grenze an der Elbe sein, und jenseits werde ihnen vielleicht manches erspart bleiben. Der Kurier war wohlbehalten zurückgekehrt. Ich atmete auf, denn ich war so leichtsinnig gewesen, dem Mann die »destruktive« Botschaft schriftlich mitzugeben. Zum Glück war er den wirklichen Destrukteuren nicht in die Hände gefallen und brachte die Zustimmung meiner Frau.

Das erste, was ich auf der knarrenden Treppe hinter der geschlossenen Wohnungstür hörte, war ein Aufschrei der Freude: Meine Mutter hatte mich nach soviel Jahren am Schritt wiedererkannt. Abgezehrt und schmal erschien sie nun auf dem Treppenabsatz, verdeckte, was ich eben noch befremdet an der Tür angeheftet gesehen hatte, die Inschrift »Off limits!« Das Plakat hatte mir einen bösen Gedanken eingegeben: Hier glaubten sich zwei alte Menschen im Windschatten der Macht und lebten doch wieder in Griffweite einer anderen. Natürlich würde diese neue Macht Leuten, denen sie solche Plakate anhängte, nichts Böses tun, würde sie eher schützen. Doch welche Absicht war mit der Auserwählung verbunden? Welches war der Preis, wenn die Beschützer zugleich ein ganzes Volk, deren Schicksal die Hirten doch eigentlich teilen müssen, unter schwerste Schuldanklage stellten?

Aber darüber nachzudenken war in späteren Jahren mehr Anlaß und Zeit, – nämlich als dann so splendid für alle wieder Lossprechung erfolgte, gegen die Garantie gehorsamer Gefolgschaft in Wehr und Waffen. Mir war jetzt nur wichtig, daß es für mich kein Limit mehr gab, daß ich am Ziel war. Oder etwa nicht?

Schon als ich die Hand ergriff, die mich zu sich hob, schon bei der ersten Frage auf der Treppe, widerfuhr mir der große Schreck: Von meiner Frau, von den Kindern war nichts bekannt, und schlimm waren die Nachrichten, die unsren Wohnort unweit Berlin betrafen und die Flüchtlinge, die letzthin von dort nach Westen zu kommen versucht hatten. Es gab ein verstörtes Wiedersehen in der engen Küche, die zugleich Wohn- und Schlafstube war. Dennoch trösteten wir uns: Wir besaßen noch andre Verwandte westlich der Elbe. Gewiß war meine Frau dort, hatte sich nur noch nicht melden können.

Schon am nächsten Tag war ich mit meinem Fahrrad wieder unterwegs. Auch in den nächsten zwei Wochen noch. Bis feststand, daß meine Frau und die Kinder dieses Ufer nicht erreicht hatten und ich aufs andere mußte.

Die Elbe ist breit, die Mulde, ihr Nebenfluß, schmal. Ich fuhr an den Flüssen, die damals die Grenze markierten, hin und her, auf und ab. Überall standen Wachen. Die Versuchung, sie zu mißachten, war gering, es trieben Leichen im Wasser. Erst ganz oben im Erzgebirge gelang mir der Übergang. Die Bäuerin, die mir den Weg durchs Gestrüpp wies, forderte mein Fahrrad dafür. Ich handelte um ein Stück Rauchspeck als Zugabe. Schon wenige Tage später erreichte ich den Bahnhof Wittenberg. Dichtgedrängt warteten die Menschen auf Treppen und Bahnsteigen, Menschen, die, wie ich, heimkehren wollten.

... Züge, hieß es, würden eingesetzt. Viele saßen schon den ganzen Tag, die ganze Nacht auf der Bahnsteigkante. Dies war ihre letzte Hürde: Nur die Fahrgelegenheit noch, dann war man zuhause, und das Leben begann wieder. Fürchtete man sich nicht vor dem Beginn? Ach, das Entsetzliche mußte endlich vorüber sein, jetzt wollte man nur noch Pläne und Hoffnungen bewegen.

Unversehens stieß ich auf eine Bekannte, eine Opernchoristin, mit der ich vor Jahren gelegentlich im Funkhaus zu tun hatte. Ich hätte sie nicht wiedererkannt, doch ihr lautes Freudengeschrei verriet mir, daß ich dazu verpflichtet war. Außerdem stellte sie mir sofort alle Möglichkeiten zur Verfügung, die sie jetzt besaß: Sie hatte sich inzwischen verheiraten können, ihr Mann verfügte über Beziehungen zur russischen Berliner Generalität. Ich sei doch gewiß auch Nazi gewesen. Ihr Name, ihre Anschrift würden so oder so meine Zukunft sichern. Vertrauensvoll verriet sie mir, worin sie ihr spätes Eheglück begründet glaubte: in der operativen Reduzierung ihrer zuvor ziemlich üppigen Brüste. Verstohlen führte sie mir die Hand, damit ich mich vom Gelingen der Operation überzeuge. Ich lachte etwas betreten: Hoffentlich sei mit der Fülle nicht auch ein Stück der einst so prächtigen altistischen Resonanz dahin!

Wie großzügig, wie vertrauensselig waren die Menschen auf dem Bahnhof Wittenberg! Wie viele Hilfsversprechen und Anschriften wurden ausgetauscht! Als nach ein paar Stunden der Zug einlief, waren alle Freundschaften wieder auseinandergerissen, wohl meist für immer.

Begegnung mit einem Kleingärtner

Im Abteil stand ich eingezwängt neben einem Kleingärtner. Er kannte meinen Heimweg in allen aktuellen Einzelheiten. Sorge sei nicht vonnöten, die entlassenen Soldaten liefen hier sogar noch in Uniform auf den Straßen, mein Zivilanzug sei bewundernswert! Doch solle ich um Gotteswillen nicht (wie ich eigentlich vorhatte) bis Berlin durchfahren, aus dem Zentrum müsse ich dann kilometerweit über Schutt- und Trümmerberge zurück! Vernünftigste Möglichkeit: gemeinsam mit ihm schon am Güterbahnhof Teltow auszusteigen. Von dort die lange, menschenleere Straße über Land bis zum Hindenburg-, nein, Hitler-, nein, wie vordem, Ruhlsdorfer Platz. Der alte Name, mir aus der Pennälerzeit bekannt, heimelte mich an. Alle Gründe meines Begleiters leuchteten mir ein, auch daß der von mir beabsichtigte Umweg durch den Wald überflüssig sei: Der Posten auf dem Platz störe keine Seele, lächele sogar, wenn sich endlich jemand blicken lasse.

Ich hatte die Hände frei, half dem Mann die leeren Körbe tragen, mit denen er aus seinem Kleingarten Obst holen wollte. Die Straße war staubig, schwamm vor Sonne und Helligkeit. Spatzen schilpten im Sand, und die Fröhlichkeit meines Begleiters steckte mich an. Je bekannter die Gegend mir schien, desto wohler wurde mir. Oh, dies erregende Gefühl, heimzukommen! Von dem vertrauten Platz, den man in der Ferne schon sah, waren es kaum mehr zwei Kilometer bis zu meiner Gartentür. Der Briefkasten würde wohl noch leer sein, scherzte ich, die Kirschen noch grün. Dafür würde ich – nach mehr als sechs Jahren! – nun wieder Zeuge werden, wie sie sich röteten.

Da stand er übrigens schon, der angekündigte Soldat. Friedlich hielt er die Maschinenpistole vor die Brust gedrückt, wetzte in gelangweiltem Auf und Ab die Stiefelabsätze am Pflaster. Doch als wir mit vertraulichem Grüßen und Lächeln vorbei wollten, senkte er die Waffe und fragte radebrechend nach unsern Pässen.

Den Kleingärtner schickte er, als er seinen »Propusk« gesehen hatte, weiter. Mein Ausweis war ausländisch und schwerer zu entziffern. Doch allmählich begriff er, verglich in Gedanken den Inhalt mit den Anweisungen, die man seinem kantigen Schädel eingepaukt hatte: Ist der Stempel echt, so auch der, der ihn vorzeigt. Doch steht da nicht, daß er ein Soldat sei, solch ein entlassener, entlaufener? Sogar ein Leutnant? (Weit hatte ich es gebracht in den sechs Jahren!)

Später erfuhr ich, daß an diesem Tag, keine zwanzig Kilometer von dem geschichtslosen, sonnenüberglühten Dorfplatz entfernt, die »Potsdamer Konferenz« tagte. Große alte Männer, das Kollektiv der Weltherrscher, berieten dort. Ihretwegen wurden die deutschen Soldaten wieder aus den Straßen und Häusern entfernt, in die man sie sich zu früh hatte einnisten lassen. Hatte der Kleingärtner mich in eine Falle geführt? Ohne Zweifel war er ein Ehrenmann, sonst hätte er nicht, als der Posten ihm den Wink gab weiterzugehen, diesen so auffälligen Geschwindschritt eingeschlagen; Denunzianten und Verräter sind gelassener, ihr Verhältnis zur Macht ist auf Vertrauen gegründet. Ob er noch gehört hat, wie der Posten zu mir »Du mitkommen!« sagte? Gelegenheit zum Entspringen gab es nicht mehr. Doch wozu auch, da die Waffe scharf geladen war und mein Stempel mir noch immer gut schien?

Nahebei in einem niederen Bauernhaus war die Wachstube, die nach Öl und Leder roch. Dort zweigte die Treppe zum Keller ab. Als ich sie unter den Füßen spürte, fing für mich der Marsch durch den langen, dunklen Schacht der Ratlosigkeit an. Fast ein halbes Jahr verstrich, ehe mir – an entlegener Stelle des Globus – wieder ein Licht aufging. Dann aber wurde es schnell heller und wuchs sich zur Erfahrung meines Lebens aus.

Ich muß dem Kleingärtner dankbar sein.

Kellergedanken

Andrerseits und genau besehen: Was widerfuhr mir eigentlich Besonderes? Ich war anfangs töricht genug, als Besitzer eines von einer Siegermacht ausgestellten Ausweises mindestens diplomatische Demarchen zu erwarten. Hatte wohl selber zu lange die Siegerrolle gespielt; das verstellte mir die Einsicht. Ich begriff nicht, daß alles, was ich an meinem Schicksal so unerhört fand, in dieser Welt überall und täglich – vor mir und nach mir und gleichzeitig und wahrscheinlich bis in fernste Zukunft – auch Millionen anderen geschah.

Ein Keller ist ein guter Ort zum Nachdenken: Die Praktiken, die ich erlebte, stammten wohl schon aus babylonischen Zeiten, schon Babylonier saßen an den Wassern und weinten, als Assur wieder einmal die Macht ergriff. Alles lag nur am Machtergreifen, Macht war die entscheidende Seite der Sache. Die andere, erheblich banalere war dann der endlose Zug der machtlos Ergriffenen, der dabei anfiel.

Was diese bei dem Vorgang gewannen, falls sie nicht dabei umkamen, war bloß ihr Ergriffensein. Doch konnte das nicht manchmal lehrreicher werden, als sie anfangs ahnten? Ein wenig begann es mir zu dämmern, doch warum erst jetzt und so spät? Man hätte uns Weltgeschichte schon in den Schulen anders beibringen müssen, vielleicht wären nicht nur *uns* schlimme Erfahrungen erspart worden.

Besonders lehrreich übrigens schon im Keller die Dialektik der täglichen Tröstung. Sie kam stets mit der Suppe. Falls die Suppe aber durch Schwierigkeiten der Organisation einmal ausblieb – Organisation ist immer das Schwierigste – kam sie auch allein. Ich lernte es schon am ersten Tag bewundern, dieses »Morgen gehts heim!« Die Frohbotschaft der Wärter regt jeden Gefangenen, jeden Mißhandelten zu Träumen der Sanftmut an. Zugleich erleichtert sie die Aufsicht.

Stiefelstudien

Meine Träume brauchten vorerst noch keinerlei Anregung. Sie waren noch frisch und hatten aus dem Keller nur zwei Kilometer zu überbrücken. Das bewirkte, daß ich mich von meinem ersten Mitgefangenen, einem Tschechen, schleunigst in die Kunst der Kassiber einweihen ließ. Er besaß, obwohl jünger als ich, schon wesentlich ältere Erfahrungen als Gefangener – und unter wesentlich mehr Regimen. So war er fest überzeugt, daß von den Stiefeln, die man oben am Fenster vorbeipatroullieren sah – man sah aus unsrer Perspektive nur Stiefel – einzelne bereit sein würden, uns bei Beförderung unsrer Kassiber zu helfen. Er erklärte mir, wie man diese Stiefel, durchweg Beuteware etwas abgenutzter Eleganz aus vieler Herren Armeen, auf ihren Charakter taxieren und dann mit Mut auf die Probe stellen müsse. Mein Lehrer argumentierte, daß die besseren zweifellos immer die Füße der tüchtigeren und fixeren Träger beherbergen, und er schloß daraus, daß diese Träger dann auch uns geneigter sein müßten. Als Lockmittel benutzte er meine Schokolade und Reste vom Rauchfleisch, die er hinaufwarf. Mich kränkte der Verlust nicht. Was wollte ich noch damit, da die Heimat so nahe war? Sie sollte unversehens noch näher kommen.

Wir hatten uns inzwischen auf sechs vermehrt. Zwei alte Polen waren hinzugekommen, die Tag und Nacht vor sich hin schimpften, und zwei desto schweigsamere fünfzehn-, sechzehnjährige Deutsche.

Eines Morgens vor Dämmerung holte man uns auf die Straße, wo wir unter Bedeckung warteten, bis drinnen unsre Papiere geordnet waren und es heller zu werden begann. Dann ließ man uns mit erhobenen Händen abmarschieren. Ich marschierte gradewegs in die Heimat hinein, freilich auf andere Weise, als ich erhofft hatte.

Es ging durch den Vorort, in dem ich aufgewachsen war, vorbei an den ausgebrannten Trümmern meiner alten Schule und durch Straßen, in denen ich jeden Winkel, der noch heil war, kannte. In anderes, was nicht mehr heil war – weit aufgerissene Häuser –, durfte ich nun sogar Einblick nehmen. Überall waren Bezugspunkte auf der Landkarte meiner ersten Erinnerungen. Auch das wohlbehaltene Haus meiner Eltern wurde mir vorgeführt. Oder wollte man meine jetzige Erbärmlichkeit *ihm* vorführen? In diesem Garten war ich Kind gewesen, die Blumenkästen auf dem Balkon pflegte meine Mutter zu bepflanzen, das Thermometer am Fenster hatte mein Vater angeschraubt, im überschatteten Hofeingang hatte mich einmal der Nachbarhund angefallen. Jetzt bekam ich von meinem Hintermann einen Tritt, die Hände höher zu heben, und fremde, unausgeschlafene Gesichter sahen aus den bekannten Fenstern erschrocken auf uns herab. Gegenüber aber stand, unbewegt und unbeschädigt, noch der baufällige alte Kasten, der Schuppen, in dem wir Verstecken gespielt hatten, und neben ihm, begrünt wie eh und je, die Lauben der ersten harmlosen Liebesabenteuer: Das Ganze ein rückwärts gedrehter Film. Ich fand ihn durch die Zwischenschnitte aus Gegenwart etwas überpointiert.

Vielleicht um meine kritischen Einwände zu bestrafen – in Wirklichkeit bekräftigte es sie –, ließ der Posten mitten in der Biographie halten, auf einem mir wohlbekannten, weidenbestandenen Feldweg. Es tickten nämlich noch immer mehr Uhren in Deutschland als nötig war, mein Vater hatte mir als Ersatz für die Armbanduhr seine silberne Taschenuhr mitgegeben, ein ehrwürdiges Erbstück, das er stets geschont hatte. Die ungeduldigen Blicke, die ich in den langen Kellernächten auf ihr altmodisches, weißes Zifferblatt warf, müssen von meinen Schlafgenossen bemerkt worden sein. Wahrscheinlich war es einer von den unwirschen Polen, der mich dem Posten verriet. Noch heute weiß ich genau – habe dem Feldweg kürzlich zur Überprüfung einen Besuch abgestattet –, bei welcher der

Weiden ich stand, als mich für mein Leugnen der Faustschlag ins Gesicht traf. Auch die Weide steht noch, nur erheblich älter geworden. Ich aber fand den Schlag, so schmerzhaft er war, schon nicht mehr unverdient: Ein Gefangener muß wissen, daß man Besitz, den man nicht verheimlichen kann, ausliefert.

Nachteile des Führerprinzips

Als wir weitermarschierten, allmählich wieder durch unbekanntere Straßen und Stadtteile, wurde unser Zug größer. Das winzige Rinnsal nahm weitere Rinnsale auf; andere, die der Tschechen und Polen, trennten sich von uns. In dem kleinen, nur primitiv eingezäunten Barackenlager von Friedrichsfelde fand abends der erste Zählappell statt: Wir waren sechsundvierzig. Als sich nachts einer davon über den Zaun schwang und wir durch die Schüsse geweckt wurden, die man ihm – zum Glück vergeblich – nachsandte, erfuhr ich erst, welche Verantwortung auf meinen Schultern lag.

Ringsum brüllten plötzlich Stimmen meinen Namen durch die Nacht – etwas entstellt, ich gewöhnte mich erst später an die fremde Aussprache. Die Stimmen drangen in die dunkle Stube, wo ich mit ein paar andern am Boden geschlafen hatte, und eröffneten mir: Ich sei hier Rangältester und darum mitschuldig. Falls noch einmal einer zu entwischen versuche, werde man mich erschießen. Das Wort klang glaubwürdig, zumal ich durch mein dünnes Hemd die noch warmen Mündungen der Maschinenpistolen spürte. Deshalb holte ich schon im Morgengrauen meine präsumtiven Untergebenen aus den Baracken und beschwor sie, gnädig zu mir zu sein. Die Vierundvierzig versprachen es dem Fünfundvierzigsten.

Dennoch hörte man am nächsten Abend, als wir eben einschlafen wollten, erneut Schüsse. Wenige nur, doch riß es mich vom Lager, noch ehe man mich rief. Draußen stellte man mich ins Scheinwerferlicht eines Lastwagens, an dessen Seiten im Dunkel ich die beiden Posten mit den Maschinenwaffen auf den Hüften erkannte. Nach kurzem Wortwechsel hinter dem Vorhang aus Nacht sprang dann plötzlich der Fahrzeugmotor an, und Wagen und Scheinwerfer schwenkten an mir vorbei zum Zaun.

Da lag der Mann, der sein und mein Leben so wenig ernst genommen hatte. Sie warfen einen Spaten vom Wagen und befahlen mir, den Toten einzuscharren. Während ich, wieder im Scheinwerferlicht, schaufelte, den schweren Leichnam über den Boden schleifte, weiter schaufelte, fühlte ich im Nacken wie kalten Kitzel, daß sie jeden Augenblick schießen könnten. Die Grube, einmal offen, hätte statt des einen wohl auch zwei aufgenommen. Meine Angst ließ mich die Erde umwühlen wie ein schnaubendes Tier. Am Ende wurde nur grinsend meine Tüchtigkeit gelobt, zum Lohn drückte man mir ein Stück Brot in die Hand. Mir war so schlecht, daß ich es, als sie mich in die Baracke zurückstießen, hinter die Tür warf. Am Morgen war es verschwunden.

Rüdersdorf

Danach wurde ich nie wieder Lagerältester, hatte das Glück, stets mitten im Strom zu schwimmen. Der Strom aber wuchs auf viele Tausende. Auch die Lager wuchsen. Ein Fabrikgelände bei Rüdersdorf war zu einer Großstadt aus Gefangenen geworden, die meisten, wie ich, schon einmal entlassen. Doch niemand fragte danach.

In Rüdersdorf versuchte ich es erneut mit Kassibern. Jeden Sonnabend führte man Kommandos nach draußen, um Besenreisig zum Auskehren der mächtigen Lagerhäuser zu holen, die uns als Unterkünfte dienten. Ehe die Kommandos unter Bedeckung in die Gehölze der Umgebung gelangten, begegneten ihnen jedesmal Menschen, deren Augensprache sie verstanden. Denen warfen sie, wenn die Posten nicht hinschauten, zusammengefaltete Briefchen unter die Füße. Obwohl ihnen keiner der »Spaziergänger« bekannt war, waren sie sicher, daß sie nur dazu ihren Weg kreuzten. Auch wurde behauptet, daß es Posten gebe, die ihre Blicke mit Fleiß beiseite wandten. Die Völker, über die die Russen herrschen, wissen gleichfalls von Solidarität.

Doch wie wenig helfen auf die Dauer Botschaften, auf die es keine Antwort gibt! Schweigen ist vieldeutig. Jeder wollte wenigstens wissen, ob seine Frau, seine Kinder, seine Eltern noch am Leben seien. Meine letzte Nachricht durch jenen Kurier lag inzwischen sieben Monate zurück.

Die Gefangenen hatten draußen vor der Umzäunung eine Stelle ausfindig gemacht, von wo man unbemerkt zu ihnen hinein signalisieren konnte. Dorthin bestellten sie ihre Angehörigen. Auch geschah es gelegentlich, daß Passanten dem Reisigkommando ihrerseits Botschaften auf den Weg warfen. Ein paar Frauen war es sogar gelungen, ihre Männer ans Lagertor holen zu lassen, wo sie durch den zehn Meter breiten Doppelzaun einander anblicken konnten. Waren die Posten guter Laune und wußten sich vor Vorgesetzten sicher, erlaubten sie sogar Zurufe, spielten nur pro forma die Herren.

Immer wieder schrieb ich meiner Frau von solchen Möglichkeiten, mehrmals schlug ich Termine vor. Doch selbst wenn meine Zettel sie erreichten: Wie gering war unter den Tausenden von Gefangenen mein Anspruch auf einen der Glücksfälle! Einmal, als meine Frau möglicherweise hätte am Weg stehen können, wurde unversehens kein Besenkommando geschickt. Vor dem nächsten Kommando – immer wieder mußte man auf die Sonnabende warten – wurde plötzlich das ganze riesige Lager in Bewegung gesetzt.

Schub um Schub ergoß sich die Gefangenenstadt, ein ungeheures Gewoge von Menschen, nach draußen (beinahe hätte ich gesagt: ins Freie). Draußen wurde die auseinanderstrebende Kolonne zwischen zwei dicht aufgeschlossenen Reihen Bewaffneter zusammengehalten, bis die drängende, flutende Bewegung wieder in gleichmäßigen Marsch überging.

Östliche Autobahn

Der Septembermarsch der Rüdersdorfer Gefangenen in der Sommerglut der Autobahn nach Frankfurt an der Oder wurde, wie wir später erfuhren, unter der Bevölkerung der Gegend bekannt, berühmt, berüchtigt. Aber warum eigentlich gebärdete man sich erschrockener als im Jahrzehnt zuvor? Mancheiner, der sich jetzt zwischen den von der Eskorte Zusammengedrängten vorwärts schleppte, hatte damals vielleicht gleichfalls Züge machtlos Leidender eskortiert, ebenso hilflos, ebenso unschuldig-schuldig und widerwillig wie nun unsere Treiber. Natürlich sind Treiber satter als Getriebene, haben ihnen voraus, daß sie wissen, wo die Quälerei einstweilen endet. Doch ist das oft der ganze Unterschied.

Ohne Wasser in der stechenden Hitze brachen Hunderte auf dem heißen Asphaltspiegel in die Knie, fielen auf die Gesichter, wurden wahnsinnig. Einen sah ich mit einem fast komisch-verwegenen Satz aus der Kolonne springen und sich nach kurzem Lauf durch das Gewehrfeuer der Posten, die ihm, aufgeschreckt aus ihren Träumen, müde nachschossen, über das Geländer einer Eisenbahnbrücke schwingen; in der Tiefe blieb er auf den Gleisen liegen. Die andern, die im Marsch starben, schob man einfach an den Straßenrand; zuvor hatten ihre Kameraden sie oft noch kilometerweit mitgeschleppt. Doch wozu? Wie lange würde man selber durchhalten?

Mit etwas herablassendem Staunen sahen wir, daß die Russen

unordentlichere, aber sehr viel bequemere Methoden hatten, als sich Preußen träumen lassen: Bei uns dürften Ausfälle auf solchen Märschen höchstwahrscheinlich auf umständlichen Formblättern mit mehreren Durchschriften registriert worden sein. Hier wurden die Lücken einfach sofort wieder geschlossen – meist durch Heimkehrer, die dem Zug arglos entgegenkamen. Unsere russischen Posten zerrissen die eben ausgestellten russischen Entlassungsscheine, und eine neue Buchführung begann. Oft brüllten die Aufgegriffenen noch eine Viertelstunde wie geschlagenes Vieh, während man sie gewaltsam mitschleifte. Nicht selten wurden auch Treibjagden auf Bauern veranstaltet, die auf den eigenen Feldern um ihr Leben liefen. Doch für den Zug, der an Zahl immer gleich blieb, war nichts Anlaß zum Aufenthalt. Auch sein Tempo blieb immer gleich, auch die Last der Sonne, auch die Dunsthitze, die aus der Autobahn aufstieg.

Spekulationen auf Schienen

Man mag bestreiten, daß der Mensch ein vernunftbegabtes Wesen sei: mit Zuversicht begabt ist er ohne Zweifel. Sogar in den Kasernen jenseits der Oder glaubte noch jeder, man werde sich unversehens besinnen und *ihn*, gerade *ihn* in seiner Unschuld, reumütig nach Hause schicken. Selbst als man uns – wieder zwei Wochen später – auf ein nahegelegenes Abstellgleis trieb und abgezählt in Güterwagen lud, gab in der dunklen Enge die Frage Anlaß zur Hoffnung: warum man uns denn so lange eingeschlossen stehen lasse, wäre über unsre Bestimmung schon entschieden? Durften wir nicht, Wagen für Wagen (nie freilich gleichzeitig), täglich mehrmals ans Licht, um Suppe zu fassen und unser Wasser abzuschlagen, und war da nicht immer noch die gleiche öde Waldkulisse und die gleiche, nun eingetrübte Sonne, mehr als eine Woche lang? Erst am zehnten Tag begannen die Räder langsam unter uns zu mahlen, dann zu rollen. Doch mußte auch das noch nicht unbedingt ein übles Zeichen sein, mindestens nicht, solange wir uns westwärts bewegten oder auch ein wenig nordwärts. Auf kurvenreicher Strecke ist die Himmelsrichtung schwer auszumachen: Die Kompaßnadel unsrer Kalkulation deutete immer ungefähr nach Westen. Erst als einer durch einen Spalt das Schild »Insterburg« gelesen hatte, waren wir einigermaßen geschockt. Doch trauten wir dem Kerl nicht, traute er sich doch kaum selber.

Noch auf dem Güterbahnhof vor Moskau gaben wir die Zuversicht nicht auf. Sprach nicht vieles eindeutig für einen Irrtum, vor allem das Tempo, das so zaghaft war? Nachdem seit jenen Junitagen, an denen man die meisten erneut zu Gefangenen gemacht hatte, schon in Frankfurt zweieinhalb Monate verstrichen gewesen waren, dauerte unsre Reise in den verschlossenen Waggons nun wiederum zwei Wochen. Fast ein halbes Jahr nach Kriegsende konnten Gefangenschaften eigentlich zu Ende gehen.

Dekoration zu Parzival – vorletzter Akt

An einem kühlen, aber wunderbar durchsichtigen Tag wurden wir aus dem dunklen Güterwagen plötzlich über Feld in ein helles, properes Lager geführt. Wir wußten nicht, wo wir uns befanden, doch kam uns der Gedanke an Schrebergärten: Die Baracken wirkten wie birkene Sommerhäuschen, aus bräunlichen Mooskissen drehten sich kokette Birkenstämmchen mit spärlichem, schon leicht gilbendem Behang in den stählernen Himmel, im Moos verstreut aber blühten mit etwas kränklich-blaßgrünem Weiß rührende, winzige Sternchen. Dabei schrieb man schon Anfang Oktober. Auch wurden wir sofort wieder aus dem Paradies vertrieben, um Kochholz zu holen. Nachher dachten wir, daß vielleicht nur die eisenschwere Last der schwarzen Eichenstubben, die wir aus dem nahen Sumpf hereinschleppen mußten, unsere von langer Untätigkeit aufgeweichten Seelen anfällig für so viel Lyrik gemacht hätte.

Draußen beim Arbeitstrupp hatten wir von einem Hügel aus in weiter Ferne eine riesige Baustelle entdeckt. Ein Geograph meinte, daß es sich um den Staudamm von Rybinsk handle, der seiner Vollendung entgegenging. Hinter ihm blinkte ein halbgefüllter Stausee, alle sahen ihn.

Vor den birkenen Baracken suchte an diesem Abend jeder seine Vertrauten auf, und man gestand sich flüsternd ein, daß die Entscheidung, an die niemand hatte glauben wollen, längst gefallen war: Wir wurden verschleppt. Die freundliche Landschaft hatte uns die Entdeckung erleichtert, sie bewirkte auch die seltsame Gelassenheit, mit der wir sie ertrugen. Stumm tauschten wir unsre kindlich-großartigen Ansprüche endgültig gegen die allerkleinste Münze ein, eine, die sich nun nicht mehr wechseln ließ: ungewisse Hoffnung.

In dem lieblichen Lager, an das sich alle noch lange wie an einen letzten Urlaub von der Wirklichkeit erinnerten, blieben wir zwei Wochen. Seit Frankfurt war dies unser Reiserhythmus. Dann trieb man uns noch einmal, und wieder für zwei Wochen, in Güterwagen. Und dann versank sogar die bescheidene, ungewisse Hoffnung, auf die wir uns einzurichten versucht hatten.

Am Ziel

Schien die Gegend, in der man uns auslud, nur so düster, weil die Nacht mondlos war, sternlos? Wir sprangen aus den Waggons in die Tiefe. Dünner Schnee, in dem die Füße kaum Halt fanden, lag über noch ungefrorenem, glitschigen Acker. In der abgründigen Finsternis vor uns schneite es immer schneller, mit immer größeren, immer dichteren Flocken. Die Kolonne, die über die Ackerschollen stolperte, bot das vertraute, jammervolle Bild: Zwei Lahme stützten den dritten, noch lahmeren. Bald entdeckten wir seitwärts, entlang dem weglosen Weg, einen Zaun – oder vielmehr die unmißverständlichen zwei, zwischen ihnen in Abständen aufragende Holztürme. Nach etwa halbstündigem Marsch stand ein Tor offen, nein, zwei hintereinanderliegende, und wir stapften hinein, weil die Männer vor uns hineinstapften und die Männer vor diesen Männern. Dann wurde irgendwo hastig abgezählt, man spürte, daß sie es eiliger hatten als sonst, und schließlich ging es in große, nach Moder riechende, lichtlose Baracken. Tastend und blind wurden wir vom Gedränge ins Nichts geschoben. Drin sank man irgendwo, wie es gerade kam, auf den Holzfußboden oder eine Pritsche. Hatte man das Glück, nicht weitergeschoben zu werden, fiel man neben unbekannten Nachbarn, ohne weiter nachzudenken, sofort in Schlaf. Er war das Ende der wochenlangen Fahrt.

Nun hatten wir sogar vorm Träumen Angst. Aber ich zweifle, ob mir in dieser Nacht ein Traum verriet, daß der abgezäunte Bezirk in dieser kalten, baumlosen Öde von Stund an meine Heimat sein würde, drei Jahre lang. Ohne Zwang hätte ich sie mir nicht ausgesucht. Aber sucht man seine Heimat überhaupt je aus? Jedenfalls bewegt mir der Name *dieser* noch immer das Herz, und eine Art Sehnsucht ergreift mich, wenn ich an sie denke. Ein Stück von mir wohnt wohl noch heute, nach dreißig Jahren, dort.

Blackout

Inzwischen war Winter geworden. In den nordöstlichen Weiten geschieht der Wechsel der Jahreszeiten über Nacht. Bald aber wird diese Nacht von keinem Morgen mehr unterbrochen, der nicht zugleich schon Abend wäre. Auch erinnere ich mich nicht, daß es am Anfang irgendein künstliches Licht gegeben hätte. Erst zwei oder drei Tage später tauchten Blechbüchsen mit Kerosin auf, in deren Deckel blakende, rußende Dochte steckten. Auf jede Baracke – etwa dreihundert Gefangene, man nannte das »Bataljon« – kam eine der Büchsen. Doch war ihr Licht keineswegs bestimmt, die Baracke zu erleuchten, es wurde vom »Bataljoner« gebraucht. »Bataljoner«: das war einer, der, sofern er nicht beim Abzählen schon dafür eingeteilt war, noch Tatendrang genug in sich spürte, ein Bataljon zu verwalten. Bei flackerndem Öldunst mußte er in seiner vom großen Gemeinschaftssaal abgetrennten Kammer mit seinem »Adjutanten« erst einmal eine Kartei mit Namen und Daten anlegen, wozu er uns einzeln zu sich rief. Als Karteiblätter dienten von russischen Zigarettenschachteln abgerissene Pappstücke.

Zu unserm Staunen erhielten wir, schon in den letzten Tagen unterwegs und nun auch hier, gelegentlich grob geschnittene Tabakrippen, Machorka genannt, manchmal auch russische Zigaretten mit hohlen Pappmundstücken. Neben der Wassersuppe gab es falschen Kaffee, nicht selten auch schwarzen Tee, und an Brot ziemlich regelmäßig für jeden täglich zweimal zweihundert Gramm. Es war stets feucht wie ein Schwamm, den man auszuwringen vergessen hat. Der wohlschmeckende Tee, von dem wir, schon aus Hunger, möglichst viel in uns hineinschütteten, machte uns in unsrer Schwäche zugleich zitterig und lebendig.

Die Verteilung des Brots geschah bei dem vom Bataljoner kurzfristig ausgeborgten Kerosinlicht, sie war während der ersten Wochen unsre einzige, freilich äußerst spannende Beschäftigung: Dreihundert Augenpaare blinkten wie Katzenaugen, wenn auf den selbstgefertigten Bindfadenwaagen die Brotstücke in immer kleinere Hälften geteilt und solange gegeneinander ausgewogen wurden, bis sie klein genug an Umfang, groß genug an Zahl waren. Dabei durfte keine Schnitzelei entstehen, jeder verlangte sein »glattes« Stück. Meist verschlang er es auf der Stelle. Einige jedoch schufen sich eine Art Kult des Einteilens und Aufbewahrens, der unsägliche Energie und Wachsamkeit erforderte. Doch hier war jedes Ritual, gerade auch ein selbsterfundenes, geheiligt und lebenswichtig – nicht minder lebenswichtig als das Essen selbst, dessen Menge nie den vorgeschriebenen Normen entsprach (wir erfuhren von der Existenz von »Normen« erst später).

Wo man fremd unter Fremden ist, die man, mindestens anfangs, mehr als Rivalen denn als Freunde und Gefährten empfindet, und wo Nacht in Nacht übergeht, Dunkel in Dunkel, entbehrt das Leben bald jeglicher Kontur, wird zu leerem, sinnlosem Warten. Menschen, die Ansprüche an sich stellen, suchen dann in sich eine der wichtigsten menschlichen Fähigkeiten wiederzuentdecken, ebensowichtig wie Verstand und Vernunft: die Fähigkeit, Formen zu bilden, seien sie nun simpel oder subtil, und sich ihnen zu fügen.

Außer der regelmäßigen Attraktion der Brotverteilung gab es nichts: lähmende Untätigkeit. Auch führte uns – abgesehen von den Essenholern – kein Weg nach draußen, es sei denn der jedem Bataljon genau abgesteckte zur zwanzig Meter entfernten Freiluftlatrine. Auf ihm stellten die Bataljoner Wachen aus, da er zu allen Stunden des täglichen und nächtlichen Dunkels voller Nachtwandler war. Laut knirschte unter ihren Füßen der Schnee, frostbebend warteten sie, ehe auf den vom Nordwind glattgefegten, eisüberkrusteten Brettern einer der Hockplätze frei wurde. Dann aber hockten sie gleichmütig, auch wenn gelegentlich ein in der Dunkelheit unruhiger russischer Posten vom nahen Turm ein paar Schüsse über ihre Köpfe feuerte.

Übrigens hockten um die Hockenden herum im grauschwarzen Schnee nicht minder gleichmütig Schwärme großer, schwarzer Rabenvögel. In den Latrinengraben hinabstoßend holten sie von Zeit zu Zeit Abfälle herauf und zerrten und schüttelten sie mit den Schnäbeln im Schnee auseinander. Überall im Lager war das Weiß – man sah es, wenn es kurz dämmerte – von winzigen Flaumfedern überstreut, die die Vögel dabei aus dem Gefieder verloren. Und da immer neuer Schnee auf den alten fiel, war die Schneedecke bis in die Tiefe vom schwarzen Flaum gleichmäßig durchsprenkelt.

Mit aufgetautem Schnee wuschen wir uns anfangs. Manche löschten mit Schneewasser den Durst. Dennoch glaube ich nicht, daß die Ruhr erst dadurch ins Lager kam. Sie überfiel uns gleich nach der Ankunft, wir hatten sie wohl eingeschleppt. Jedenfalls erfuhren wir bald, daß wir in Quarantäne lagen und daß niemand zu uns herein-, niemand von uns hinausdürfe. Auch der Verkehr der Bataljone untereinander wurde eingestellt. Fast alle, die sich unterwegs gefunden und angefreundet hatten, waren auseinandergerissen.

In diesen Wochen gab es keine Zeit, weder Kalender noch Uhr. Nicht einmal an den Essenholern konnte man sich orientieren: zu unregelmäßig wurden sie abgerufen. Offensichtlich kamen auch unsre Bewacher draußen vorm Lagerzaun mit dem durch Angst- und Schutzmaßnahmen komplizierten Verkehr nicht mehr zurande.

Wir brachten in dieser Zeit viele Tote aus den Baracken. Im Schlaf oder beim Aufwachen spürte man plötzlich Kälte neben sich, Kälte und Unbeweglichkeit. Wir lagen auf den Pritschen so eng, daß niemand sich drehen konnte, ohne daß alle in der Reihe sich ebenfalls drehten. Rund dreißig Zentimeter Breite kam auf den Mann. Ging ein Toter ab, wuchs die Bewegungsfreiheit etwas. Die Toten aber erhielten, da der Erdboden draußen bis in die Tiefe gefroren war und uns Werkzeuge zum Aufbrechen fehlten, vorerst auch draußen keinen besseren Platz. Übereinandergeschichtet lagerten sie provisorisch in einem Bretterverschlag neben der Außentür sogar noch enger als wir. Doch trotz der Ratten, die man, spähte man durch die Zwischenräume der Bretter, in ihren Stapeln herumhuschen sah, drehten sie sich nicht mehr. Fast neideten wir ihnen ihre Geduld.

Rekapitulation der Kapitulation

Indessen wurden auch wir allmählich geduldiger. Vor allem aus Erschöpfung, aber auch, weil wir nichts mehr wußten, nicht einmal, wie es um uns selber stand, geschweige denn, was draußen in der weit entfernten Welt vorging. War es in ihr heller als bei uns oder gab es Welt und Wirklichkeit nicht mehr? Hier, auf und unter den Pritschen, spürte man nichts davon. Mühsam versuchte ich zu rekapitulieren, was gewesen war:

Mit fröhlichen Paraden im Wiener Befreiungsjubel und im beklommenen Schweigen des ehrwürdigen Prag hatte es begonnen. Dann, motorbeschwingt, der Überraschungscoup aufgesessener Blitzsoldaten, die durch den menschenarmen Osten einfach nach Brest rollten, wo von der andern Flußseite aus Russen, gänzlich unerwartete Verbündete, verblüfft deutsche Wertarbeit bestaunten. Dann der Stechschritt des fast schon vollendeten Triumphs vor den hohen Domen und Triumphbauten des gedemütigten Frankreichs. Und schließlich, scheinbar ganz und gar endgültig, die totale Besitzergreifung, sich ausdehnend und verklammernd in die Grenzen des unbewohnten Nichts am Nordkap und in den Wüsten Afrikas.

Doch unversehens warf hinter dem vermeintlichen Alles und Nichts die lauernde »Vorsehung« ihre Langmut von sich. Aus der Tiefe der Kontinente und Ozeane brach sie herein und drückte den hybride gespreizten Aufmarsch, obwohl er sich auf eben diese Vorsehung berief, jäh zu einem vollständigen Nichts zusammen. Kaum ein Zentimeter Boden gehörte dem Gewaltigen mehr, als er sich davonstahl, nur Schrott und zerstampfte Erde waren übrig. Für die wirklich globalen Endsieger – hier die »Streiter Gottes«, dort die Praktiker der Dialektik – mußte nun unausweichlich die Notwendigkeit in Kraft treten, ihre angekündigte bessere Welt aufzubauen: eine, in der sie mit dem Recht der Gerechten Gericht halten konnten. Freilich bestand über die Form dieser Welt zwischen ihnen noch keineswegs Einigkeit. Und solange sie nicht bestand, und falls nicht der Krieg darüber noch einmal aufflammen würde – auch das schien damals möglich: letzte Entscheidungsschlacht der Engel- und Rächerheere untereinander –, war wohl die große Erneuerung vordringlich ein Transportproblem. Wir hatten es eben kennengelernt.

Auf den spärlichen, jahrelang zerstampften Straßen und Bahnlinien zwischen Europa und dem Ural spielte es sich ab bis zum Pazifik hin. Die Armeen, die überall in den riesigen Kampf- und Nachschubräumen, den zerstörten Städten, Wäldern und Feldern erstarrt hängen geblieben waren – jeweils, wo sie zuletzt standen –, mußten neu und in anderer Richtung bewegt, versorgt, geordnet werden. Und in diesen unvorstellbaren Umschlag von Menschen, Gütern und Waffen, in dieses Hin in den unbekannten Frieden und Her aus dem verworrenen, verknäuelten Krieg, wofür noch kein klarer Plan bestand, waren wir hineingeraten, – nicht unähnlich der demontierten Beute aus Maschinen und Fabriken, die wir überall an den östlichen Bahnlinien hatten rosten sehen: Ballast, mitgeschleppt wohl nur, damit auf den überforderten Schienensträngen ja nicht zwischendurch etwa nutzlose Leerzüge rollten. Doch wozu der Abfall am Ende nützen sollte, wer konnte das schon überschauen? Wir waren erst einmal beiseite geschoben, gelagert in ein Lager, das für sechstausend zerlumpte Schatten einzurichten noch niemand Zeit gefunden hatte. Nur zufällig in benachbarten Depots vergessene Restbestände, nur was man mit der Hand heranschaffen konnte – ohne Bahn und Lastwagen, die anderweit und anderwärts gebraucht wurden –, nur das konnten unsre Bewacher, konnte das hungernde Volk im dunklen, verschneiten Land ringsum mit uns teilen. Drei Tage lang teilten sie uns sogar, gleichsam zur freundlichen Erinnerung, aus einem Zufallsfund meersalzzerfressenen amerikanischen Specks je zehn Gramm zu. Vor Monaten war er mühsam durchs nachtschwarze Eismeer und durch deutsche U-Boot- und Bombersperren hindurchgeschleust worden. Nun hatte er für uns wahrhaft apokalyptischen Geschmack: gemischt aus Trost und tiefem Erschrecken darüber, daß uns die einstigen Feinde, die uns so wenig Menschliches zu danken hatten, jetzt an derlei Kostbarkeiten teilnehmen ließen.

Ich werde diesen Geschmack nie vergessen; mir wurde auf einmal nicht nur unsre geographische, sondern auch unsre moralische Situation klar. Der Gedanke durchblitzte mich, daß wir in Rußland waren: Die Tradition von Dostojewskijs sibirischem »Totenhaus«, jener Katorga, in der Verbrecher und Gottesmänner beinahe friedlich nebeneinander hausten, war hier vielleicht wirksamer als die der Hitlerischen Vernichtungslager, die in ihrer Perfektion menschliche Anteilnahme nicht geduldet hätten. Angesichts unsrer abgrundtiefen Hoffnungslosigkeit kam diese Ortung fast einer Begnadigung gleich. Doch schmolz der Trost rasch wieder hin, fast ebenso rasch wie die kläglichen Speckvorräte.

Rücksprache mit der letzten Instanz

Ich lag auf den unteren Brettern. Einen halben Meter über mir kehrten mir andere, den gleichen stickig-animalischen Dunst atmend, ihre kalten Schultern zu. Die Blechbüchse, in der ich meine Suppe »empfing«, war mit Flicklumpen umwickelt, wie man sie hier sorgsam aufbewahrte, und diente mir nachts als Kopfkissen. Zudecke war einer der dünnen Soldatenmäntel, den mir in Rüdersdorf, wo mir zugleich der Zivilanzug wieder abgenommen worden war, russische Nachfahren des heiligen Martin zugeworfen hatten. Mein Exemplar hatte den Vorzug, eine tiefe Kapuze zu besitzen, in die ich die Füße stecken konnte, die auf den harten Brettern leicht kalt und steif wurden. Hob ich im Liegen die Arme aufwärts – etwa um die Insekten über mir wegzuwischen, die einem immerfort ins Gesicht fielen und die, wenn man sie zerquetschte, so penetrant nach Vanille rochen, – hob ich die Arme, dann stießen sie wieder an Bretter: an den Deckel meines Holzgehäuses. Zwangsläufig wurde man mit Bewegungen sparsam. Nur die Gedanken huschten unaufhörlich wie Tiere im Dunkeln und gaben nicht Ruhe. Man mußte sich quälen, sie festzuhalten, sollten sie sich nicht durch die tausend Fugen und Löcher ins Nichts verlaufen.

In der unheimlichen Angst, unmerklich zu verlöschen, sprach ich immer leise vor mich hin. Doch keiner der Nachbarn links und rechts, über oder unter mir hörte mich. Zuerst sagte ich nur auf, was ich auswendig wußte und was zufällig aus dem Dunkel in mein Gehirn kroch: »... Weib und Kind, Acker, Vieh und alle Güter mit aller Notdurft und Nahrung reichlich und täglich ...« Wahrhaftig, das traf nicht zu. Dennoch kam es immer wieder, obwohl ich es zu verscheuchen suchte. Ich hatte das Gefühl, im Hinterkopf einen Partner zu haben, der mir die Worte aus Hohn zuflüsterte. Vielleicht sollte ich ihn herausfordern und Erfüllung verlangen? Doch dann schwieg er beleidigt, blieb hartnäckig stumm. Oder sprach er nur noch hebräisch seit den Schrecken dieses Jahrhunderts? »Bereschit bara Elohim ät haschamajim weät haarez ... die Himmel und die Erde.« Himmel gar in der Mehrzahl; vielleicht reichte darum seine Potenz für die Erde nicht. Und wenn man ihn beim griechischen »Wort« nähme? Würde der Logos, der am Anfang war, sein großes Schaffen, Ordnen und Wirken bis zum Ende durchhalten können? Oder bliebe schließlich nur Blässe des Gedankens und Lallen und Entsetzensschrei der um ausgedachter Ideologien willen Gefolterten anstelle der Sprache, die doch einst Sinn und Anschauung in einem war? Abstrakt war das »Wort« geworden, leblos. Es war Fleisch gewesen, von den Menschen aber zerfleischt: Wie vielschichtig diese Geschichte doch war! Wieviel mehr als theologische Gedankenakrobatik oder religiöse Schwärmerei! Sprache, die Geschichten erzählt, ist, im Gegensatz zu den Schemata und Schemen unsrer armen Gehirne, konkret. Keine intellektuelle Interpretation kann sie in Begriffe auflösen und in Computer einspeisen, sie tötete sie denn zuvor. Das »Wort« ist lebendige Speise.

»Es ging ein Gebot aus von dem Kaiser Augustus ...« Augustus, das war einer der Männer, die sich zu Mächtigen aufschwingen, indem sie über die Einzelnen und den Einzigen mit ausgedachten Geboten zur Tagesordnung übergehen. Dann geschieht plötzlich wieder die Initialzündung: »Gekreuzigt, gestorben, begraben ...« Allerdings die Mächtigen selbst werden nicht gekreuzigt, kreuzigen auch nicht persönlich, sondern lassen andere kreuzigen – transitiv und intransitiv. Intransitiv auch insofern, als es nie vorübergeht. Es »höret nimmer auf«. Was war das doch, von dem auch gesagt ist, daß es »nimmer aufhöre«? Sofort den Logos beim Wort nehmen, beim Fleisch!

Die Gedanken begannen mir manchmal zu Versen zu gerinnen. Verse konnte man im Dunkeln leichter festhalten. Schlief ich ein, rannen neue durch meine Träume. Aber wachte ich auf – das Erwachen war unmerklich wie das Einschlafen –, so waren auch die alten noch da.

Anfang und Entwurf

Einer meiner Nachbarn – ich hatte es gesehen, unsre kurzen Lichtblicke waren einprägsam –, einer meiner Nachbarn besaß einige Blatt Papier. Mit einem Stück Brot, dem einzigen Zahlungsmittel, das galt, kaufte ich sie ihm ab, kaufte auch Bleistiftstummel und begann zu schreiben. Was ich mir im Dunkeln gemerkt hatte, fixierte ich in den Minuten der Dämmerung, wenn der schmale, graue Lichtstreif durch die winzigen, gegen Kälte zur Hälfte mit Holzspänen zugestopften Fenster fiel.

Es war kurz vor Weihnachten. Der Bataljoner hatte beobachtet, wie ich mich immer wieder ans Licht drängte, fragte aber nicht, was ich schrieb. Bald lernte ich sein Feingefühl noch besser kennen. Unvermittelt eröffnete er mir, er werde mich nicht mehr bei Helligkeit auf Posten schicken, meine Runde sei künftig bei Nacht, wenn ich ohnehin nicht schreibe. Am Heiligen Abend kam er sogar auf den Einfall, mir ein Geschenk zu machen: Er lieh mir für zwei Stunden sein Kerosinlicht. Sofort hoben mich die Kameraden auf die obere Pritsche und rückten eng um mich zusammen. Möglichst viele wollten an der Flamme teilhaben. Sie sangen, ich las ihnen die ersten Abschnitte vor und versuchte, soweit ich es selbst verstand, zu erklären, was ich plante:

Ich wollte nacherzählen, neu erzählen, was in den vier Evangelien steht. Zuerst das so Märchenhafte dieser Kindergeschichte, dieser Heimatgeschichte, dieser Weihnachtsgeschichte. Ob ich dann auch das Weitere und weitaus Schwerere neu formen könne? Es müsse alles lediglich durch sachliches Erzählen faßbar werden, ohne Auslegung und Interpretation. Die Geschichte müsse für sich sprechen, müsse durch sich selbst deutlich machen, wofür sie stehe: Gottes Passion sei Ausgleich und Wiederherstellung der Gerechtigkeit in der Welt um des ungerechten Leidens aller Lebewesen willen. Gott nehme – wegen des Bösen und der Schmerzen, denen er in seiner Schöpfung habe Raum geben müssen, damit in ihr Freiheit herrsche – selber das allerschwerste Leid auf sich, mache sein Kreuz zum Mittelpunkt der Erde. Zugleich demonstriere er damit gegen die Art, wie die Menschen die so teuer erkaufte Freiheit verwenden – nämlich indem sie das Göttliche vernichten, wenn es zu ihnen kommt.

Größeres sei über Gott, über die Menschen und über das Leiden nicht zu sagen. Nur aus dieser paradoxen Geschichte könnten die Menschen von Gott wissen. Sonst sei er ein Nichts, ein abstrakter Begriff, nicht einmal in einer bestimmten Form von Existenz denkbar. Doch jenen »Sohn«, den mit dem Göttlichen und mit uns verwandten Nazarener, könnte man begreifen und ergreifen – einfach durch ständige Vergegenwärtigung seiner Leidensgeschichte, dieses sozusagen negativen Märchens, das so unwiderlegliche, und ständig in unserer Erfahrung belegte, Realität besitze. Es zeige, wie in dieser so unvollkommenen Welt Gott mit denen solidarisch ist, die leiden, und daß er sich wegen der Unvollkommenheit und Ungerechtigkeit seiner Schöpfung, die er den Menschen – und der er die Menschen ausgeliefert hat, mit Ruten schlagen, lebendig aufhängen, als Verbrecher denunzieren und ermorden läßt. Seitdem hängt er hoch genug, um alle Gequälten, Ermordeten und Gehängten im weiten Erdkreis erkennen zu lassen, daß er nicht auf der Seite der Machthaber steht, sondern wie sie zu den von den Machthabern Gemarterten und Getretenen gehört. Zweifellos lasse er auch den Weihnachtsglanz nur deshalb so kindlich harmlos leuchten: Das Kreuz zeige dadurch Elend und Verruchtheit der Welt desto deutlicher. Vielleicht müsse man beides mit der kindischen Weisheit des klugen Eulenspiegel verstehen, der jammert, wenn der Weg bequem ist, aber wenn er mühselig und steinig bergan steigt, frohlockt er.

Die Lagerorganisation

Ende November wurde die Quarantäne aufgehoben. Es begannen der Ausbau des Lagers und die Organisation des Lagerlebens. Initiatoren waren auf russischer Seite drei Dienststellen: die Armee für den Arbeitseinsatz, die Partei für politische Aufklärung und Kulturarbeit und die MWD – die früher als NKWD berüchtigte, rotbemützte Politpolizei – für Aufklärung und Durchleuchtung unsres Inneren. Auf deutscher Seite: der von den Russen ernannte Lagerleiter mit seinem Personal, ein Major Buß, hervorgegangen aus den Reihen der längerdienenden Unteroffiziere, sodann die Bataljoner nebst ihren Adjutanten, die zu einem kleineren Teil ausgewechselt, zum größten Teil übernommen wurden, und schließlich als geheime Vertrauensleute der MWD, von denen uns jedoch keiner lange verborgen blieb, etwa ein Dutzend Spitzel unter den Gefangenen. Da sie, wenn sie ihr Brot verdienen wollten, ein gewisses Soll an Meldungen zu erfüllen hatten, waren sie, je mehr sie sich durchschaut fühlten, desto unberechenbarer. Vonhause aus waren die unter Druck Gesetzten vielleicht durchaus gutmütig.

Frau Hermann

Auf längere Sicht war die für Geist und Stimmung des Lagers wichtigste Instanz zweifellos die auch für die Kulturarbeit verantwortliche Politkommissarin. Während alle anderen russischen Büros vor dem Lagertor blieben, errichtete sie ihre Dienststelle mitten im Lager. Sie nannte sich – ohne Dienstgrad und Vornamen – schlicht Frau Hermann und war eine Wolgadeutsche von mütterlichem, ziemlich üppigem Typus. Daß sie ihre quellenden Formen adrett und energisch zu straffen verstand, gab ihr schon äußerlich eine Note von Bestimmtheit, ja, Strenge. Bezeichnend aber war, daß diese Strenge, wenn sie einmal Uniform trug (was selten geschah), sofort unglaubwürdig wirkte. Ihr vertrauenerweckendes Gesicht und ihre guten, dunkelbraunen Augen wurden von ihrem Verhalten uns gegenüber nie Lügen gestraft. Doch konnte sie gelegentlich auch schroff, beinahe böse sein. Später erfuhren wir, daß ihr einziger Sohn im Einschließungsring um Leningrad gefallen war, nun begegneten ihr in uns seine Mörder.

Allmählich aber schien sie diese Mörder gleichsam an Sohnesstatt anzunehmen. Fast alle, die mit ihr zu tun hatten, lobten ihr Wohlwollen, obwohl sie auf Distanz hielt: Sie fühlte sich verpflichtet, uns stets ihre dialektische Überlegenheit und die Sieghaftigkeit der von ihr vertretenen Idee spüren zu lassen. Vielleicht war sie früher Lehrerin. Allerdings war grade der Polituntericht, wie er uns als erste Maßnahme ihrer Kompetenz wöchentlich mehrmals nach getaner Arbeit in unsern Baracken zuteil wurde, äußerst schlecht. Doch wie sollte er besser sein, da sie darauf angewiesen war, sich ihre Lehrkräfte unter den Gefangenen zu suchen? Dabei ging sie durchaus geschickt vor: Sie vergab erst einmal Lizenzen an Männer, die, sei es aus Geltungsdrang, sei es aus Mitleid, begonnen hatten, die müden und mürrischen Pritschenhocker mit Vorträgen allgemein interessierender Art aufzuheitern. Ehemalige Strafrichter sprachen über Kriminalfälle, Chirurgen über ihre Operationen, Forscher über ihre Weltreisen, einige hatten spektakulären Erfolg. Bei ihnen und andern versuchte Frau Hermann die Lizenz mit der Auflage zu verbinden, in den Baracken auch Polituntericht zu geben. Die meisten lehnten ab, doch habe ich nie gehört, daß Frau Hermann jemandem wirklich die Lizenz entzog.

Nur wenige fanden sich bereit, die Welt, in der wir nun leben mußten, auch in ihrem theoretischen Selbstverständnis zu interpretieren. Die Voraussetzungen, die sie mitbrachten, Sachkenntnis und Interesse am Marxismus-Leninismus, waren kaum ausreichend. Auch die Gefangenen hatten, soweit sie sich nicht sogar offen ablehnend verhielten, für das Thema kein Interesse. Nach den Erfahrungen, die hinter ihnen lagen und derentwegen man sie hier zusammengetrieben hatte, war ihre Allergie gegen politische Schulung jeder Art verständlich. Man muß das wohl bedauern; andrerseits ließen Ort und Umstände eine wirkliche Auseinandersetzung mit dem Gegenstand nicht zu.

Wir hatten gehofft, daß unser Leben nach der Neuorganisation des Lagers leichter werden würde. Was man uns auferlegte, war zunächst nur, für unsre Bedürfnisse selbst aufzukommen, das heißt: Wasser, Lebensmittel und Holz herbeizuschleppen (Kochholz, da zur Heizung der Baracken zur Not die Körperwärme der Insassen reichte). Doch standen Motorfahrzeuge auf lange Zeit noch nicht zur Verfügung, wir mußten selber als Zugkräfte vor die Schlitten. Eine Demütigung, wie Bornierte behaupteten, lag in dieser Umfunktionierung nicht: Im folgenden Frühjahr konnten wir sehen, wie einheimische Bäuerinnen sogar kleine Pflüge und Eggen an geschulterten Seilen über ihre Äcker zogen. Dennoch überstieg die Aufgabe die Kräfte der meisten von uns bei weitem. Unsre Erschöpfung war zu groß, um mit Frosttemperaturen um vierzig Grad und meterhohen Schneeverwehungen fertig zu werden.

Am wenigsten schwierig war das Wasserholen. Das Flußufer lag nur eine Viertelstunde entfernt, und wenn genug Hände mit den dicken, plumpen Fausthandschuhen in die Speichen der zwei Räder griffen, zwischen denen das mächtige Faß schwankte, so war das Steilufer, hinauf zur Lagerebene, auch mit der schweren, schwappenden Last durchaus zu erklimmen.

Sehr viel mehr Anstrengung – mit Warte- und Ladezeiten fünf oder sechs Stunden Arbeit im Freien – kostete es, auf den Wegen von der nahen Kleinstadt oder vom Bahnhaltepunkt, die wir immer einigermaßen schneefrei halten mußten, die Nahrungsmittel – »Produkte« genannt – heranzuziehen. Doch durften wir dann von einer verlockenden Chance träumen; wir hatten sie im Magazin den russischen Arbeiterinnen abgelauscht, von deren krummen Rükken die Doppelzentnersäcke auf unsre krummen Rücken glitten. (Es waren fast überall nur Frauen, die solche Arbeiten mit uns teilten; dabei war es, als ob unsre Posten sie und uns zugleich bewachten.) Unsre Chance bestand darin, mit der aufgereckten Hand den Sackbund so hoch über den Kopf zu stemmen, daß sich mit der anderen die untere Sackecke greifen und vorsichtig etwas aufnesteln ließ. So konnte man manchmal eine Handvoll Mehl – möglichst das würzige Roggenmehl, einigemale sogar Zucker! – in die Manteltasche hinüberbugsieren. Der Raub war allerdings teuer bezahlt, nicht nur weil man dazu in der Kälte ohne Handschuhe arbeiten mußte, sondern weil wir das Verfahren nie wie die Frauen beherrschen lernten und mehr verloren, als wir greifen konnten.

Am schlimmsten, unvorstellbar schlimm, waren die Holzfahrten.

Die mit Rückweg rund fünfundzwanzig Kilometer lange Strecke – über die entfernte Flußbrücke bis tief in die Wälder auf der anderen Flußseite – wurde für die vom Hunger ausgezehrten Männer im Seilzug zum Schauplatz eines Kampfs mit dem Tod. Auf den zugewehten nächtlichen Waldpisten, auf denen die Schlitten fast bei jedem Schritt im weichen Schnee versanken und wieder freigewühlt werden mußten, waren immer ein Dutzend Fahrzeuge gleichzeitig unterwegs, vor jedem ein Dutzend stumme, vermummte, dampfende Männer. Ihre Gesichter, Mund und Nase, waren mit dicken Wollappen umwickelt, die nur für die vom Eiswind rotgebrannten Augen einen schmalen Spalt freiließen. Hatten sie draußen, immer neue Eiszapfen von Mund und Nase klaubend, die Stämme aufgeladen und sie durch Gebirge und wirbelnde Wolken von Schneestaub wieder heimwärts gezogen, so brachten – angstvoll erwartet, nach vierundzwanzig oder mehr Stunden – viele der Schlitten eines oder auch mehrere der zu Tode geschundenen, menschlichen Zugtiere, starr wie Holz oben aufs Holz gebunden, nach Hause zurück. Die Verschläge vor unsren Baracken erhielten Zuzug.

Auf Abruf

Wir suchten uns oft mit der Erinnerung an Kriegskommandos zu trösten, die ebensolche Todeskommandos gewesen waren. Ich dachte an die letzten Kriegsjahre, als wir aus den Ebenen Kretas täglich nur noch fünf Maschinen ins Flakfeuer der Reede von Ismailia schicken konnten, von denen mit schrecklicher Regelmäßigkeit nie mehr als vier zurückkehrten. Wenn vor dem Start, kurz vor Morgengrauen, die Besatzungen, zwanzig junge Menschen, um den Kasinotisch herum stumm und mit trockenen Mündern ihr Frühstück kauten, blickte jeder verstohlen von seinem Teller auf und fragte sich, welche Plätze hier am Abend wohl leer bleiben würden. Warum hatte damals der Gehorsam Tapferkeit geheißen und bis zuletzt seinen Stolz gehabt, und warum schien er nun, wo es doch um das Nötigste, ums tägliche Brot ging, so erbärmlich demütigend. Was ist das für ein Pathos, das den Tod zu einer Art Sport emporstilisieren kann?

Wenn der Bataljoner mit seiner Funzel zwischen die tiefen Schatten der Pritschen trat, um die Schlittenmannschaften abzurufen, richteten sich die Träumenden ringsum im Halbschlaf auf und lauschten nur, ob ihr Name fiel und damit vielleicht ihr Urteil. Danach sank die Mehrzahl mit unmenschlicher Befriedigung sofort wieder auf die harten Kissen in den Nebel des Traums.

Doch gab es Aufrufe, die noch mehr aufschreckten als der in die Wälder. Und diese Aufrufe nahmen nie ein Ende, drei Jahre lang nicht: nämlich wenn plötzlich – bei Tage oder in der Nacht, bei heiterem Himmel oder in tiefer Schlafversunkenheit – ein bewaffneter russischer Posten in die Baracke polterte, um einen oder einzelne von uns namentlich und, wie die Formel hieß, »mit Gepäck ans Lagertor« zu beordern. Wessen Ruf war das, und was bedeutete er? Keine halbe Stunde später gingen die so Aufgeschreckten schweigend durch die Umzäunung, nur vom Posten begleitet. Ich entsinne mich nicht, einen von ihnen je wiedergesehen zu haben. Was geschah ihnen? Wessen wurden sie bezichtigt? Waren sie Verbrecher?

Wir wußten von der Vorgeschichte derer, die neben uns lagen, nur wenig. Von vergangenen Schrecken sprach man selten, desto mehr von den bescheidenen Wunschträumen einer imaginären Zukunft. Kaum einer aber vertraute einem seine Ängste an. Geschah es doch einmal, konnte sein Abtransport gelegentlich böse Einblicke geben in die Gefährdung eines jeden von uns. So wurde neben mir einer geholt, der den schlichten, bürgerlichen Familiennamen Burkhart führte. Er hatte mir mehrmals besorgt geschildert, wie man ihn während langer Vernehmungen unter Druck gesetzt hatte: Er solle beweisen, daß er nicht Burkhart Prinz von Preußen und ein hoher Dienstgrad sei. Doch wie konnte einer, dem man die Papiere abgenommen und irgendwo verschludert hatte, beweisen, wer er war, oder gar, wer er nicht war?

Mein zweites Leben

Mich versetzten solche Vorgänge in besondere Angst. Da oft bei Routineaufrufen nach irgendwelchen Listen neben dem eigenen Vornamen, dem Vornamen des Vaters und dem Familiennamen auch das Geburtsjahr mitgenannt wurde, wußte ich seit einiger Zeit, daß sich in meine Papiere ein Fehler eingeschlichen hatte: Ich war, statt als 1908 als 1900 Geborener notiert worden. Der Bataljoner, an den ich mich sofort gewandt hatte, hatte die Möglichkeit eines Schreibfehlers, der im Halbdunkel geschehen sei, eingeräumt, von einer Nachmeldung aber wohlmeinend abgeraten: Die Sache sei wenig wichtig, eine Korrektur könne bei den von Hause aus mißtrauischen Russen nur nachteilige Aufmerksamkeit auf mich lenken. Natürlich hatte ich den bequemen Rat befolgt; vielleicht würden, wenn es einmal Entlassungen gebe, die Älteren sogar bevorzugt. Doch nun begann man die Gefangenen plötzlich systematisch zur Person zu vernehmen, wobei angesichts schwieriger Fragen oft sogar Männer mit klaren Daten in Verlegenheit gerieten. Mir aber wurde erschreckend bewußt, daß eine Differenz von acht Jahren ein völlig anderes Leben bedeute: Ich wäre schon am Ende des ersten Weltkriegs Soldat geworden, hätte viele Jahre früher und bei andern Lehrern studiert, hätte früher meine Berufslaufbahn begonnen, meine Eltern, meine Schwester in der russisch besetzten Zone müßten älter sein. Und schließlich: wie konnte ich das fiktive Leben am Ende unauffällig wieder in das richtige, das jetzige einmünden lassen? Fieberhaft erfand ich mir eine neue Existenz, sagte die nie gelebten Daten nachts auf meiner Pritsche vor mich hin, um sie auswendig zu lernen, fahndete voller Angst in der erdichteten Biographie nach Widersprüchen oder Fehlern. Denn daß man einzelne von uns mehrmals zur Vernehmung rief, war ja wohl ein Indiz dafür, daß man uns auf Widersprüche festlegen wollte.

Um es kurz zu machen: Ich wurde, ich weiß nicht warum, überhaupt nicht vernommen, kam also nicht in die Gefahr, vor der ich mich fürchtete. Doch wohnten mir auf meinem Schlafplatz seitdem nicht nur die Angst, sondern auch das schlechte Gewissen bei. Mehr oder minder sind sie wohl stets Schlafgenossen der Ohnmächtigen und Hilflosen. Aber ich begann mich nun immer kritischer zu prüfen: Auch daß mich der Bataljoner seinem Versprechen gemäß nie bei Helligkeit aufrief, so daß ich Feld und Wald und Fluß erst sah, als der Frühling die Vorhänge aufzog, schien mir auf einmal fragwürdig. Geduckt, um nicht aufzufallen, hatte ich mich in dieses bevorzugte Schicksal ergeben. Und vielleicht war so auch mitbedingt, daß ich nie zu Holzkommandos kam. Allerdings blieb von den dreihundert noch manch anderer ausgenommen. Da jede Baracke jedesmal nur einen Schlitten stellte, kamen wohl den Winter hindurch nicht alle an die Reihe. Auch bemühte sich der Bataljoner, vor allem Jüngere und Kräftigere auszusuchen. Doch immer, wenn ein Betroffener laut murrte und widersprach, fühlte ich mich, so wenig sein Widerspruch auch bewies, irgendwie als sein Mörder und verkroch mich noch mehr.

Zum Glück wurde später von den Russen, als sie Arbeitskommandos auch zu andern Zwecken als zur Selbstversorgung aus dem Lager schickten, bei der Auswahl dann eine andere, gewissermaßen »wissenschaftliche« Gerechtigkeit eingeführt. Doch belastete sie die Gewissen wirklich weniger?

Der Vorgang, auf den ich anspiele, hieß »Arbeitsgruppenuntersuchung«. Er ging im Lagerlazarett vonstatten, das sowohl Ambulanz war als auch Kranke aufnahm, jedoch nur solange sie nicht moribund waren; Moribunde wurden, um der »sauberen« Lager-Statistik willen, sofort ins Stadthospital verlegt – manchmal im bloßen Hemd und bei Schnee und Eissturm, da ihre Kleider dem Lager gehörten.

Für das Lagerlazarett verantwortlich waren die russischen Ärztinnen, die sich einige gefangene deutsche Ärzte als Gehilfen hielten. Die Arbeitsgruppenuntersuchung jedoch führten die Russinnen allein durch. Dann thronte eine von ihnen, die Diensthabende (uniformiert, denn sie gehörte zur Armee), neben einer Schreiberin in der Arztstube, und die Gefangenen wurden einzeln, nur mit der Hose bekleidet, hereingerufen. Drinnen hatten sie sich umzudrehen und die Hose herunterzulassen, so daß ihr Hinterteil zur Begutachtung frei lag. Nun begnügte sich die Ärztin entweder mit dem bloßen Anblick oder kniff in die Blöße mit dem zart prüfenden Griff zweier Finger hinein. Darauf oblag ihr der Richtspruch. Die als »Einer« oder »Zweier« Begutachteten gingen schon am nächsten Tag auf mehr oder weniger schwere Kommandos aus dem Lager, die »Dreier« waren zu nur vierstündiger Arbeitszeit täglich (natürlich außer dem meist langen Anmarsch) begnadigt, während die »Dystrophiker« (wie übrigens automatisch auch sämtliche ehemaligen Offiziere vom Stabsoffizier aufwärts: in unsrer naiven Vorstellung vom Sozialismus wollten wir es anfangs nicht glauben) grundsätzlich arbeitsfrei blieben. Damit handelten sich viele, die sich genüßlich ihrer geistigen und körperlichen Ruhestellung hingaben, oft Verfall und langsamen Tod ein.

Was die monatlichen Untersuchungen für uns bedeuteten, mit welcher Angst wir ihnen entgegensahen, das zeigten die Handgemenge, die sich regelmäßig auf dem langen, halbdunklen Flur vor der Tür des Arztzimmers abspielten. Die Erfahrung lehrte uns nämlich bald, daß der Platz hinter einem Mann mit einigermaßen barocker Rückansicht wegen des Kontrasts ein günstigeres Ergebnis bringen konnte. So wurden um solche Plätze oft brutale Kämpfe ausgefochten. Die Starken, die kostbaren Objekte dieser Kämpfe, deren Schicksal ohnehin feststand, sahen den Handgreiflichkeiten zynisch grinsend zu, feuerten die Streiter wohl gar an. Manchmal allerdings ergriffen sie auch Partei, – etwa wenn sie ihren Rücken bereits gegen eine Scheibe Brot verkauft oder einem bevorzugten

Kameraden versprochen hatten. Trotz aller Verbissenheit gingen die makabren Gefechte übrigens in unheimlicher Stille vor sich; die Russen hätten die freie Marktwirtschaft auf dem Gebiet der Kehrseiten sonst vielleicht inhibiert. Auch tat sich zwischendurch immer wieder die Tür zum Verhandlungszimmer auf, und ein Abgeurteilter nach dem andern gab die über ihn gefällte Entscheidung bekannt. Sie beeinflußte die zwischen »hart« und »milde« schwankende Beurteilung der Tendenz unsrer Schicksalsbörse und belebte die Spekulation, belebte Angst und Hoffnung der Wartenden.

Russische Lotterie

Also auch dieser Art von Gerechtigkeit – gleichsam nach dem Prinzip der natürlichen Zuchtwahl – vertraute man nicht ganz. Auf den harten Kommandos gingen zu viele zugrunde, die eben noch prall und gesund ausgesehen hatten. Manche kamen aus den Sümpfen, oder wo immer sie eingesetzt waren, schon nach drei Wochen aufgeschwollen und mit elephantischen Gliedern ins Lager zurück. Im Lazarett sah man sie dann nackt stehen: Während man sie abwusch, wurden sie von zwei Männern unter den Armen gestützt, damit sie sich auf den klumpigen Füßen halten konnten. Gerade die Jüngeren waren – neben den Ältesten – fürs Sterben besonders anfällig: die Sechzehn- bis Achtzehnjährigen im Lager. Ich selbst gehörte zur mittleren Garnitur, hatte, obwohl ich mich nie besonders schwach oder gesundheitlich gefährdet fühlte, ganz einfach das Glück, an entscheidender Stelle besonders schmächtig zu wirken. Als »Dreier« war mir dann gerade soviel Arbeit auferlegt, wie mir gut tat.

Nur ein einziges Mal, im dritten Jahr der Gefangenschaft, (ich hatte am ungünstigen Platz gestanden) wurde mir unversehens die Note »Zwei« zuteil. Grenzenlos war meine Verzweiflung, weil gerade eben eine Entlassungswelle begonnen hatte und vor vierzehn Tagen bereits eine Anzahl »Dreier« im Zug dieser Welle abgereist war. Ihre Namen hatten im russischen Alphabet genau den Platz vom ersten Buchstaben bis zu meinem eingenommen, ich mußte unter den nächsten sein. Nun jedoch hatte die neue Eingruppierung mir nicht nur härtere Arbeit eingetragen – das konnte sich nach einem Monat ändern –, sondern sie drohte mich, da ich im falschen Augenblick aus der Reihe eskamotiert war, für lange Zeit von der Heimkehr auszuschließen.

Aber auf einmal wurden, wie es hieß, aufgrund einiger Kommentare in deutschen Zeitungen, die den üblen Gesundheitszustand der Rußlandheimkehrer registrierten, »Zweier« statt, wie bisher, »Dreier« verladen. Und so war ich vielleicht gerade durch mein Mißgeschick in die neue Glückssträhne geraten. – Doch man hatte im Verlauf von drei Jahren schon auf zu viele Glückssträhnen vertraut, hatte schon zu oft erlebt, daß auch ein gut angesponnener Faden riß ...

Das Licht leuchtet in der Finsternis

Düstere Prospekte sind verhältnismäßig leicht zu malen, eine zarte Silberstiftkontur auf nachtschwarzen Hintergründen aber ist schwerer sichtbar zu machen: Unser Leben war trotz Hunger und Angst bald von großer Intensität; es wuchs langsam wieder wie das Licht – und nicht nur in der trivialen Symbolbedeutung, sondern ganz real. Der erste Schein war an jenem Weihnachtsabend aufgeflammt. Das sich langsam, unendlich langsam aufhellende Tageslicht des späten Frühjahrs schien die Frucht des Kerosinlämpchens aus dem tiefsten Winter zu sein. Dabei hatte mich der besorgte Bataljoner damals erst einmal gründlich ernüchtert: Es könne ziemlich nachteilig werden, wenn man den Russen durch öffentliche Verlesung solcher Texte auffalle; auch gelte der Befehl, daß jede Vortragstätigkeit in den Baracken von Frau Hermann genehmigt sein müsse. Leiser fügte er hinzu: Bei kleinen, ausgewählten Gruppen in seiner Dienststube habe er weniger Bedenken. – Das war das Verfahren, dem wir dann den Vorzug gaben.

Gleichwohl war der Erfolg der ersten Lesung beim Gros der Kameraden beglückend und überdies äußerst nützlich für mich. Ich hatte einfließen lassen, daß mir für die Fortführung der Arbeit ein Neues Testament unentbehrlich sei, und nun kamen nicht nur aus der eigenen Baracke, sondern auch von Nachbarbataljonen – immer mit dem Ansuchen, auch dort zu lesen – Angebote in großer Zahl. Binnen kurzem konnte ich nicht nur auf mehrere Bibeln und Übersetzungen zurückgreifen (darunter die mir damals besonders wichtige Friedrich Pfäfflins), sondern auch auf den griechischen Text. Und statt der Wörterbücher, Synopsen und Konkordanzen, die ich gleichfalls gebraucht hätte, befand ich mich plötzlich in einem informativen und belebenden Gespräch mit zahlreichen Männern, das durch meine ganze Lagerzeit hindurch anhielt, darunter hervorragende Sachkenner und hilfsbereite Philologen.

Doch die Geschehnisse um meine Vorlesung waren nur der Beginn der Veränderung. Ebenfalls noch um Weihnachten, nur wenige Tage danach, leuchtete uns das Licht des Bataljoners noch einmal, und dabei hatten wir das Gefühl, als wäre uns die Verbindung zur Welt zurückgeschenkt. Mit der Genehmigung, nach Hause schreiben zu dürfen, wurden an uns Postkarten mit Rotem Kreuz und Halbmond verteilt. Allerdings wurde jedem vierteljährlich nur eine zugesagt und mit der Auflage, daß mehr als fünfundzwanzig Worte nicht erlaubt seien, die Texte würden geprüft. Doch die Einschränkung war nicht so übel, wie sie schien, hatte sogar Vorteile: Es entspann sich eine leidenschaftliche Diskussion über erlaubt und zweckmäßig oder unzweckmäßig und vor allem über die möglichst kluge Verwendung so weniger Wörter. Und das war für uns – und gewiß auch für die zuhause – gesünder als lange Lamentos und wortreiche Spekulationen. So begann das zweite, noch größere Gedränge um die kleine Lampe.

Die Kulturgruppe

Im Februar 1946 wurde die Kulturgruppe gegründet. Der Anlaß war tragikomisch: Ein paar Liebhaber-Kleinkünstler, Zauberer, Kunstpfeifer, Kartenschläger und andere Heimartisten, von denen jeder schon in seiner Baracke geglänzt hatte, hatten sich zusammengeschlossen und wollten ihre Fähigkeiten für *alle* an den Mann bringen. Dabei stießen sie auf die energische Frau, denn als sie vor den Lageroffizieren und Frau Hermann während einer Mittagsstunde in dem als Vortragssaal freigehaltenen Teil einer Baracke ihr Programm zur Genehmigung vorführten, wurden ihre Darbietungen als unzulänglich abgelehnt. Zugleich eröffnete ihnen Frau Hermann jedoch, daß ihr durchaus daran liege, auf diesem Gebiet Gutes und Wirksames zustande zu bringen.

Die auf so traurige Weise Durchgefallenen wandten sich nun auf Rat meines Bataljoners an mich, und so geschah es, daß sie mir am nächsten Tag eine Privatvorstellung gaben. Ich komplimentierte danach einige allzu selbstgefällige Dilettanten möglichst diplomatisch aus dem Spiel und schrieb um die Künste der übrigen in einer einzigen Nacht in der Bataljonerstube beim Batljonerlämpchen einen Rahmentext, der aus der Not eine Tugend machte: Ein Varietédirektor und sein Faktotum, zugleich besenschwingender Büroreiniger und gefährlicher Vorzimmerlöwe, lassen sich Bewerber für ein geplantes Programm vorführen, um darüber gemeinsam zu räsonieren: »Die Direktion läßt bitten«. Rolf Praski, ein bühnensicherer junger Operettentenor, spielte den Direktor, Herbert Gaertner, Weimarer Staatsschauspieler und Komiker von virtuoser Improvisationsgabe, das Faktotum. Beide machten aus ihren Rollen pointenreiche Solos. Praski wurde von Frau Hermann auf der Stelle zum »Chef« der Kulturgruppe ernannt. Mir aber brachte mein läppischer Schwank die ehrenvolle Anerkennung als Stückeschreiber und Dramaturg der Theatertruppe.

Die Inszenierung hätte sofort en suite laufen können, hätten wir nur Beleuchtung gehabt, um nach Feierabend zu spielen. Doch siehe da: in diesem Augenblick vollzog sich in unsrer kleinen Lagergemeinschaft das auch in der großen Weltgeschichte oft bestaunte Wunder, daß Bedarf und technischer Fortschritt sich unversehens synchronisieren. Ingenieure unter den Gefangenen hatten, ohne daß wir es wußten, soeben mit russischer Hilfe eine als betriebsuntauglich ausrangierte Eisenbahnlokomotive aufgetrieben und sie nicht nur instandgesetzt, sondern auch mit einem selbstgebauten Stromaggregat verbunden. Kaum war sie im Lager, so wurde eine Leitung von der sogenannten »Elektrostanz« ins sogenannte »Theater« verlegt, wo nun zwei mühsam beschaffte Glühbirnen – jede mag 40 oder 60 Watt »stark« gewesen sein – die Szene aufs stimmungsvollste beleuchteten. Der Erfolg des Stücks, das vor allem dank Gaertners Einfällen von Abend zu Abend länger wurde, war an die siebzigmal, fast ein Vierteljahr lang, beispiellos. Für mich aber war er vor allem deshalb so unvergeßlich, weil er mir schon nach einer der ersten Aufführungen eine große Nachricht eintrug.

Eine unvermutete Begegnung

Da mein Name auf dem vor der Baracke angehefteten Theaterzettel stand, suchte mich ein Zuschauer hinter der Bühne auf und überfiel mich mit zwei Fragen, die mir die Knie zittern machten: Erstens, ob ich im Durchgangslager Rüdersdorf gewesen sei, und zweitens, ob dort möglicherweise am Lagertor eine Frau nach mir gefragt haben könne. Der Mann besaß ein erstaunliches Gedächtnis, er wußte nicht nur das Datum dieser Begebenheit – sie hatte sich ereignet genau an dem Tag, an dem wir über die Autobahn marschierten –, sondern er konnte auch die Kleidung jener Frau beschreiben, und zwar so, daß ich sie unbedingt wiederzuerkennen glaubte. Damit erhielt ich, noch bevor zwei Monate später die erste Antwortkarte eintraf, schon eine erste, wenn auch nicht grade detaillierte Botschaft von zuhause. Sie erschütterte mich so, daß ich nicht einmal die Geistesgegenwart besaß, mir das Gesicht meines Boten einzuprägen, ich sah durch ihn hindurch immer nur meine Frau. Deshalb konnte ich ihn, so fieberhaft ich in den nächsten Tagen auch suchte, nirgends im Lager wiederfinden.

Auch die Musiker regen sich

Dafür traf ich, als ich suchend durch die Baracken lief, unter einer Pritsche im Halbdunkel einen Mann, der mit einer Glasscherbe geduldig an einem schöngewölbten, etwa eine Elle großen Holzstück schabte. Unter seinen Händen trat die Form zutage, die mir immer eine der zartesten Vollkommenheiten der Welt zu sein schien: der weiche Hüftschwung am Resonanzboden einer Geige. Ironisch eröffnete er mir, als ich sein Werk bestaunte, auf meine Frage: Ein gewisses Couplet aus meinem Schwank habe bei ihnen – er sprach in der Mehrzahl – unmöglich folgenlos bleiben können. Ich hatte für Praski, der zu dem einzigen im Lager vorhandenen Begleitinstrument, einer beharrlich verstimmten Klampfe, sang, den ziemlich albernen Text eines seit Jahren abgedroschenen Schlagers travestiert, der hier im Lager einen neuen komischen Sinn bekam: »Man müßte Klavier spielen können.« Wahrhaftig, nicht einmal im Umkreis von fünfzig Kilometern wäre hier ein Klavier für uns aufzutreiben gewesen, es müßte denn im Mondschein, von Wölfen umheult, zufällig im Wald jenseits des Flusses gestanden haben. Nun erfuhr ich plötzlich, daß sich einige Musiker schon seit längerem vorgenommen hatten, ein Orchester zu gründen. Mehrere Geigen und Bratschen waren fast fertig geschnitzt, ein Blech-Cello von relativ gutem Klang zusammengelötet, Därme zum Drehen der Saiten und ein verbeultes Signalhorn hatte Frau Hermann schon beschafft, und als bescheidenem Ersatz für die fehlenden Holzbläser war sie einem Harmonium auf der Spur, das irgendwie aus Breslau in unsre Gegend gelangt zu sein schien.

All das vollendete sich in jener Übergangszeit, in der in den nördlichen Breiten der Schnee wie auf Befehl binnen weniger Tage wegschmilzt. Das bewirkt im Lager und draußen erst einmal einen abgrundtiefen, zähen Lehmsumpf, der dann plötzlich dem in allen Farben blühenden und glühenden Frühling Platz macht. Doch dessen Pracht verbrennt in der glutheißen Sommersonne fast sofort wieder.

In einem solchen Frühjahr, das auch die nachtblinden Gefangenen mit in seine Euphorie hineinriß, wurde das in diesen einsamen

Wäldern und Flußniederungen Unerhörte Ereignis: Ein paar hundert in graue Lumpen gehüllte Männer hockten im Schneidersitz mit übereinandergeschlagenen Beinen auf dem nach vermoderten Weißkohlresten stinkenden Fußboden einer Magazinbaracke und lauschten, wie in freier Instrumentation und unter Leitung Heinrich Spittas das neue Gefangenenorchester – Solist war der Kölner Romanistikprofessor Beinhauer – Beethovens Violinkonzert in D-dur spielte. Wir empfanden den Vorgang später als den unerhörten und ungeahnten Auftakt zur vollständigen Verwandlung des Lagers. Obwohl sich an Hunger und Isolierung natürlich kaum etwas ändern ließ, geschah ein beglückendes Wunder: Die praktisch und moralisch Entwürdigten gewannen durch Errichtung eines geisterfüllten Gemeinwesens nach jahrelanger Abstumpfung durch den Krieg und Schock der Gefangenschaft allmählich ihre Menschenwürde wieder. Diese Erfahrung löschte in uns allen vieles von dem aus, woran wir so tödlich krank waren. Sie gab uns ein Stück jenes Selbstvertrauens zurück, das wir während des zwölfjährigen Welteroberungs-Abenteuers, in dem unsre Kräfte ruchlos verschleudert worden waren, verloren hatten.

Die mittelalterliche Kleinstadt

Man versteht ein Gefangenenlager wie das unsere falsch, sieht man in ihm etwas wie ein Gefängnis. Eher entwickelt es sich wie eine mittelalterliche Kleinstadt – im Guten wie im Bösen. Auch der schlimmen Seite unsres damaligen Lebens wird der Vergleich besser gerecht, als wenn man alles unterm Schema des Unterworfenen-Schicksals zu begreifen sucht. Das Ausgeliefertsein an die Natur, an Hitze, Kälte, Schnee, Morast, an Angst und Armut, die die Menschen zwingen, angesichts der Weite des undurchdringlichen Landes auf kleinsten Raum zusammenzurücken, das quälende Improvisieren bei Befriedigung selbst der bescheidensten Bedürfnisse wie Wasser, Brot, Sauberkeit, Gesundheit, sodann – politisch – die Ohnmacht und Blindheit der Leibeigenen – leibeigen vor allem, weil man zum Sklaven des eigenen Leibes wird –, die Existenz ganz ohne Nachrichten- und Verkehrskontakte zu größeren Gemeinwesen, das Angewiesensein auf Gerüchte, die Abhängigkeit von Ämtern, deren Befehlsspitze irgendwo in unvorstellbarer Ferne thront, so daß die Ratschlüsse zu unerforschlicher Willkür werden: all das und vieles andere macht die negative Bilanz dieses Mittelalters aus. Dabei waren wir uns schon früh darüber klar, daß diese Bilanz nicht nur für uns im Lager, sondern ziemlich genau auch für die sogenannten Freien außerhalb galt – vor allem, was die äußeren Güter betraf. Zwar hatten wir nun Strom, auch draußen in der Kleinstadt floß Elektrizität, doch Glühlampen fehlten hier wie dort. Wir konnten nie erreichen, daß auf ein Bataljon von dreihundert Menschen mehr als ein Lämpchen oder zwei kamen oder daß diese Lichtquellen etwas heller strahlten als mit kümmerlichen vierzig Watt. Auch andre triviale Gegenstände des täglichen Bedarfs fehlten drinnen wie draußen: etwa Nähnadeln, die wir aus Draht hämmern und feilen mußten, oder einfache Knöpfe, die wir durch selbstgenähte Bändchen und Schleifchen an den Kleidern ersetzten.

Unser Staunen begann, als wir auf dem Marsch zur Arbeit in der Stadt oder am Fluß, in den Magazinen und Kolchosen zum erstenmal erlebten, daß die Bevölkerung mit uns um dieselben armseligen Dinge handeln wollte, auf die wir sie ansprachen. Unser Lagerzaun, der uns von ihnen trennte, diente offensichtlich nur dazu, uns an Ort und Stelle festzuhalten, nicht auch, wie wir anfangs meinten, uns als besondere, ärmere Klasse von einer besseren, die draußen wohnte, zu unterscheiden. Nur unsere gemeinsamen Beherrscher und Verwalter, die Funktionäre und Soldaten, lebten ein wenig, wenn auch nicht viel, üppiger als wir. Doch die Gesichter der Beherrschten und Verwalteten, die sich von diesseits und jenseits des Zauns anblickten, waren vollständig gleich – gezeichnet von der Furcht vor Schicksalsschlägen und Engpässen, die Schicksalsschlägen gleichkamen, weil ihrer niemand Herr war: etwa wenn in der Brotfabrik, die alle draußen und drinnen belieferte, für acht Tage das Mehl ausging, oder wenn die großen Zeiten des Ungeziefers kamen und Epidemien drohten.

Auch hier wieder Solidarität: die Solidarität der Gefährdeten, deren Hütten sich angstvoll um die großen Türme der Macht duckten, auf die sie angewiesen waren und die sie fürchteten. Ich vermute, daß darin der erste Ansatz für das Heimatgefühl lag, das wir gegenüber der unwirtlichen Fremde entwickelten.

Unsere Badstube

Ganz mittelalterlich war auch die Sauna, die als erste hygienische Einrichtung sofort nach Ende der Quarantäne entstand. Natürlich war sie nicht vergleichbar den komfortablen Instituten, die man von Holzschnitten alter Meister und aus den leckeren Beschreibungen moderner Sittengeschichten kennt, wo sich in großen Bottichen duftenden Wassers Männlein und Weiblein miteinander verlustierten. Dergleichen dürfte auch im Mittelalter nur dem wohlhabenden Bürgertum zugänglich gewesen sein. Die Armen, denen beides fehlte, waren vermutlich nicht besser dran als wir.

Ein winziger kalter Empfangsraum, in dessen Dunkel wühlendes Gedränge herrschte, weil in ihm die Kleider abgelegt und auf Drahtbügel gehängt werden mußten, nahm uns zuerst auf. War der Desinfektionsofen von den Lumpen der vor uns Behandelten entleert, wurden unsre Drahtbügel hineingegeben, während wir in den eigentlichen Baderaum vorrückten. Beim Eintritt in das feuchte Halbdunkel, heiß durch die Nachbarschaft des stinkenden Kleiderofens, erhielt jeder ein blattdünn geschnittenes Scheibchen Seife und ein Liter-Schaff lauwarmen Wassers, zu dessen Entgegennahme wir anfangs noch die Konservenbüchsen benutzten, aus denen wir aßen. Dann begann einträchtig unterm einsamen Glühlämpchen die Prozedur des »Reinigungsbades«, wozu, bei etwa einem Liter Flüssigkeit, besondere Techniken zu entwickeln waren: Sachverständig half man einander die Rücken seifen. Da die Kleider erst eine Weile auf hundert Grad erhitzt und wir wieder trocken werden mußten, saß man dann eine Viertelstunde wartend nackt auf dem Holzfußboden. Die Hitze des Raums war auch den Wanzen angenehm und bewirkte bei ihnen wimmelnde Aktivität; aus den Brettern kriechend benagten und quälten sie unsre nackten Hinterteile. So entstand trotz der wohligen Wärme kaum eine Spur von Geselligkeit – auch deshalb nicht, weil man sich bereits vor dem fürchtete, was dann bevorstand. Sowie nämlich das Signal gegeben wurde, in den Ankleide- und Ausgangsraum weiterzugehen, drängten und wühlten die nackten Leiber miteinander durch die enge Tür, denn nur in den ersten Sekunden gab es drüben, wo das Gewühl im Dunkeln weiterging, die Chance, einigermaßen zuverlässig den eignen Kleiderbügel wiederzufinden. Wer lange suchen mußte, kam in Gefahr, nicht schnell genug fertig zu werden oder mit fremden Sachen oder halb angezogen in die Kälte hinaus zu müssen.

Hauptresultat der Hitzedesinfektion, zu der man uns später vierzehntägig trieb (wobei genau kontrolliert wurde, daß wir sämtliche Textilien mitnahmen, die wir besaßen), war ein penetranter Geruch nach Brand und Versengtem, den unsre Kleider ausströmten, und der all die Jahre hindurch auch unsern Leibern anhaftete. Übrigens rochen die Menschen außerhalb des Lagers ebenso. Doch gegen die Seuchenverschlepper, die Läuse, half das Verfahren wirklich etwas.

Doch war dies nur *ein* Aspekt unsres »Mittelalters«, sein Elend. Ungleich bedeutender wurde sehr bald der andere, jener, der die Erfindungen anstachelte, die Handwerker zur Arbeit trieb, die Praxis des Lebens verbessern half, Vertrauen und Gemeinsinn stärkte und unsrer Sehnsucht nach Licht und Erlösung, statt sie Dunkelmännern zu überlassen, einen geistigen Überbau schuf, aus dem wir Kraft und Gesundheit zurückgewannen.

Erstaunlich schon die Bedeutung der »Zünfte« im Lager. Obwohl sie keine festen Vereine bildeten – Mitglied konnte jeder werden, der Geschick zur Sache besaß –, entwickelten sie sich doch zu Eliten unterschiedlicher Art, von denen wir uns abhängig wußten. Zwar mußten unsre Handwerksbetriebe natürlich für die Russen arbeiten, doch gab es kaum einen, der nicht auch uns zugute kam, und sei es nur dadurch, daß Material und damit nützlicher Materialabfall auch für uns ins Lager gelangte. Ohne die Schneider hätten wir unsre brüchigen Pelzmäntel kaum in Ordnung halten können, ohne Schuster nicht unsre Filzstiefel, diese so simple und zweckmäßige Erfindung gegen Kälte und Schnee. Da beide Kleidungsstücke vom zweiten Winter ab für jeden Gefangenen ausgegeben wurden (im Sommer wurden sie jeweils wieder eingezogen), waren wir vor den Unbilden des Klimas besser geschützt als je ein Erobererheer in diesen Weiten, besser als mancher Arme unter den Freien draußen, für den nicht so gesorgt wurde.

Die Holzhandwerker waren, da wir unsre Holzlatschen für den Sommer selber schnitzen konnten, bei weitem nicht so hoch geschätzt wie Schuster und Schneider. Desto mehr die der »Elektrostanz« angegliederten Elektriker, Schlosser und Schmiede, die unsre Handwerkszeuge versorgten. Am reichsten und am freiesten wurde, als später LKW's ins Lager kamen, die Zunft der Lastwagenfahrer. Sie reiste mit den Jahren immer weiter und unabhängiger in der Gegend herum und konnte, während wir, was wir draußen erwarben, unter Gefahr der Entdeckung und Wegnahme durchs Lagertor schmuggeln mußten, ihre Möglichkeiten zu umfangreichem, einträglichem Handel nutzen. Anscheinend bildeten sie mit uns unerreichbaren, unbekannten Händlern draußen etwas wie eine Genossenschaft. Oder war es schon ein Trust? Jedenfalls waren sie die ersten, die Geld ins Lager brachten. Und da Geld für arme Leute eben doch stinkt, galten sie bei allem Neid und aller Bewunderung auch ein wenig als anrüchig, – wenn auch nicht so wie das Küchenpersonal, die Schreiber der deutschen und russischen Lagerverwaltung oder gar die Spitzel, die auch in ihrer Art »Zünfte« waren.

Alle diese Institutionen, angesehene wie anrüchige, wurden von den Russen gefördert und geschützt, was sich unter anderm darin zeigte, daß jede der Gruppen (außer natürlich den Spitzeln, die durch Verpflegungsvorteile und Pressionen »honoriert« wurden) auf geschlossenen Pritschenblocks untergebracht war. Die wichtigeren, und vielleicht auch einige unter politischen Gesichtspunkten interessante, besaßen sogar eigene Räume: so grundsätzlich alle Kraftfahrer, Schreiber und Küchenbullen, aber auch je eine Gruppe von Pastoren und Generalen. Die Intellektuellen und die Kulturgruppe genossen eine solche Gunst im allgemeinen nicht – oder nur einzelne Hervorragende unter ihnen und auch nur zuzeiten. Professor Beinhauer übte seine selbstgefertigten Kadenzen im Pissoir der Hauptbaracke. Die Musiker und Schauspieler der Kulturgruppe schrieben ihre Noten und Rollen, hölzernen ägyptischen Dorfschulzen gleich, auf ihren Knien. In der Barackenecke, wo sie arbeiteten, herrschte ehrfürchtiges Schweigen wie im Lesesaal einer Bibliothek.

Eine Universität ohne Gründungsurkunde

Auch die übrigen Intellektuellen hatten sich frühzeitig in Berufsgruppen zusammengefunden. Daraus erwuchs dann das, was – wohl noch über die Kulturgruppe hinaus – im Lager das Anspruchsvollste war: die Lageruniversität. Alle Verwaltungsfunktionen in ihr, vom Rektor bis zum Botengänger, lagen in Händen ihres Gründers, Professor Schlengers, vormals Geographie-Ordinarius in Breslau, später, von seiner Heimkehr bis zu seinem Tod im Jahre 1969, in gleicher Eigenschaft in Kiel, wo er auch das Rektorat innehatte.

Die Lagerlämpchen konnten nirgends so funzelig brennen, daß sie den unstet Umhereilenden gehindert hätten, seine erstaunlich umfangreichen Vorlesungsangebote in jeder Baracke persönlich zu verlesen und zu erläutern. Er berief Lektoren und Dozenten aus allen Fakultäten ans Katheder des Theatersaals. Ihr Angebot reichte von simplen Stenographie- und Buchhaltungskursen über kaufmännisches Rechnen und Sprachunterricht bis hin zu moderner und klassischer Philologie, zu Philosophie, Theologie und Geschichte, zu medizinischen und juristischen Themen und zur Ingenieur- und Brückenbaukunde. Das Renomee des Ganzen hing jedoch vor allem am wissenschaftlichen Renomee des – um im Mittelalter zu bleiben – vielseitigen Lager-Faustus. Er war sich dessen wohl auch bewußt und bemühte sich, wenn es irgend ging, bei allen wichtigeren Vorlesungen und Übungen selbst zugegen zu sein. Durch die kluge, maßvolle Art seiner Diskussionsbeiträge gab er stets ein imponierendes Vorbild akademischer Freiheit und Gleichheit, wie es viele Gefangene, die jüngeren oder die Nichtakademiker oder auch die Studenten des Dritten Reichs, durch ihn und im Lager zum erstenmal kennenlernten.

Schlengers Spezialität war Rußlandgeographie und darin wieder Geophysik und Industriewissenschaft. Seine Vorlesungsreihe über diese Gebiete hat, außer den ganz Abgestumpften, wohl niemand versäumt. Sie wurde so berühmt, daß sie mehrmals wiederholt und immer weiter ausgebaut werden mußte. Frau Hermann besorgte dem Vortragenden dazu sogar etwas, was wir im Lager gar nicht vermuteten: zwei weiße Bettlaken. Schlenger nähte sie zusammen und zeichnete aus dem Gedächtnis mit Kohle eine genaue Karte des europäischen und asiatischen Rußlands darauf, die vor allem die großen Rohstoffvorkommen, die Kombinate der Schwerindustrie sowie alle wichtigen Eisenbahn- und Straßenverbindungen enthielt. Sogar russische Offiziere, nicht nur solche der Lagerverwaltung, sondern auch aus der städtischen Garnison, lockte er damit in seinen Hörsaal, der Stolz von Frau Hermann kannte keine Grenzen. Doch wahrscheinlich konnte die Veranstaltung nur stattfinden, weil sich ihr Ruhm zum Glück doch nicht grenzenlos, vor allem nicht bis zu entscheidenden höheren Stellen, verbreitete. Denn was Schlenger vorzutragen wußte, unterlag – daran kann niemand zweifeln, der russische Ängstlichkeit in solchen Fragen kennt, – zum Teil strenger Geheimhaltung. Übrigens schien gerade dies die russischen Zuhörer zu faszinieren: Bei gewissen Informationen lauschten sie den neben ihnen sitzenden, unaufhörlich flüsternden Dolmetschern, die sie mitzubringen pflegten, besonders intensiv, ließen sich allerlei wiederholen und notierten es.

Mich hat an den Vorlesungen vor allem beeindruckt, wie hoch Schlenger die noch völlig unerschlossenen Möglichkeiten des europäischen Nordostens und des asiatischen Nordens einschätzte. Ferner gewisse atemberaubende Pläne, die, mit Hilfe der gigantischen modernen Kräfte, geophysikalische Eingriffe, die Umleitung großer Flüsse und die Änderung der Klimate bewirken wollten.

Schlenger erläuterte alles nicht ohne Bewunderung, aber auch nicht ohne Kritik. Wenn ich nicht irre, interessierten ihn besonders die Veränderungen der Wasserverhältnisse der unteren Wolga und des Kaspisees in ihrer Beziehung zu Leben und Wirtschaft des Raums.

Freimütig demonstrierte er auch, was damals fast Prophetie war: wie die Schwerpunkte des Kombinatsystems, bei einer Ostverlagerung aufgrund der Kriegserfahrungen in die Nähe Chinas gerückt, von *daher* verwundbar würden. Ausgehend von den Verhältnissen im Gebiet um unser Lager, das trotz der großen Bedeutung seines Kanalsystems zwischen Wolga, Tscheksna, Ostsee und Weißem Meer sehr weltfern und still schien, machte er uns auch klar, welche unendliche, vielleicht noch ein Jahrhundert ausfüllende Arbeit der Ausbau des russischen Eisenbahn- und Straßennetzes sei, sollte es einmal annähernd mitteleuropäischen Verhältnissen entsprechen.

Bewunderung und Skepsis

Ungleich mehr als alle Politschulung, die fleißig betonte, daß die UdSSR ein Sechstel der Erde umfasse, überzeugten die Darlegungen Schlengers uns von der Größe der Sowjetmacht, allerdings auch von den riesigen, noch ungelösten technischen und organisatorischen Problemen des Landes, das die Gefangenen mit einer Mischung aus Stolz und Ironie ihr »Gastland« nannten.

Ironie und Skepsis beruhten in der Hauptsache auf der wenig befriedigenden Arbeit in der Enge des Lagers und seiner Umgebung. Bei uns zeigten beispielshalber die Brückenbauer eine Fülle von Entwürfen schlanker Stahl- und Betonbrücken mit Spannweiten, die für die mächtigsten Ströme ausgereicht hätten; sie hatten sie in ihrer Freizeit bis ins Letzte durchgerechnet. Doch die umfangreiche Ausstellung, die natürlich nicht ohne provokative Absicht geschah, bewirkte nichts. Die Konstrukteure mußten weiter, wie wir alle, am Fluß Zementsäcke ausladen oder Holz aus dem Eis hacken. Wie gern hätten wir uns für solche Brücken oder – freilich mit modernen Maschinen – für den Bau von Straßen und Eisenbahnen eingesetzt, wie sie Schlenger beschrieb. Zwar argumentierte man, wenn man uns zur Arbeit schickte, immer wieder mit dem Begriff »Wiedergutmachung«, und wir hatten dafür durchaus Verständnis. Aber die Werkzeuge, die man uns in die Hände gab, waren so, daß man sie bei uns zuhause schon vor einem Jahrzehnt auf den Schrott geworfen hätte, und die Tätigkeit, der wir uns obendrein nicht gewachsen fühlten, konnte kaum einbringen, was wir trotz unsres Hungerns verzehrten, zumal die körperlich Leistungsfähigen unter uns allmählich ohne Ausnahme auf Kommandos in Wälder oder Bergwerke abgewandert waren. Dadurch war der durchschnittliche Gesundheitszustand im Lager schon so gesunken, daß es nun nur konsequent schien, uns zum »Genesungslager« zu deklarieren. Die Muße der bei den Arbeitsgruppenprüfungen schlecht Zensurierten kam natürlich ihrer Beteiligung an der Universität und an der Kulturarbeit zugute. Doch das Gefühl sinnloser Unproduktivität bedrückte die Menschen mehr, als dieser Gewinn sie ermunterte.

Besonders wenn ein neuer Winter hereinbrach, nahmen die Depressionen erschreckende Formen an. Die Hinfälligen waren dann in ihrer Hoffnungslosigkeit immer mehr zu dem Schluß geneigt, es müsse den Russen wohl ausschließlich um Rache und Vergeltung gehen, sie würden uns nie entlassen.

Im übrigen gab es eine Gruppe von Gefangenen, die wußten, daß ihre Heimkehrhoffnung nicht mehr zu erfüllen war. Ihrer muß gesondert gedacht werden.

Lesungen in den Baracken und im Lazarett

Neben der Arbeit an meinem Buch und für die Theatertruppe ging ich – und ebenso Gaertner und andere – mehrmals wöchentlich nach festem Plan durch die Baracken auf »Lesereise«. Soweit ich nicht besondere Texte dazu schrieb, Übersetzungen aus dem Homer und aus Ovids »Metamorphosen« etwa, suchten wir uns den Lesestoff in der inzwischen, besonders dank dem Moskauer »Fremdsprachenverlag«, nicht mehr ganz ärmlichen Lagerbibliothek. Gaertners Spezialität waren, wie es bei einem Schauspieler alter Schule nicht wundernimmt, Hölderlin-, Goethe- und Eichendorff-Gedichte, daneben etwa Heines »Wintermärchen« oder Tschechow-Geschichten. Ich bevorzugte, außer Eigenem, Tolstojs »Volkserzählungen« und den »Spaziergang« aus den Schiller-Elegien. Hieran knüpften sich in den Baracken dann mehr und mehr Problemgespräche, deren therapeutische Wirkung ich spürte: religiöse Fragen und bei Schiller auch solche einer Geschichtsdialektik, die nicht einseitig unter marxistischem Vorzeichen stehen mußte. Gespräche konnte und mußte man nicht zur Genehmigung anmelden, sie überfielen den Vorleser unterm Lämpchen spontan aus dem Schatten der Pritschen. Doch war die Spontaneität oft nicht unbedenklich, besonders wenn sie plötzlich zu viele hinriß. Ruhige Besonnenheit und strenge Einhaltung einer gewissen Höhenlage beim Gespräch waren die einzigen Mittel, Dammbrüche der Gefühle zu vermeiden. Ich war oft wie in Schweiß gebadet, wenn ich danach wieder in die Winternacht hinaustrat.

Außer den Wohnbaracken stand auf Gaertners und meinem Plan

auch das Lagerlazarett. Die Leiden der Patienten dort sollen gewiß nicht unterschätzt werden – man kam nur mit Fieber hinein und wurde, halbwegs gesund, sofort entlassen –, aber sie waren auch nicht lebensgefährlich, da sonst das Städtische Hospital zuständig gewesen wäre. So waren die Kranken im allgemeinen guter Dinge und froh, dem Einerlei draußen bei etwas aufgebesserter Kost eine Weile entkommen zu sein. Man lag hier übrigens nicht, wie in den andern Baracken, auf Pritschen, sondern in altmodischen Metallbetten – allerdings, da solche Betten rar waren, in zwei zusammengerückten Bettstellen jeweils drei oder vier Kranke nebeneinander. Sie ließen nach der Lesung, die ihnen offensichtlich nicht so wichtig war, nicht ab, Fragen zu stellen, um den unterhaltsamen Besucher festzuhalten. Er mußte ja zugleich Nachrichtenübermittler von und nach draußen sein, und es versteht sich, daß er sich dieser Aufgabe bereitwillig unterzog. Dennoch hatte man oft eine leichte Verärgerung zu unterdrücken angesichts der Ansprüche der ohnehin zeitweilig Bevorzugten.

Aufgegeben

Auf dem Gang zum Krankensaal befand sich eine pappvernagelte Tür mit einem Verbotsschild, das mit Ansteckungs- und Lebensgefahr drohte. Wir wurden auch mündlich ermahnt, das Verbot zu beachten. Doch je unheimlicher im Vorbeigehen die Stille hinter der Tür schien, desto mehr fühlte man sich gedrängt – auch Gaertner gestand es mir –, nachzuforschen, was sich in der Abteilung befand. Ich sprach mit zwei deutschen Ärzten, Helfern der Chefärztin. Sie wußten natürlich, was ich antreffen würde. Obwohl sie abrieten, versprachen sie mir, mich notfalls vor Ankunft einer der Russinnen zu alarmieren, wenn ich unbedingt hineingehen wolle.

Als ich die Tür öffnete, sah ich im Halbdunkel, daß sich dort Betten befanden. Doch konnte ich nicht ausmachen, wie weit sie belegt waren. Ein unerträglicher, feuchtwarm-fauliger Geruch schlug mir entgegen. Das kleine Fenster war wie die Fenster der Wohnbaracken gegen die Kälte draußen mit Sand zwischen den Scheiben verstopft. Nichts bewegte sich. Ich schloß die Tür hinter mir und versuchte, mich an das Dämmerlicht zu gewöhnen. Es dauerte eine Weile, ehe sich im vorderen Bett einer umdrehte. Er sprach nicht, sah mich nur mit übergroßen Augen an.

Nun entdeckte ich in den je zwei Betten rechts und links acht Menschen. Sie schienen, abgezehrt wie sie waren, ausreichend Platz darin zu haben. Alle lagen zur Wand gedreht, nur zwei wendeten sich mir noch zu – mit dem gleichen Blick: viel Weiß um die reglosen, weit offenen Pupillen. Ich erklärte, wer ich sei. Von ihrem Schweigen wurde ich verlegen. So fragte ich weiter, ob ich etwas für sie tun könne. Mir war jetzt klar, daß ich vor Tuberkulösen stand, die man aufgegeben hatte, und die wohl auch sich selbst schon aufgegeben hatten. Wahrscheinlich nahm das Stadthospital die ansteckenden Moribunden nicht an.

Der Mann vorn winkte mir, ihm das Kochgeschirr mit Wasser zu reichen, es stand auf einem Schemel zwischen den Betten. Die drei hinter ihm wurden unruhig und tranken nach ihm ebenfalls. Auch die auf der anderen Zimmerseite verlangten jetzt Wasser. Da das Geschirr leer war, mußte ich erst hinausgehen, neues zu holen. Draußen bekam ich fast den Deckel nicht von der Wassertonne, so gelähmt war ich.

Von den Männern, die getrunken hatten, begannen einige zu husten, spieen den ausgeworfenen Schleim in Tücher, die sie krampfhaft mit mageren Händen vor den Mund hielten und die schwarz waren von Blut und Schmutz. Ich dachte an gewisse Schilderungen Dostojewskijs und fragte mich, ob es denn gegen diese Krankheit noch immer kein Mittel gebe. Hier unter diesen Umständen gab es zweifellos keins.

Als das Husten nachgelassen hatte, wühlte ich in meinen Taschen. Im Krankensaal hatte ich eben Saltykows satirische »Märchen für Kinder gehörigen Alters« gelesen. Diesen Ton konnte ich hier wohl nicht anschlagen. Ich stieß in der Tasche auf mein Manuskript. Wir schleppten ja immer mit, was uns wichtig war, vor allem Aufzeichnungen und das streng verbotene Messer, ohne das niemand auskam. Es hätte bei einer Barackendurchsuchung während unsrer Abwesenheit verschwinden können.

Nun begann ich das Kapitel »Das Böse« zu lesen, das ich gerade geschrieben hatte. Während ich las, regte sich niemand, auch danach nicht. Aber als ich fragte, ob ich wiederkommen solle, hörte ich mehrere Stimmen Ja sagen. Mich überzeugte vor allem, daß auch einige von denen Ja gesagt hatten, die noch immer zur Wand gedreht lagen.

Hinterher sprach ich mit den Ärzten, sprach auch mit Geistlichen. Nur einer von ihnen, ein katholischer Pfarrer, kannte das Zimmer, hatte es erst vor kurzem, ähnlich wie ich, betreten. Alle meinten, die Kranken seien hoffnungslos und nicht mehr ansprechbar. Die Ärzte berichteten, daß sie fast nichts mehr äßen, daß die Sanitäter sich ihre Portionen teilten.

Ich habe niemand essen gesehen, war auch während der Essenausgabe nie dort, so kann ich nichts darüber sagen. Doch habe ich bei diesen Kranken – und außerdem in zwei Bataljonerzimmern – mein ganzes Buch vorgelesen, in den Bataljonerzimmern wiederholt und vor immer anderem Publikum Kapitel für Kapitel, so wie es entstand. Auch bei jenen Kranken mußte ich die Lesungen wiederholen – nicht nur, weil einige manches zum zweiten- oder drittenmal hören wollten, sondern weil auch hier das Publikum wechselte. Sie starben, verloschen, wurden durch neue Kranke ersetzt. Oft erfuhr ich nur durch Fragen, ob einer neu war. Zu ähnlich waren stets die Augen.

Von dem Pfarrer, den ich gefragt hatte, erfuhr ich auch, wie es sich jetzt mit den Toten des Lagers verhielt. Während die schwereren Fälle noch immer rechtzeitig ins Hospital der Stadt gefahren wurden – selbst im Winter fast schutzlos auf offenen Wagen, die Ärzte schätzten, daß viele schon deshalb starben –, wurden die Toten, aus dem Zimmer der Aufgegebenen ebenso wie jene, die gelegentlich noch in den Baracken starben, in einer Kiste aus rohen Brettern wenige Kilometer weit auf den Dorffriedhof gekarrt – im Handwagen von ein paar Gefangenen, bei denen jeweils auch Pfarrer waren. Sie stellten, obwohl es streng verboten war, Listen mit den Namen her. Die Kiste mußte wieder mitgebracht und bei der zuständigen Stelle abgeliefert werden. Einer, der Erfahrung zu haben schien, meinte, daß die Methode nicht ungewöhnlich sei: Er habe auch eine alte Frau aus der Familie des Majors vorm Lagertor, dessen Mutter oder Schwiegermutter, so beisetzen helfen. Ich konnte die Behauptung nicht nachprüfen, es konnte so gewesen sein. Nur den Friedhof habe ich später einmal gesehen, auf dem die Gräber, auch die der Einheimischen, sehr ungepflegt waren. Die der Unseren wären völlig unkenntlich gewesen, hätten die Kameraden sie nicht durch Holzpfähle markiert, in die sie Kennzeichen schnitten. Doch das Gras überwucherte alles.

Theaterprobleme

Diejenigen, die Kulturarbeit leisten durften, litten unter den Stimmungen und Depressionen im Lager am wenigsten. Schöpferische Tätigkeit hatte in dieser, ich will es ein letztesmal sagen: mittelalterlich-engen Welt den Vorzug, daß auf dem Weg zwischen Schöpfung und Wirkung, zwischen Produktion und Konsum kein Unternehmer, kein Vermittler gebraucht wurde. Jeder, der etwas hervorbrachte, gab seine Hervorbringung sofort selbst weiter, las sie oder spielte sie. Und da die Nachfrage nach geistiger Substanz, die den Erfahrungen hier standhielt, das Angebot bei weitem übertraf, da viele schon immer an der Entstehung jeder neuen Arbeit teilhatten, ergab sich eine beglückende Gemeinschaft des Gebens und Nehmens, wie sie sich unsere heutige Gesellschaft trotz aller Theorien und Wunschträume von einer »Aktivierung« des Publikums wohl kaum vorstellen kann. Bei uns wußte man wirklich nicht, wer gab, wer nahm. Das gilt gerade auch für mein Buch, so vorsichtig ich mit dessen Verbreitung auch sein mußte. Es wuchs aus unablässigen hermeneutischen Gesprächen einer nicht einmal kleinen, aber ganz in sich geschlossenen Gruppe, die sogar, ebenso wie meine Arbeit am Text, während der täglichen Lagerbeschäftigungen fortgesetzt wurden. Fast immer brachte ich von den Arbeitsstätten draußen fünfzehn oder zwanzig fertige Zeilen mit, die ich im Entstehen auswendig gelernt hatte und die ich dann auf meiner Pritsche, um ja nichts zu vergessen, schleunigst niederschrieb. Hätte ich Prosa statt der Verse gewählt, wäre das Verfahren nicht möglich gewesen.

Im Gegensatz zu meinem Buch mußte unser Theater, weil möglichst jede Einstudierung en suite laufen mußte, von Anfang an und in allem und jedem auf Breitenwirkung angelegt sein. Natürlich spielten wir gern auch Schauspiele und Komödien, klassische, moderne und selbstgeschriebene. Leider aber erwies sich schon Gogols »Revisor« als zu modern. Nicht als ob unser Publikum das Stück nicht verstanden hätte, im Gegenteil: Da die Darsteller in zeitlosen Russenblusen oder Uniformen auftraten, sahen die vor Begeisterung schreienden und johlenden Gefangenen in unserer Aufführung sozusagen keine Premiere, sondern die Wiederholung von Veranstaltungen, wie sie ihnen von Besuchen aufsichtsführender Generäle im Lager bekannt und vertraut waren. Solche Besuche fanden zwar seltener statt, als sie angekündigt wurden, hatten aber so oder so stets eine Bobtschinskij-Dobtschinskij-Aufregung zur Folge, die sogar zu überraschender Erhöhung der Rationen führen konnte. Schade um die Mühe, die wir in die gelungene Inszenierung gesteckt hatten. Frau Hermann, die das Stück, erschrocken über den durchschlagenden Erfolg, schon nach dem zweiten Abend absetzte, versprach zwar, wir dürften es weiterspielen, nachdem sie uns die dazu notwendigen historischen Kostüme besorgt habe, doch offensichtlich waren alle Kostüme, die sie finden konnte, ihr nicht »historisch« genug.

Von modernen Sowjetstücken erlebte zugleich bei Frau Hermann wie bei unserem Publikum eigentlich nur Simonows »Russische Frage« ausreichende Zustimmung. Trotz amüsanter Rollen wurden zuerst die Darsteller des Stücks müde, doch lief es immerhin rund zwanzigmal. Was aber selbstgeschriebene Texte betrifft, so mußten sie notwendigerweise stets daran kranken, daß uns eine Auseinandersetzung mit der eigenen Situation weder möglich noch erlaubt war, während die Auseinandersetzung mit der jüngsten Vergangenheit in Deutschland oder Rußland damals unvermeidlich in jenen Plattheiten und Phrasen steckenbleiben mußte, die, so simpel vorgekaut, niemand, auch nicht der einsichtigste Gefangene, mehr hören wollte.

An einem der Jahrestage der Oktoberrevolution, deren Feier auch die Kulturgruppe, wollte sie ihre Arbeit nicht gefährden, niemals übergehen durfte, deklamierte Gaertner (da die Russen sich mit einem bloßen Festkonzert diesmal nicht mehr begnügen wollten) eine von mir stark zusammengestrichene Fassung von Stalins »Geschichte der KPdSU (B)« melodramatisch zu einer Orchesterbegleitung, deren Trommelwirbel-Crescendos anrollende Panzer, deren Becken- und Paukenschläge peitschende und donnernde Schüsse äußerst realistisch und effektuös wiedergaben. Natürlich hatten wir bei dieser Art nahezu parodistischer Darstellung kein gutes Gewissen, doch sprach alles dagegen, daß wir in unserer Lage Besseres liefern konnten. Und als wir dann merkten, wie sehr den Russen unsere »Authentizität« imponierte, beruhigten sich auch die Gewissen. Unter solchen Umständen waren die größten Theaterereignisse diejenigen, bei denen auch Quantität glänzte, das heißt Revuen und Operetten, die möglichst den ganzen Apparat der Kulturgruppe vereinigten: das Orchester, den Lagerchor (der sonst, wie Männerchöre unvermeidlich, in volksliedhaft-heimatseliger Traurigkeit schwelgte) und alle Schauspieler und Sänger miteinander. Nie übertroffener Höhepunkt: »Die Maske in Blau«, wovon wir nur einen Klavierauszug ohne Text besaßen, so daß ich nach notdürftiger Beschreibung Praskis einen abenteuerlichen und zweifellos sehr eigenwilligen neuen Text zu dieser Operette und den zahlreichen teils neu komponierten, teils entlehnten Einlagen dichten mußte. Das Hübscheste an der Aufführung war, daß wir unter uns eine Tänzerin entdeckt hatten, einen jungen Gärtner aus Stendal. Unsere Schneider entwarfen ihm die tollsten Drapierungen mit unvergeßlich tiefem Rückenausschnitt; der Ausschnitt auf der Vorderseite blieb aus naheliegenden Gründen dezenter. Die unbezweifelbare Herzensreinheit des jungen Tänzers, der sich mit seiner Kunst von schweren Kommandos freitanzte, war, neben seiner natürlich immer etwas grotesken und akrobatischen Grazie, das Liebenswerteste an ihm. Ich behaupte gegen alle Skepsis, auf die ich heute unweigerlich damit stoßen werde, daß auch die Zuschauer seine Auftritte ohne zweideutige Schwüle empfanden. Zu Anwandlungen anderer Art fehlte den Hungernden im Lager einfach die physische Kraft und – jene Langeweile, an der unsere Gesellschaft heute so großen Überfluß hat.

Christen in Bedrängnis

Zuverlässig glaube ich zu wissen, daß in unserem Lager nie einer der Gefangenen von den kommunistischen Machthabern um seiner christlichen Überzeugung willen zu leiden hatte. Die Bedrängnis, in der die Christen lebten, war die Bedrängnis aller; sie wie ihre Pastoren waren am Hunger und an der Arbeit nach denselben Regeln beteiligt wie die übrigen auch. Warum unter den zahlreichen Geistlichen, die ich wohl so gut wie alle persönlich kannte, einige wenige, sechs oder acht, den Vorzug hatten, zusammen in einer gesonderten Pfarrstube zu wohnen, weiß ich nicht. Vermutlich handelte es sich um eine Gunst, die nur einem von der Lagerleitung akkreditierten Numerus clausus von »Lagerpfarrern« zugestanden wurde, – was aber nicht grundsätzlich verhinderte, daß auch andre Pfarrer gelegentlich einen der sonntags beiden Konfessionen abwechselnd zugestandenen Gottesdienste hielten. Die Gottesdienste waren nicht schlecht besucht, aber etwas Besonderes ging von ihnen nicht aus.

Denn dies war (und ist wohl noch heute), ohne daß sich die Kirche die Ehre antut, es laut genug zu bekennen und abzubüßen, die eigentliche und größte Bedrängnis der Christen: ihre Ratlosigkeit. Insonderheit die Quietisten, die stets gelassen Paulus zitierten, daß es »nicht von jemandes Wollen oder Laufen abhängt« (ungeachtet Paulus sonst vom »Laufen« auch anders geurteilt hat), konnten einem auf die Nerven gehen. Doch leider war ihre Haltung keineswegs ganz uncharakteristisch für die kirchliche Wirklichkeit im Lager überhaupt. Zwar rückten die Konfessionen, wie man so schön zu sagen pflegt, »näher zusammen«, man sprach noch mehr als früher von der Una sancta, und die Übersetzungen mittelalterlicher Hymnen aus Missale und Breviarium, die ich fertigte, fanden sowohl in den evangelischen Andachten wie in der katholischen Messe Verwendung. Doch was besagte das! Beiden Kirchen fehlte in ihren Gottesdiensten der neue Ton, die neue Sprache, die die Leidenden zur schöpferischen Gemeinschaft hätte machen können. Dabei wurde damals – ich habe es anzudeuten versucht – die Solidarität der Schwachen und Unterdrückten, selbst außerhalb der Kirche und ohne sie, zu einer sich ständig verstärkenden Kraft. In den Gottesdiensten aber konnte gleichzeitig noch immer wehleidig von privaten »Sünden« gepredigt werden. Die Verstrickung der einzelnen, gerade auch der Ahnungslosen und Schwachen, in die blutigen Verbrechen des Menschengeschlechts und seiner Machthaber, die entsetzlichen Schulderfahrungen des letzten Jahrzehnts, das uns die dämonischen Dimensionen der Menschheitsgeschichte erneut einsehbar gemacht hatte: all dies schien an der Kirche, die sich zwar in der Heimat in wohlmeinenden Schuldbekenntnissen mitschuldig erklärte, sonst aber das »Off limits!« an ihre Türen nageln ließ, spurlos vorübergegangen zu sein. Der Versuch einer Neudeutung des Kreuzes im Zeichen unsrer Erfahrungen fand nicht einmal in der Gemeinde der Versklavten und Verschleppten statt, wo Unschuldige und Schuldige in gleicher Fron standen.

Nur ein kleiner Kreis, Laien und Theologen, gestand sich das Fiasko ein, gestand sich ein, daß die Kirche ihre ureigenste Sache auch hier einfach nicht sah. Nicht als ob diese Männer sich gerühmt hätten, eine unfehlbare Therapie für das totale Versagen zu wissen; sie erkannten nur, wie tief eingewurzelt die Krankheit war, und spürten, daß überhaupt nichts mehr ging: bei den Protestanten nicht die Zerstückelung der Heilsgeschichte in »Losungen« und Perikopen und ihr trauriges Aufgeweicht- und Angepaßtwerden mit Hilfe von Predigten bürgerlich-moralisierender oder vage theologisierender, theoretisierender, entmythologisierender Art, bei den Katholiken nicht die eisige Erstarrung derselben Heilsgeschichte in den ehrwürdigen Formen und Formeln einer ursprünglich gewiß tiefsinnigen Liturgie. Weder dort die jahrtausendealten, noch hier die jahrhundertealten Gerüste, an die sich die Gottesdienstabläufe anzuranken suchten, trugen noch. Es gab Gerüste für uns wohl überhaupt nicht mehr.

Was aber tun? Auf den heute modernen Ausweg, Theologie in ideologische Gesellschaftsmoral umzuwandeln oder gar in ein Sanktionieren revolutionärer Gewalt, – auf diesen Ausweg konnte damals niemand von uns verfallen. Die Gewalterfahrungen, die wir hinter uns hatten, ebenso wie die, die wir hier in unserem »Gastland« täglich vor uns sahen, hatten genügt, unser Menschenbild zu korrigieren. Offen gestanden wir uns ein, wie froh wir waren, uns nicht mehr als Sieger fühlen zu müssen, und wollten ›Sieger‹ auf keinen Fall je wieder werden. Eher waren wir geneigt, Stolz auf unseren Status als Unterdrückte zu empfinden, unsere Machthaber

aber ohne jeden Groll von Herzen zu bemitleiden, ganz einfach weil sie – was ja auf dieser Welt vielleicht immer irgendwer muß – nun die Macht auszuüben hatten. Doch die Machtausübenden waren ja offensichtlich nicht das russische Volk, das draußen vorm Zaun in derselben Lage war wie wir drinnen, sondern die Machtausübenden waren diejenigen, die sich zu Funktionären machen ließen, vor allem die weit entfernten, uns nur namentlich bekannten oder gar anonymen. Doch mischten wir uns in diese Fragen nicht ein, spürten nicht einmal die leiseste Regung, es zu tun.

Dies war überhaupt die Erkenntnis, die uns damals am stärksten bewegte: Christus hatte nirgends gegen die Römer gepredigt, weder für Unterwerfung unter sie noch für Befreiung von ihnen, nicht einmal gegen Herodes oder die einheimischen zivilen Machthaber, von denen er, sich und die Seinen gegen sie distanzierend, vermutlich meint, daß sie »ihr Teil dahin« hätten; er predigte gegen die geistlichen Verführer, die Pharisäer. Den Mächtigen, den Reichen, den Intellektuellen, stellte er allerdings zur Bedingung, falls sie zu ihm kommen wollten, ihre Macht niederzulegen. Jesu Jünger, Gottes Kinder, müssen gänzlich ohne Macht sein.

Der Adjutant

Ich hatte mich mit dem sogenannten Adjutanten meines Bataljons angefreundet. Der hochaufgeschossene, wenig über Zwanzigjährige, dessen Stolz eine irgendwo ergatterte, schöngefleckte Kaninchenfellmütze war, lief während unserer unruhigen Gespräche wie ein Fragezeichen neben mir her und sah aus einer überragenden Höhe mit stahlblauen Frageblicken auf mich herab; immer wollte er mehr wissen, als ich beantworten konnte. Leider habe ich seinen Namen vergessen, obwohl wir in langen, mitternächtlichen Disputen – während der Hellen Nächte, wenn die knapp untergetauchte Sonne ihre Scheinwerfer über den Himmel spielen ließ – nahezu die ganze Welt neu geordnet haben. Unsere grimmige Ironie, gerade auch die des in früher Jugend vom Geschehen des vergangenen Jahrzehnts Mitgerissenen, war oft blanke Verzweiflung.

Häufige Anlässe unseres Spotts waren die kommunistischen Berliner Zeitungen, die jetzt gelegentlich ins Lager kamen und die dann an der Anschlagtafel der Hauptbaracke zur Lektüre aushingen. Hurtige Feuilletonisten hatten sich mit gewohnter Wendigkeit in den Trümmern der alten Hauptstadt wieder einen warmen Platz reserviert, darunter auch ein ehemaliger Schulkamerad von mir, der sich jedoch bald darauf, als ihm Ost-Berlin nicht mehr gefiel, unter Abgabe eines »Schuldbekenntnisses« in der amerikanischen »Neuen Zeitung« in die US-Zone umorientierte.

Dieser Mann wirkte auf meinen Adjutanten besonders aufreizend, vor allem, wenn er in seinen Artikeln auf der Suche nach Mitschuldigen Bismarck, Friedrich den Zweiten (dem er den Beinamen »der Große« aberkannt hatte), Luther und die ganze preußische Geschichte vor sein papierenes Gericht zog. Mein Adjutant war aktiver Soldat gewesen. Es lag nahe, daß er nun die Disziplin der hiesigen Roten Armee unter die Lupe nahm und (nicht ohne begründete Bewunderung) in ihr und der kommunistischen Staatspartei Erben desselben Preußentums erkannte, dessen Verbrechen jener neuberliner Journalist überwiegend am Beispiel von ehemaligen Nazipolitikern aus Niederbayern anprangerte. Ich bestätigte, daß die Kommunisten keineswegs illegitime Erben Preußens seien, da sie über Marx und Hegel direkt mit dem Philosophen aus Kaliningrad zusammenhingen. Wütend drehte er dann den Spieß um und nannte Kants Sittengesetz, das man ihm in der Schule beigebracht hatte, »bürgerlich«, »ohne Format«, ein »bloßes Rezept«, das nichts über die »außerordentliche Verpflichtung der Außerordentlichen gegenüber der Gemeinschaft« aussage. Daraufhin replizierte ich, um ihn zu reizen, etwa, daß gerade Marx den Mißstand gesehen und korrigiert habe: Die Partei mit ihren Führungskadern hat immer Recht.

So war der Tenor unserer Nachtgespräche unter dem großen Lichthimmel oft Selbstpeinigung und Selbstgericht. Dabei konnten wir ganz vergessen, daß wir nur ohnmächtige Gefangene waren, über deren Schicksal erst einmal andere richteten. Gelegentlich redeten wir vermessen, als wären wir beauftragt, uns eine für die Deutschen geeignete neue Staatsverfassung auszudenken. Er hatte für dieses Problem sogar schon eine aufregende Lösung: Wie nachher die Väter des Grundgesetzes ging er davon aus, daß bei der Frage des Staatsoberhauptes anzusetzen sei. Doch bezog er sich dabei nicht auf die Weimarer Erfahrungen, die ihm kaum geläufig sein konnten, sondern darauf, daß die konventionelle Demokratie, ohnehin kein Gebilde des Massenzeitalters, sondern des 18. Jahrhunderts, den Deutschen Schwierigkeiten mache; sie brauchten Autoritäten. Freilich müßten sie gerade aus diesem Grunde vor Usurpatoren der Autorität geschützt werden, und so war sein Vorschlag: Konstitution eines Rats von Ephoren, Gelehrten und Künstlern, die infolge ihres Alters und ihres durch eigene Lebensleistung erworbenen Vermögens unbestechlich und samt und sonders Nobelpreisträger oder Träger anderer gleichwertiger Auszeichnungen sein müßten. Bei ihnen sollte weder Legislativ- noch Exekutivgewalt liegen, wohl aber ein uneingeschränktes Aufsichtsrecht mit allergrößten Vollmachten: Zugang zu jeder privaten oder öffentlichen Schublade und Akte. Die ewige Krankheit der Demokratien, die Korruption, sei damit zu verhüten. Da diese Männer aber reihum einen in kurzen Abständen wechselnden Vorsitzenden stellen könnten, durch den das Ephorenkollegium als Ganzes den Staat repräsentiere, werde uns so auch ein Hasardeur an der Spitze für immer erspart und zugleich eine feste Autorität gegeben.

Zum Christentum hatte mein Freund ein emotionaleres Verhältnis, ihn begeisterte daran nichts so sehr wie Christi bedingungslose und unerschöpfliche Liebe zu den Sündern, Schwachen und von der Gesellschaft Verstoßenen: Maria aus Magdala, die Ehebrecherin, der Zöllner, die Samariterin waren seine Lieblingsgestalten. Er meinte, man dürfe den Begriff »arm« in der Bergpredigt unter keinen Umständen bloß äußerlich verstehen. Christi »Kommunismus« bedeute nicht gleichmäßige Verteilung des Reichtums, noch dazu gewaltsam, er bedeute gleichmäßige Verteilung der Armut. An die Spitze der Armen müßten die treten, die sich vom Bedürfnis nach Geld und Macht befreit hätten, die wirklich Freien. Allerdings wie sie ohne Macht wirken sollten, wisse er nicht, von der Gewalt dürften sie um keinen Preis Gebrauch machen. Im Zeitalter der Massen sei revolutionäre Gewalt und Verführung zu solcher Gewalt ohnehin so mörderisch wie Krieg. Beide, ununterscheidbar wie Zwillinge, gingen ineinander über. Nie hätten die Armen und Rechtlosen den Gewinn, nie die Massen.

Eine Frau unter sechstausend Männern

Diese Sommernächte, sie waren so hell und schön wie die des Winters finster und bedrückend. In ihrer blaßblauen Kühle schien uns die ganze Weite der Natur zu gehören – oder, da es im Lager »Natur« kaum gab, die ganze lichte Höhe des Himmels und die winddurchwehte Tiefe des Horizonts. In einer solchen Nacht gegen Morgen geschah etwas Außerordentliches:

Ich lag mit vielen andern schlafend im Freien außerhalb der Baracke auf sonnengehärteter Erde – nur so entkamen wir in dieser Jahreszeit dem Ungeziefer –, als ich von einer leisen Unruhe im Lager geweckt wurde. Wir waren hellhörig, unser Schlaf leicht, und so merkte ich, merkten auch andere, daß sich irgendetwas am Lagertor tat.

Das Lagertor ist Mittelpunkt der Gedanken aller Gefangenen – nicht nur weil es dort zur täglichen Arbeit geht und bei Rückkehr Durchsuchungen und die kritische Prüfung des Geleisteten durchzustehen sind, sondern vor allem, weil sich eines Tages auch der Weg in die Freiheit hier auftun muß. Ferner aber kommen durchs Lagertor alle Neueingänge und mit ihnen oft die einzigen Nachrichten, die von anderwärts, vielleicht sogar aus der Heimat, zu erwarten sind. Geschah etwas am Lagertor, mußte man sofort versuchen, möglichst nahe heranzukommen.

So standen wir also in dieser Morgenfrühe schmutzig und unausgeschlafen dort, um festzustellen, daß ein neuer, etwa zwanzig Menschen umfassender Transport im Begriff war einzuziehen. Solch ein Einzug war einigermaßen umständlich: Es mußte Schriftkram erledigt und bei der Übergabe mindestens ein halbdutzendmal abgezählt werden. So traten die Ankömmlinge draußen erst einmal eine Viertelstunde lang von einem Bein auf das andere, und wir beobachteten sie.

Nichts Auffälliges war an ihnen. Sie waren gekleidet wie wir, nur für den reichlich klein Geratenen am Schluß der Kolonne hatte man wohl nichts Passendes gefunden. Der viel zu weite Militärmantel hing ihm um die Füße fast bis zur Erde, die Ärmel waren hochgekrempelt, die Ohrenklappen der Mütze mitsamt den Bändern ragten, wie zu einem Flugversuch auseinandergespreizt, weit über die schmalen Schultern hinaus.

Wenig später wußten wir, daß es sich keineswegs um einen Zwerg handelte, sondern daß hier, bei einem Transport von Ärzten, die einzige deutsche Frau mitlief, die je unser Lager betrat. Die Kolonne kam aus Ostpreußen und hatte schon ein paar kleinere Lager hinter sich. Frau Dr. Zenke, die junge Assistenzärztin von der Königsberger Universitätsklinik, war mit ihren männlichen Kollegen verschleppt worden, weil man ihr vorsichtshalber erst einmal unterstellte, die Leichen im Kühlfach der Anatomie könnten Russen und sie ihre Mörderin sein. Mörderisch jedoch sah schlimmstenfalls ihre Soldatenuniform aus. Man hatte sie ihr verpaßt, als man ihr bei Beginn des russischen Winters das dünne Sommerkleid wegnahm, in dem sie aufgegriffen worden war.

Ich erzähle die Geschichte, weil sie binnen kurzem zum Testfall für die Macht eines Lagers voller Ohnmächtiger und für die Tüchtigkeit seiner Handwerker wurde. Anteilnahme und Begeisterung, die alle Sechstausend der einzigen Vertreterin ihrer daheimgebliebenen Frauen im Lager schon vom ersten Tag an entgegenbrachten, ließen einfach nicht zu, sie unter den weiblichen russischen Offizieren mit ihren herausfordernd knapp sitzenden Uniformen in einem so unweiblichen Anzug herumlaufen zu lassen. Nach zwei Stunden schon konnte sich die Umworbene der Schneider und Schuster, die ihre Maße nehmen wollten, kaum mehr erwehren. Woher die Stoffe kommen sollten, verriet niemand. Doch auch in den Taschen von Armen, wenn sie zahlreich und liebevoll bemüht sind, läßt sich vieles finden; keine acht Tage vergingen, bis unser Idol auf der Lagerstraße in einem Kostümchen promenierte, das Pariser Salons zur Ehre gereicht hätte. Freilich Seidenstrümpfe waren hier noch rarer als Glühbirnen, Nähnadeln und Knöpfe. Dafür hatte man ihr bis dicht unters Knie reichende, kokette Stiefeletten gemacht. Und sogar ein elegantes Hütchen fehlte nicht, wie ich mich zu erinnern glaube. Der Erfolg war, daß schon tags darauf auch die Russinnen ihre hübschesten Zivilkleider zeigen wollten und daß mit der Zeit auf unsrer armen Lagerstraße eine Art Modenschau begann. Freilich »die Unsere« konnte nicht überboten werden, und bald begriffen auch die Russinnen mehr und mehr, daß man nur über unsre Werkstätten zum Erfolg kam. Der Kurswert unsrer Schneider stieg ins Ungemessene.

Im übrigen hatte es unsre junge Ärztin schwer und leicht zugleich. Schwer war es, sich der Liebe zu erwehren, die in einer Ansammlung von mehr als sechstausend Männern brach lag. Doch mit leichter Hand löste unsere Einzige die Aufgabe und vermied klug alle Gefahren, die Klatsch und Eifersucht hätten mit sich bringen können.

Die Russen hatten ihr ein eigenes Stübchen gewährt, sogar in der Kommandanturbaracke. Unsere Maler, Tischler und Dekorateure wetteiferten, dort in Aktion zu treten. Und so residierte sie bald in einsamer Pracht. Doch empfing sie täglich, wenn für die Gefangenen der Feierabend heraufkam, zwei oder drei von ihnen zum Tee, – fast stets andere und immer nur solche, die sich um das Lager besondere Verdienste erworben hatten. »Dabei« zu sein galt als Auszeichnung, die jede erdenkliche andere weit in den Schatten stellte. Ich kann mich rühmen, daß ich mit Gaertner sogar an einem Heiligen Abend geladen gewesen bin, als außer uns nur noch diejenigen die Ehre hatten, die als Arm- und Beinamputierte im Lager lebten. Es waren diesmal erheblich mehr als zwei oder drei.

In der Ecke stand ein großer Weihnachtsbaum, an dem freilich keine Kerzen steckten, weil es Kerzen hier nicht gab. Dafür hatte man »der Zenke« Glasröhrchen, wohl kleine Medizinflaschen und

Tablettenröhrchen mit Kerosin und winzigen Dochten in die Zweige gehängt. Sie rußten zwar, sahen aber Kerzen erstaunlich ähnlich. Die Männer mit den Krücken, den eingefallenen Schultern und leeren Jackenärmeln umstanden das Werk voller Bewunderung.

Übrigens habe ich die Geschichte der einzigen Frau im Lager bald nach meiner Heimkehr arglos einem berühmten Filmautor erzählt, der mich in meinem Büro besuchte. Den weitbekannten Erfolgsfilm, der überraschend erschien, habe ich nie gesehen. Er soll keinerlei Ähnlichkeit, nicht einmal zufällige, mit irgendwelchen realen Personen und Situationen haben.

Abschluß und Abschriften

Ebenfalls in den Hellen Nächten, im Sommer 1947, geschah es, daß ich mein Buch – es hatte noch keinen Titel, ich nannte es einfach »Heilandbuch« – in der ersten Fassung abschloß. Danach begann ich mit Lesungen größerer zusammenhängender Abschnitte, las im Zimmer der jungen Ärztin einmal sogar den ganzen dritten Teil, die Leidensgeschichte, in einem Zug. Auch in den Bataljonerstuben las ich längere Stücke, und jedesmal kamen mehr Zuhörer, standen bis an die Wände, und die Diskussion wollte nicht aufhören. Da ich einsah, daß es so nicht weiterging, gab ich, entgegen meinen bisherigen Bedenken, die Einwilligung, eine Abschrift und von der Abschrift wiederum Abschriften zu nehmen. Mein Freund Günter List hat wohl die erste und säuberlichste gemacht, eine weitere mein trotz seines wilden Heißhungers so sanfter Herrnhuter Pritschennachbar Friedrich Wilhelm Clemens. Auch viele Teilabschriften entstanden, über die ich jedoch die Kontrolle verlor. Zuvor hatte ich selbst eine korrigierte Reinschrift hergestellt.

Jede der Handschriften hat ihre Geschichte – im Lager und nachher auf der Heimfahrt. Daß ich den Verbleib schon im Lager nicht mehr ganz übersah, machte mir oft Sorge, man wußte nicht, wem die Manuskripte in die Hände gerieten. Die Geschichte der gelungenen oder versuchten Heimbringungen aber muß ich, soweit ich sie kenne, am entsprechenden Ort erzählen. Jedenfalls bewies die hurtige Verbreitung durch Abschreiber, daß die Zeit vor Erfindung des Buchdrucks nicht so weit zurückliegt, wie man denkt. Oder kommt sie wieder näher?

In der Pfarrstube fanden regelmäßig Pfarrkonvente statt. Ich wurde dazu eingeladen und nach einiger Zeit aufgefordert, meine theologischen Vorstellungen dort im Zusammenhang zu entwickeln. Ich bezweifle, daß mir der Versuch gelang, ich verfüge über kein System. Gerade darum war es vielleicht folgerichtig, daß ich begann, von der Freiheit zu reden. Zu diesem Thema glaubte ich im Johannesevangelium eine eigene Entdeckung gemacht zu haben:

Der berühmten Berufung des Petrus ins Schlüssel- und Herrscheramt steht dort, so meine ich, im letzten Kapitel eine geradezu gegenteilige Autorisierung des Johannes durch Christus gegenüber, Autorisierung zum Einzelgänger. Das Kapitel (offensichtlich ein Nachtrag zum Evangelium aus der Zeit, in der die Kirche nach der Enttäuschung, daß Christus nicht wiederkam, schon ihre katholisch-hierarchische Entwicklung begann) – dieses Kapitel wiederholt dreimal, vielleicht zum Ausgleich gegen die dreimalige Verleugnung, die Beauftragung Petri. Deutlich erkennt der Verfasser damit die Vollmacht der Kirche an, jedoch nur, um sich selbst dann von ihrer Befehlsgewalt auszunehmen und zu berichten, daß ihm, dem Johannes, den Johanneern, die Lizenz zur Autonomie gegeben wurde: »Ich will, daß er bleibt . . . Was gehts dich an?« Der einzige bis zur Entwicklung der Machthierarchie überlebende Jünger und Augenzeuge lehnt mithin die Autoritätskirche als Herrin über die große Schar nicht ab, betont aber, daß er befugt sei, als »Liebling« außerhalb zu stehen. Seitdem muß die Kirche ihre Aufgabe ohne die Erwählten, ohne die zur Gottesunmittelbarkeit Ermächtigten erfüllen. Liegt darin nicht vielleicht die Tragödie der Macht und Herrschaft in der Welt überhaupt? Von Christus und seinem Geist legitimierte Abweichler, Heilige, Ketzer, eigenwillige Einzelgänger sind die Buße, die die Träger der bevollmächtigten höchsten Ämter in Kirche und Welt zu zahlen haben. Solche Einzelgänger und Abweichler, mag man sie auch zu Märtyrern machen, sind Gottes erklärte Lieblinge.

Und nun meine Schlüsse:

»Einzelgänger« – das Wort meint natürlich nicht egoistische Individualisten, nicht solche, die sich zu gut dünken, den Menschen ein geordnetes Haus zu bauen. »Einzelgänger« meint etwas anderes. Auch Jesus war ein Einzelgänger, außerhalb der Religionsgemeinschaft seines Volks. Nur so sind seine Zornreden gegen die Pharisäer zu verstehen, wie auch die Darlegungen des Paulus wider das Gesetz. Diese Männer haben sich der konventionellen geistlichen und moralischen Ordnung, obwohl sie Gottes Auftrag hat, aufgrund eigenen Gesetzes nicht gefügt, sondern das Leiden auf sich genommen. Lieblinge Gottes sind nämlich immer zugleich Kämpfer mit, ja, gegen Gott – in dem Sinn, in dem Jakob mit dem Engel rang, der ihm die Hüfte ausrenkte. Oder wie Christus in Gethsemane rang, wo er sich das Kreuz einhandelte. Hier liegt ein Mysterium, das sich mit dem simplen Schlüssel der Alltagsvernunft nicht aufschließen läßt. In diesem Ringen geht es darum, Gott etwas zugunsten des Menschen abzuzwingen, zugunsten des neuen Menschen, der statt aller um unsrer Schwachheit willen eingesetzten Herrschaftsformen, seien sie nun weltlicher oder kirchlicher Art, nur Gott will, Gott unmittelbar. Lieblinge holen das Feuer vom Himmel. Sie kämpfen um die Heraufkunft des souveränen Menschen, der auch ohne Gesetzeszwang die Welt nicht dem Chaos ausliefert. Dabei sind sie (jedenfalls bis heute) bei diesem Kampf *persönlich* immer zum Scheitern verurteilt, müssen das Kreuz auf sich nehmen. Nur ihre *Sache* siegt. Wie aber kann das sein? Keineswegs etwa, indem der neue Mensch, der Mensch der unmittelbaren Nachfolge über Nacht der Herr Jedermann wird.

Bevor nicht das Zeitalter anbricht, das Joachim von Fiore geweissagt hat, das Zeitalter des Geistes, an dem die Lieblinge bauen, siegen die Lieblinge gerade dadurch, daß sie sich selbst zum Opfer bringen. Kirche und Welt nähren sich von ihnen, buchstäblich von ihrem Geist und ihrem Fleisch – je nachdem, ob sie die Widerspenstigen als Ketzer und Abweichler ausschließen und umbringen oder ob sie sich den weit Vorausschauenden mit der Zeit anpassen und sie sich geistlich einverleiben. Immer muß wohl beides geschehen. Ohne dies, ohne die Lieblinge, wäre die menschliche Gesellschaft geschichtslos wie eine Tierherde, die nur dem Weg unabänderlichen Instinkts folgt. Die Lieblinge aber besitzen, ermächtigt zu dem Ungehorsam, Gott gleichsam als Gehilfen seiner Zukunft vorzugreifen, die Kraft der Verwandlung: Gottes Geist. Dieser Geist ist nicht bei der Macht, der Autorität, der gesicherten Tradition, die, obwohl sie das Pfingsten immer für sich beansprucht haben, eher Widerparte des Geistes sind.

Die Vollendung des Reichs der Lieblinge braucht also noch Zeit. Doch deutet vieles darauf hin, daß es im Begriff ist, einen großen Schritt auf uns zu zu tun. Die Menschheit steht vor etwas wie einer Vorstufe. Hellsichtige meinen, daß eine Änderung der Lage der Macht schon eingetreten ist: die Macht gerät in zunehmende Bedrängnis. Nicht mehr lange wird sie, wie während der schrecklichen, Jahrtausende währenden Blutmahlzeit, ungestraft von Fleisch und

Geist der Lieblinge zehren können. Was in der Welt noch vor kurzem unbestritten war: Macht, technischer Verstand, Reichtum, Autorität, ist im Begriff, immer mehr seine Selbstsicherheit zu verlieren. Auch der dümmliche Menschheits- und Fortschrittsoptimismus steht vor einer Niederlage, er hat schon zu lange seiner simplen, sozusagen mechanischen Sieghaftigkeit vertraut. Zwar wird die Macht noch rasen und immer stärkere Zeichen ihrer Verzweiflung geben. Aber gleichzeitig erheben auch die Lieblinge ihre Stimmen lauter – trotz oder gerade wegen des immer größeren Risikos. Bald wird den Mächtigen nichts übrig bleiben, als auf die Eigenwilligen zu hören, sich vor ihnen zu demütigen.

Die Kirche ahnt von dieser Entwicklung noch wenig, obwohl sie am meisten davon wissen und die Millionen schuldloser Opfer der Macht in unsern Tagen – dabei zweifellos unzählige Lieblinge – am ehesten begreifen müßte. Statt dessen versucht sie noch immer (und immer wieder), möglichst konform mit allen, die herrschen, zu bleiben. Obwohl ihr nichts so sehr anstünde wie Abkehr von ihnen, obwohl ihr gesagt ist, daß gerade Ohnmacht und Armut ihre Zierde sind, fürchtet sie Ohnmacht und Armut, fürchtet den Alleingang, bei dem sie sich nur auf ihre legitimen Kinder, die ihr anvertrauten, von der Gesellschaft verstoßenen, stützen dürfte. Welch eine große Gemeinde von Kleinen könnte sie haben! Doch immer zieht sie das Konkordat mit der kleinen Gesellschaft der Großen vor.

Natürlich ist ihre Sache nun auch nicht einfach das Gegenteil: Gewalt. Wahrscheinlich wäre es nicht einmal politisch denkbar, geschweige denn heilsam für die Welt und die Menschen, alle Macht einfach gewalttätig zu beseitigen. Nur selber Machthungrige preisen diesen Weg an. Vielmehr muß sehr ernst genommen werden, daß auch Autorität und Macht ihren Auftrag – den quasi petrinischen – haben. In den kommenden Jahrzehnten mag auf dieser Erde, die immer kleiner und deren Bewohner immer zahlreicher werden, der Machtauftrag sogar noch lebensnotwendiger sein als je vorher. Doch müssen, wenn nicht die Flut ständiger gewaltsamer Zerstörung über uns hereinbrechen soll, die Mächtigen umlernen, müssen zu einer neuen Form von Herrschaft finden, einer Herrschaft, die sich demütigt und ihre eigene Passion, ihr eignes Kreuz auf sich nimmt.

Die Zeit für Selbsterkenntnis und Buße der Herrschenden in Kirche und Welt ist da. Wie einst König Ödipus, als er Gerechtigkeit herstellen und die Schuld am Leiden seines Volks aufspüren wollte, auf sich selber stieß, so daß aus einem ahnungslos Schuldigen ein Wissender, aus einem naiven Herrscher ein sich opfernder und büßender wurde, so müssen aus allen Trägern von Herrschaft endlich Wissende um die Schuld der Herrschaft werden: zuerst in der Kirche, dann in der Welt.

Der Kirche ist durch ihren Herrn und seine Lieblinge dieser Weg lange genug vorgezeichnet: Das Kreuz kann in Zukunft nicht mehr ein Triumphkreuz, am wenigsten das Triumphkreuz der Herrschaft sein. Der Pfarrersohn Nietzsche hat den Christen vorgeworfen, sie sähen nicht erlöst genug aus. Doch nicht erlöster sollten sie aussehen, sondern mehr wie Erlöser. Blutschweiß müssen sie vergießen lernen wie Jesus zwischen Gethsemane und dem Kreuz. Er trug im Kampf mit Gott – von Gott, wie der Schrei am Kreuz zeigt, als Mensch im Stich gelassen – auf seinen Schultern das Gewicht der Erlösungsaufgabe, das Gewicht der Welt.

Mit bloßem Verwalten des Besitzstands, dieser so lange praktizierten Form von Herrschaft, ist es nicht mehr getan. Die Kirche findet im Neuen Testament zweimal ihr Spiegelbild: einmal bei den Jüngern, als deren Nachfolgerin sie sich so gern fühlt, das andre Mal bei den Gesetzeshütern, den Pharisäern, obwohl sie gerade dies nicht wahrhaben will. Die selbstbewußten Machthaber und die eifernden Rechthaber ziehen sich heute hinter viele Gesetze zurück: hinter Theologien und Gesellschaftstheorien. Das geschieht deshalb so gern, weil sie sich um die Verwandlung ihrer selbst drücken wollen. Doch die Zeit, da man ohne Verwandlung auskam, ist vorbei. Die Welt wird trotz ihres euphorischen Fortschrittsglaubens angesichts ihres gigantischen technischen Mechanismus zugrunde gehen, falls nicht bald gerade bei den Machthabern die Umkehr erfolgt. Es gilt, die bisherigen Maßstäbe aufzugeben, Besitz und Selbstsicherheit, sie kommen aus dem Gefühl, niemand über sich zu haben, sondern praktisch allmächtig und unfehlbar zu sein. Die Kirche predigt, als verfüge sie über Gottes Geist. Sie muß lernen, daß ihr weder Gott noch der Geist ohne weiteres verfügbar sind, sondern nur das Kreuz und der Gekreuzigte.

Wie gesagt: ich bezweifle, daß es mir möglich war, in einem einzigen Vortrag (und hier gar nur in einem kurzen Bericht) klar zu machen, was ich mehr empfinde als weiß.

Und die Generäle

Nicht weit von der Pfarrstube, ich glaube in derselben Baracke, lag die Stube der Generäle. Als sie mich einluden, meine Darlegungen bei ihnen zu wiederholen – wobei sie mich ausdrücklich baten, den Akzent auf die Ödipus-Interpretation zu legen –, hätte ich ihre Bemühung, die Katastrophe der Macht zu begreifen, vielleicht besser respektieren sollen. Leider glaubte ich, ihrer Bitte das Gegenteil entnehmen zu müssen: daß sie sich von mir etwas wie eine Neulegitimation der Macht erhofften, und darüber war ich ärgerlich. Ärgerlicher war ich freilich später auf mich selbst, weil ich, statt unter diesen Umständen abzulehnen, zugesagt und dann, wie ich heute leider glauben muß, unerträglich selbstgerecht geredet habe:

Des Ödipus Größe liege nicht in der Entdeckung der eigenen Schuld. Schuld bleibe post festum fast nie unentdeckt. Ödipus aber habe gebüßt, habe sich wegen seiner mangelnden Klarsicht geblendet. Erst durch die ungeheure Sühne sei er der Heilige von Kolonos geworden. Ich wurde noch deutlicher, fragte die Herren auch, was wir Soldaten uns natürlich immer wieder fragten: Warum denn diejenigen, die mehr als wir alle hätten wissen müssen und die über die Macht von Armeen und Heeresgruppen verfügten, über Maschinen und Flugzeuge, um zur Not noch immer entkommen zu können, – warum denn um Gotteswillen die großen Generäle bis zuletzt gehorsam blieben, da sie doch sahen, wie der Wahnsinnige die Welt zugrunde richtete.

Zu meiner Beschämung und zur Ehre der alten, wohl nie sonderlich mächtigen Männer – die höhere Generalität saß relativ gut aufgehoben im Moskauer Generalslager – muß ich bezeugen, daß niemand von ihnen auch nur die geringste Selbstrechtfertigung versuchte. Vermutlich habe ich sie in falschem Verdacht gehabt.

Einer der Herren, der den durch die Freundschaft Heinrich von Kleists so berühmt gewordenen Namen Rühle von Lilienstern trug, schenkte mir zum Abschied mit den höflichsten Dankesworten sogar ein kostbares Notizbuch voller Schreibpapier und meinte, ich könne wohl Besseres darauf notieren als er. Dies war das Buch, in das Günter List jene schöne Abschrift des »Heilandbuchs« schrieb. Weder List noch Rühle noch ich ahnten, welche Sorge mir das Geschenk bereiten, aber wie es mich andrerseits auch entlasten sollte.

Die Leiden des jungen Werthers

Im Frühjahr 1948 erkrankte ich. Ich fürchtete Diphterie. Ein Abstrich, den die russische Chefärztin machte, war negativ. Ich wollte mich schon beruhigen. Zum Glück war ich mit einem deutschen Lagerarzt befreundet, einem Rhinologen, der spaßigerweise Dr. Nase hieß und die bessere Nase hatte. Sein Abstrich war doppelt positiv.

Als ich in die Isolierstube kam, die man vor ein paar Wochen, nach den ersten Infektionen, eingerichtet hatte, gab es im Lager kein Serum, man erzählte mir, wie viele schon erstickt waren. Doch am Tag meiner Einlieferung traf das Serum ein. Ich wurde geimpft und hatte meine ruhigste Zeit im Lager: sorgloses Wohlbefinden ohne Arbeit, viel Platz, um mich auszubreiten, zur aufgebesserten Verpflegung täglich eine halbe Tasse Milch, ein Getränk, an dessen Existenz wir uns kaum mehr erinnerten, und am Zaun vor dem Fenster in respektvoller Entfernung immer Besuch von Freunden und Kameraden.

Nun aber zeigte sich, wie wenig ich ruhige Zeiten vertrug. Ich hatte weder Arbeitsmaterial bei mir – alles war bei Frau Zenke deponiert –, noch durften Infektionskranke Bücher aus der Lagerbibliothek entleihen. Das einzige Büchelchen, das zufällig einer der Kranken bei seiner Einlieferung in der Tasche gehabt hatte, war, in einer ehrwürdigen, stockfleckigen Lederausgabe, »Werthers Leiden«. Ich las es wenigstens fünfmal und steigerte meinen Ärger daran jedesmal mehr: Wie konnte ein Mann, in dem wir den Erzieher der Deutschen zur Humanität zu sehen gelernt hatten, wie konnte eine Zeit, die wir »klassisch« nannten, so instinktlos sein, im Ernst einem solchen »Helden« das große Wort zu lassen! Muß ein empfindsamer Jüngling sich aus Liebesleid schon vor den Kopf schießen, so darf er doch nicht, ohne daß ihm gehörig auf die Finger geklopft wird, auch noch so roh und taktlos sein, freundlichen Bürgersleuten wie seiner Lotte und ihrem Mann in jammervollen Abschiedsbriefen das eigene Versagen als Schuld aufzubürden. Und sollte es denn wahrhaftig keine andere Pistolen gegeben haben als die über Lottchens Plüschsofa, von denen sie – man denke! – erst eigenhändig den Staub hatte abwischen müssen, damit Werther sie mit der gebührenden Inbrunst benutzen konnte? Am Ende aber haucht der verschmähte Liebhaber, nachdem er offensichtlich den Effekt seines Selbstmordes im voraus gehörig genossen und alles unternommen hat, seine Freunde kräftig aufzuregen, den Atem mit der rührend fürsorglichen Aufforderung aus: »Sei ruhig! ich bitte dich, sei ruhig!« Und als selbstgefällige Hinterlassenschaft mit vielen Küssen für die lieben Kinderchen: »Erzähle ihnen das Schicksal ihres unglücklichen Freundes!«

Ich las und dachte und redete mich gegenüber meinen vier oder fünf Stubengenossen, die meinen Zorn mit Recht nicht ganz begriffen, in eine Wut, die wahrscheinlich nicht weniger komisch war als Werthers Empfindsamkeit: Stundenlang konnte ich über den zum Geheimrat und Staatsminister avancierten Bestsellerautor meditieren, der sich so gern vom Ewigweiblichen hinanziehen ließ, und der uns am Ende eines seiner berühmtesten Stücke glauben machen will, daß ein »Konzentrationslagerbesitzer« wie Thoas sich aus bloßer Rührung über edles Menschentum zur Öffnung des Lagertors habe hinreißen lassen.

In Wirklichkeit wollte ich mich mit all den Auslassungen wohl nur wieder selber quälen, wollte mich von der Unruhe ablenken, die mich ergriffen hatte. Denn nun fiel es mir auf die Seele, daß es bereits der dritte Winter war, den ich hier hinter mich brachte, und das zehnte Jahr, seit ich aus meinem Lebenskreis gerissen war. Hier aber konnte ich nichts mehr lernen, was den Zeitverlust aufwog. Dreißig Jahre war ich alt gewesen, als man mich, der ich zum Soldaten wahrhaftig nicht taugte, eingezogen hatte, jetzt war ich fast vierzig. Ich beanspruchte endlich mehr Anteil an Eigenleben, als mir die Antwortkarten meiner Frau geben konnten, die mir nun – die tausend Feldpostbriefe zuvor nicht gerechnet – seit zwei Jahren alle zwei oder drei Monate liebevoll und regelmäßig schrieb. Einmal hatte sie sogar eine Photographie auf die Postkarte genäht: Sie stellte eine schöne und selbstbewußte weibliche Person dar zwischen drei halbwüchsigen, fast schon erwachsenen Kindern, deren Gesichter ich nicht hatte mitprägen dürfen.

An allem aber war der Weimarer schuld! Ich beteuerte – und so ganz auf dem falschen Weg war ich damit vielleicht nicht –, daß das deutsche Volk sehr viel anders hätte werden können, wäre es nicht vorwiegend durch jenen, sondern mehr durch Lessing, Lichtenberg und Wieland erzogen worden, vor allem durch Lessing.

Die große Nachricht

In der Tat: zweieinhalb Jahre, mehr als tausend Tage lang, hatte es – außer der täglichen Tröstung, daß es »morgen nach Hause« gehe – im Lager nicht die geringsten Anzeichen gegeben, die auf einen beabsichtigten Abbau unserer Gefangenschaft hätten schließen lassen. Tausend Tage auf harten Brettern, tausend Tage zweimal wöchentlich mit insgesamt drei Rasierklingen, die man am Fensterglas schärfte, den Bart geschabt, tausend Tage immer wieder das eine Paar Strümpfe mit einem andern gestopft, das man aufgerebbelt hatte: Geduldiger kann selbst Penelope nicht gewebt haben in der so ungewissen Gewißheit, daß ihr Tag noch kommen werde.

Und dann kam dieser Tag plötzlich, kam vors Fenster der Isolierstube in Gestalt der Doktorin Zenke, kam, während ich doppelt eingesperrt war, in der einen Einsperrung noch eine andere, aus der man mich nicht herausließ. – Was sollte man dazu sagen!

Ich habe nichts gesagt. Ich habe der Frau einfach nicht geglaubt, als sie erzählte: ein Leerzug sei angekündigt, der vielleicht schon morgen, spätestens in zwei Wochen am Bahnhaltepunkt stehen werde, die Entlassungen würden nach dem Alphabet erfolgen, sie wisse es ganz zuverlässig aus ihrer Kommandanturbaracke, und im übrigen wisse es schon das ganze Lager.

Ich glaubte es nicht. Ich sagte nichts. Ich schwieg.

Zum Glück verstand sie meine Stummheit angesichts einer solchen Botschaft. Sie ging und kam in etwa einer Stunde erneut an den Zaun, da man nun ja wohl »gescheit sein und allerlei bedenken« müsse. Sie hatte sogar für mich bereits nachgedacht: Einer der Beinamputierten, der einzige, der nicht ein Stelzbein aus Holz, sondern eine echte Lederprothese besaß, habe sich angeboten, eines der Exemplare in seinem Bein mitzunehmen. Er wolle die Prothese zu diesem Zweck vollständig auseinandermontieren, so daß man selbst bei einer gründlichen Untersuchung kaum etwas werde finden können. Sodann sei auch sie bereit, die Doktorin selber. Ihr sei vom deutschen Lagerleiter bereits eröffnet worden, daß sie außerhalb der alphabetischen Reihenfolge als erste auf der Liste stehe. Deshalb habe sie sich für das zweite zu transportierende Exemplar, vielleicht das von List oder, wenn ich wolle, das meine, in ihr Tragkörbchen einen doppelten Boden einbauen lassen; er sei nicht leicht zu entdecken. Im übrigen sei man zu ihr stets erstaunlich rücksichtsvoll gewesen, eine Körpervisitation sei nie vorgekommen; so könne sie es, wenn ich das für sicherer hielte, auch auf dem Leib tragen.

Gefährliche Konterbande

Was sind das für Menschen, die sich vor Papier fürchten! Daß Machthaber schwerbewaffneter Staaten, die sich nicht scheuen, eine ganze Welt in die Schranken zu fordern, von Büchern in ihre Angstträume verfolgt werden und eine ganze Literatur auf den Scheiterhaufen werfen, hatten wir erlebt. Aber Notizen, private Aufzeichnungen, in jahrelangem Fleiß erarbeitete Schriftstücke! Papier muß eine Naturkraft sein, stärker als Stürme und Erdbeben, die nur Häuser zum Einsturz bringen, Papier bedroht Staaten.

Es war uns oft genug gesagt worden, daß wir keinerlei »Schriftlichkeiten« besitzen dürften. Und bei den ziemlich häufigen »Filzungen« in unseren Baracken hatten die russischen Soldaten immer wieder jede Lagerstätte, außer nach Messern, Rasierapparaten und anderen gefährlichen Werkzeugen, aufs peinlichste gerade *danach* durchforscht, jede Holzleiste abgeklopft. Kein Zweifel, daß sie im Fall von Entlassungen noch ängstlicher sein würden. Zu allem Überfluß wurde ein paar Tage später, als man den bevorstehenden Abgang des ersten Heimtransports nun sogar öffentlich bekannt gab, noch einmal ausdrücklich gewarnt: Die Entdeckung irgendwelcher Aufzeichnungen bei einem Heimreisenden habe die sofortige Annullierung seiner Entlassung und die Wiedereinweisung ins Lager zur Folge.

Ich hatte schwere Bedenken, irgendjemanden in Gefahr zu bringen, grübelte Tag und Nacht, was zu tun sei. Meine Langeweile war gänzlich verflogen. Dabei schien mir der Vorschlag mit der Prothese wirklich ausgezeichnet, – so gut, daß ich sogar erwog, ob man es nicht dabei belassen und auf den Transport anderer Abschriften ganz verzichten solle. Die Möglichkeit, die Heimkehr und damit vielleicht das Leben eines Menschen zu riskieren, konnte niemand verantworten. Aber wenn man wiederum erwog, wieviel Fleiß, wieviel Liebe in die Abschriften investiert war, und daß die Sicherheit der Heimbringung mit jedem Exemplar, das man auf die Reise schickte, erheblich stieg! Auch ließ sich Frau Zenke durch keine Überredungskunst bewegen, auf ihre persönliche Mitwirkung zu verzichten: Das Manuskript liege nun schon eingebaut in ihrem Korb und bleibe da bis zuhause.

Ich aber wollte und konnte es schließlich auch nicht nur andern überlassen, den großen Einsatz für mein Buch zu wagen. Als ich ein paar Tage später aus der Stille der Isolierstube wieder in das mir in seiner Aufgeregtheit nun beinahe fremde Lager kam, begann ich die Entschlüsse, die ich gefaßt hatte, aufs eifrigste zu verwirklichen. Ich konnte, falls der Transport groß genug war, ja sogar schon selbst unter den Heimkehrern sein. Sollte aber das Alphabet – was einige Spekulanten im Lager ebenfalls erwogen – zufällig von rückwärts zur Anwendung kommen, stand ich auf der Liste obenan.

Also ging ich zu einem mir gut bekannten Schreiner in unserer Werkstatt und flehte ihn an, indem ich ihn zu allergrößter Geheimhaltung mahnte, von den dicken Sohlbrettern meiner Holzpantinen sorgsam eine Scheibe abzuschneiden und sie so auszuhöhlen, daß man meine Texte unauffällig in die Höhlung hineinleimen könne. Zu meinem nicht geringen Schrecken erklärte mir der Gute lachend, daß er Dutzende von Aufträgen genau dieser Art habe. Doch tröstete er mich, den meinen mit Vorrang zu erledigen. Er werde alles so vorzüglich machen, daß kein Sterblicher den Schnitt erkenne. Übrigens gebe es keinen so »bombensicheren Tip« wie den mit den Holzpantinen.

Der Mann hielt Wort. Zwei Tage später, als der Zug eintraf und die Verladung begann, hatte ich eine Textabschrift unter den Füßen. Nur leider war der Transportzug zu kurz oder das Alphabet zu lang, denn dicht vor meinem Namen hörte man plötzlich mit dem Herausrufen auf. Selbst diejenigen, die das Unheil schon geahnt und zitternd jeden Augenblick auf die Enttäuschung gewartet hatten, standen wie aus Stein und hofften und bebten noch mehrere Stunden, ob die Aufrufe nicht doch weitergehen würden. Ein schwacher Trost war, daß unser Glück nun beim nächsten Mal so gut wie feststand.

Verwirrende Perspektiven

Seit dem Abgang des Transports kam Ruhe im Lager nicht mehr auf. Ich war besonders verzweifelt, weil aus der Kommandanturbaracke gerüchtweise verlautete, unsere Ärztin sei jenseits des Lagertors festgehalten und von zwei Rotarmistinnen zur Leibesvisitation weggeführt worden. Da sich jedoch niemand fand, der mir die Nachricht mit Sicherheit bestätigen konnte, und da nichts Auffälliges weiter geschah, vor allem Frau Zenke nicht zurückkam, versuchte ich mir beschwichtigend zuzureden. Doch fuhr ich fast jede Nacht aus dem Schlaf und wurde stundenlang von der Vorstellung gepeinigt, wie ich wohl vor ihr dastünde, schickte man sie wirklich zurück.

Es war eine sehr nervöse Stimmung im Lager. Hatten wir nicht fast schon begonnen, uns hier zu Hause zu fühlen? Nun aber war es damit bei allen vorbei. Selbst die Veranstaltungen der Kulturgruppe waren weniger besucht, und die Besucher schienen nicht mehr das alte Interesse mitzubringen. Oder spielten wir nicht mehr konzentriert genug? Großveranstaltungen konnten ohnehin nicht stattfinden, denn auch das Orchester und unsere Sänger waren dezimiert, Gaertner und Praski fehlten, und ein neuer Kulturchef, Franz Joachim Behnisch, war eingesetzt worden. Die Lage wurde noch schlimmer, als vorzeitig eine Arbeitsgruppenuntersuchung anberaumt wurde, von der schon die ersten Gerüchte sagten, sie diene dem nächsten Transport. Der erste lag jetzt etwa fünf Wochen zurück.

Ich habe von dieser Arbeitsgruppenuntersuchung berichtet. Es war diejenige, bei der ich heraufgestuft wurde. Wahrscheinlich war daran meine nicht ausgebrochene Diphterie schuld, derentwegen ich hatte in Milch schwelgen dürfen. Tagelang lief ich verstört umher. Es war nur gut, daß ich am nächsten Tag gleich morgens aus dem Lager rückte und immer erst abends zurückkam. Doch bald verdichteten sich Gerüchte, die Untersuchung habe stattgefunden, um auf den nächsten Transport »Zweier« zu schicken, jetzt hätten gerade wir »Zweier« die Chance. Bei der Sprunghaftigkeit der Russen und der Art, wie sie gelegentlich auf westliche Meinungen reagierten, schien die Sache irgendwie glaubwürdig. Auf der Baustelle, auf der ich Steine schleppte, sprach man darüber wie von einer durchaus gesicherten Angelegenheit. Auch ich begann daran zu glauben. Damit wurde plausibel, warum mich das Schicksal gerade jetzt zum »Zweier« ausersehen hatte.

Plötzlich wurde ich – wir standen gerade am Lagertor, um zur Arbeit abgezählt zu werden – zu Frau Hermann gerufen.

Unter Anklage

Lief mein Schicksal nun doch anders? Mir war unbehaglich zumute. Der Schreiber, der mich abgeholt hatte, klopfte zaghaft an die Tür und wurde barsch abgewiesen: Ich solle warten. Lange ließ sie mich auf dem Gang stehen. Als sie öffnen kam, drehte sie mir in der Tür absichtlich den Rücken zu, blickte mir nicht ins Gesicht. Wortlos ging sie zu ihrem Arbeitstisch und griff in die Schublade. Dann legte sie das Buch vor mich hin, das im Zenke-Körbchen gesteckt, das List abgeschrieben, zu dem General Rühle das Papier gestiftet hatte.

Dies war die einzige von allen Abschriften, auf der mein Name stand. Die Frage, ob ich das Buch kenne, erübrigte sich also eigentlich. Ich kam auch nicht dazu, sie zu beantworten. Zu sehr schlug mich eine andere Frage nieder, lähmte meine Gedanken derart, daß ich sie naiv herausstotterte: »Was ist mit Frau Zenke?« Worauf nun wieder sie keine Antwort gab.

Sie erleichterte mir ihr Schweigen auch nicht, blätterte stumm in irgendwelchen Papieren. Ich hatte Zeit, mit Entsetzen zu überlegen, ob sie inzwischen vielleicht auch von den Vorlesungen wisse, und wer durch meine Schuld außerdem in meine Angelegenheiten verwickelt sein könne. Schließlich sagte sie, ohne aufzublicken: Sie gebe mir bis morgen früh Aufschub, eine Erklärung zu formulieren, doch liege das Buch dann lange genug bei ihr, es gehöre zur MWD, der sie es übergeben werde. Inzwischen sei mir freigestellt, mich morgen entweder mündlich oder schriftlich dazu zu äußern. – Damit gab sie mir mit einer Kopfbewegung zu verstehen, daß ich mich entfernen solle.

Ich lief zum Lagertor, wollte meiner Brigade nach zur Arbeit. Aber natürlich stellte man keinen Begleitposten für einen einzelnen. Da meine Freunde nun draußen waren, war ich den ganzen Tag mir selber überlassen. Es kam mich hart an.

Unmöglich, alle meine Überlegungen wiederzugeben. Klar war mir, daß ich auf keiner der nächsten Transportlisten stehen und daß, käme mein Buch nun also zur MWD, ein dort in meinem Personalbogen aufgenommener Vermerk noch weiterreichende Folgen haben würde. Wer hier einmal negativ auffiel, über den pflegte das Urteil gesprochen zu sein.

Die Hauptfrage, um die meine Gedanken kreisten: Kann man einer in der Schule der Partei gehärteten Atheistin erklären, wie man zu dem steht, was man da geschrieben hat? Aber andererseits: wie unwürdig und natürlich auch gänzlich unglaubwürdig wäre es, ein solches Dokument zu verleugnen! Nein, ich war entschlossen, mich dazu zu bekennen. Die Lesungen allerdings, wenn sie darauf kommen sollte, würde ich zu leugnen oder zu bagatellisieren suchen, um niemanden zu gefährden. Die Zenke wollte ich damit entschuldigen, daß ich sie bedrängt und überredet hätte und daß sie den Inhalt des Buchs nicht kenne. Doch welche Haltung würde sich bei alledem empfehlen? Konziliante Diskussionsbereitschaft? Trotziges Beharren? Und das letztere etwa gar unter Berufung auf die in der UN-Charta wie der Verfassung der UdSSR zugesagten Freiheitsrechte? Immer mehr sank mein Mut, verglichen mit den Hoffnungen, die mich noch gestern beflügelt hatten.

Am nächsten Tag wurde ich auf kleiner Flamme gesotten: Es kam kein Läufer von Frau Hermann. Es war beinahe schon Nacht, als sie mich rief. Doch das Religionsgespräch, auf das ich mich seit mehr als vierundzwanzig Stunden innerlich vorbereitet hatte, fand nicht statt. Sie sagte: »Sie sind von uns nicht nur sehr gut behandelt, sondern obendrein dadurch ausgezeichnet worden, daß Sie wichtige Kulturarbeit leisten durften. Sie hätten alle freie Zeit, die Ihnen daneben blieb, in den Dienst der Wiedergutmachung stellen müssen – der Wiedergutmachung jener Verbrechen, deren Sie und Ihre Kameraden sich gegenüber dem Sowjetvolk und der Sowjetmacht schuldig gemacht haben. Sie aber haben sich dazu nicht verpflichtet gefühlt, sondern Privatangelegenheiten betrieben. Was haben Sie darauf zu antworten?«

Ich hatte nichts darauf zu antworten.

Sie sagte als Zweites: »Sie haben hier« – und damit legte sie mein Manuskript wieder vor mich hin – »sehr umfangreiche Aufzeichnungen gemacht. Aufzeichnungen sind verboten. Sie hatten jedoch durch Ihre Kulturarbeit eine gewisse Sonderstellung. Sie haben diese Sonderstellung ausgenutzt, indem Sie Ihnen anvertrautes sowjetisches Papier zu Privatzwecken benutzten. Das ist Diebstahl. Was haben Sie darauf zu antworten?«

Ich antwortete, daß ich kein sowjetisches Papier, sondern eigenes benutzt hätte.

Sie sagte: »Als Sie ins Lager kamen, wurden Sie untersucht. Sie hatten kein Papier. Also lügen Sie.«

Es war weniger Mut als vielmehr letzte Ratlosigkeit, als ich rief: »Bitte geben Sie mir einen Augenblick dieses Buch!« Ich wußte wahrhaftig selbst noch nicht, wohin das alles führte. Plötzlich jedenfalls hatte ich das kleine blaue Buch des Generals in der Hand und versuchte, einen viereckigen Aufkleber aus grauem Packpapier auf seinem Deckel an einer der Ecken zu greifen und abzureißen. Meine Hände zitterten ungeschickt. Aber dann hatte ich die Ecke zwischen den Fingernägeln und riß den Aufkleber herunter. Unter ihm kam ein Nazi-Adler mit dem Hakenkreuz in den Fängen zum Vorschein. Ich legte das Buch mit einer Geste, in der ich so viel Bescheidenheit wie möglich auszudrücken suchte, wieder vor Frau Hermann auf den Tisch.

Noch einmal muß ich betonen, daß meine Handlungsweise nicht etwa ein »Kniff« war, sie war rein instinktiv, der Zufall half mir. Der Aufkleber stammte nicht von mir, sondern wohl schon von Rühle. Doch wurden damals so viele »Hoheitszeichen« demontiert und überklebt, daß mein Instinkt es nicht sonderlich schwer hatte, den Zweck auch dieser Überklebung zu ahnen. Die Bescheidenheit meiner folgenden Geste aber war nicht etwa unterspielter Triumph, sondern entsprang ausschließlich der Angst vor der angesichts meines unvermuteten Sieges völlig unberechenbaren Reaktion der Frau, die da vor mir saß und ein Stück meines Schicksals in Händen hielt. Vorerst war sie nur außerordentlich verblüfft, starrte auf das Buch und den Adler wie auf ein böses Insekt. Dann sagte sie ziemlich eisig, daß ich demnächst von ihr hören werde.

Danach ließ sie nichts von sich hören, obwohl immer mehr Zeit verstrich. Ich wußte nicht, was ich davon halten sollte. Meine Angst wuchs. Niemand konnte mir raten und helfen.

Auf jeden Fall, so überlegte ich, mußte die letzte der Abschriften in meinem Besitz, die Reinschrift, die ich selbst hergestellt hatte, so schnell wie möglich gesichert werden. Jede Minute konnte ich mit einer peinlichen Durchsuchung meines Pritschenplatzes rechnen, ich mußte dafür sorgen, daß nichts gefunden wurde. Dabei tröstete mich immer wieder der Gedanke an das so zuverlässige Versteck in der Prothese. Auch die gefüllten Pantinen hatten mein Vertrauen, obwohl mich der Schreiner mit seinem Hinweis auf die zahlreichen Anhänger dieser Methode etwas verwirrt hatte. Es war wahrhaftig unheimlich, was die Leute gerade an Notizen aus dem Lager mitnehmen wollten: Jener hing an seiner selbstgefertigten russischen Grammatik, andern schienen die in Hungerphantasien und Hungergesprächen mit den Kameraden ausgetauschten Kochrezepte unentbehrlich, dritte wollten ihre Tagebücher retten.

Ich grübelte über ein Versteck nach, auf das hier noch niemand spekuliert hatte. Besonders faszinierte mich der Gedanke, daß man vielleicht in eine mit Lagerkaffee gefüllte Feldflasche irgendwie einen Behälter einbauen könne. Die Öffnung des Behälters müßte unten an der Flasche, der Trinköffnung gegenüber sitzen. Wenn man dort ein Segment herausschnitte, müßte man ein Blechkästchen einlöten können.

Nun wußte ich freilich, daß die Russen bei Durchsuchungen stets auch die Filzumhüllung der Feldflaschen abziehen, es konnten ja zwischen Hülle und Flasche schon Papiere stecken. Ich hatte jedoch bei einem Kameraden ein altes Feldflaschenmodell ohne Umhüllung gesehen, einen roten Blechkörper, der in schmalen Lederriemen hing. Säße der Einschnitt des zu öffnenden Segments genau unter einem der Riemen, würde er nicht bemerkt werden, niemand würde ihn unter so schmaler Kaschierung vermuten.

Sofort handelte ich mir die betreffende Flasche ein und ging mit meinem Plan zur Elektrostanz, wo ich bei den Mechanikern einen guten Freund wußte. Wenige Tage später besaß ich eine Konstruktion, wie sie mir vorgeschwebt hatte: oben Kaffee, unten unsichtbar, unvermutbar, der Manuskriptkasten. Die Perfektion von Gedanke und Machart beruhigten mich sehr. Doch eine Untersuchung meines Liegeplatzes fand immer noch nicht statt. Auch Frau Hermann ließ nichts von sich hören. Dabei waren nunmehr fast sechs

Wochen seit unsrer Unterredung vergangen. Doch sagte ich mir, daß die Mühlen der MWD vielleicht noch langsamer mahlen als die Gottes.

Inzwischen fuhr der erwartete nächste Leerzug in unseren Halteplatz ein. Es wurde wirklich ein Transport aus »Zweiern« zusammengestellt. Ich machte mir nicht die geringste Hoffnung, sondern wartete auf meinen Abruf zur Vernehmung durch die MWD vorm Lagertor. Auf einmal aber wurde ich wirklich abgerufen: für den Heimkehrertransport.

Ich habe noch bis zur Ausfahrt, ja auch noch unterwegs, in der steten Angst gelebt, daß ein Irrtum vorliegen und ich wieder zurückgeholt werden könne. Heute bin ich überzeugt, daß Frau Hermann, so enttäuscht von mir und so verärgert sie auch gewesen sein mag, sowohl im Falle der Doktorin als auch in meinem Fall ihrer menschlichen Regung nachgegeben und auf eine Weitermeldung des Vorgangs verzichtet hat. Die Sache mit Thoas ist vielleicht ganz so abwegig doch nicht. Oder ob sie vielleicht anders zum Herrn Christus stand, als sie vorgab? Die Herzen unserer russischen Brüder haben manchmal mehr Kammern als die vier, die wir ihnen zubilligen.

Lange und kurze Reisen

Hier könnte ich meinen Bericht enden lassen. Doch wollte ich ja nicht eigentlich *meine* Geschichte erzählen, sondern die meines Manuskripts. Und dessen Schicksale sind noch nicht abgeschlossen.

Während die Hinfahrt viele Wochen gedauert hatte, brachten uns die Güterwagen, deren Türen nun offenblieben, diesmal in einer knappen Woche quer durch das sommerliche Land. Es ging nach Brest-Litowsk, einer Stadt, zu der ich keinerlei Verhältnis hatte, zu der es mich aber offensichtlich immer wieder zog. Das erstemal hatte es mich vor ziemlich genau neun Jahren gezogen.

Nachts, während ich in meinem Güterwagen, von Schienenstößen geschüttelt, wach lag, mußte ich immer wieder an jene Waldwiese an der Südostgrenze des unvergeßlichen Hinterpommern denken. Mitten auf ihr stand in der ersten fahlen Dämmerung scheinbar mutterseelenallein ein soignierter einzelner Herr, dessen Schultern große goldstrotzende Geflechte trugen. In der Hand aber hielt er, soweit ich mich erinnere, eine Taschenuhr, deren Sprungdeckel aufgeklappt war. Der Sekundenzeiger sprang und schnellte vorwärts und befahl dem rechten Arm des Herrn genau in dem Augenblick in die Höhe zu springen, in dem er sechs Uhr erreicht haben würde. Aber auch der Arm war nur Zwischenträger für einen Befehl. Er besagte, daß die zahlreichen Raupenfahrzeuge, die begraben unterm Waldlaub warteten, sich in Bewegung zu setzen hätten. Pünktlich taten sie es und zerdrückten krachend Bäume und Unterholz unter ihren Ketten. Dann holperten sie über einen Ackerrain, der schon polnisch war – und holperten und holperten über Äcker und Wiesen, bis sie hinterm Horizont verschwanden. Es fiel kein einziger Schuß. Der Mann mit den Goldschultern aber hieß Guderian.

So unauffällig beginnen Kriege – nebst den ungewollten Reisen, die sie mit sich bringen. So kam ich zum erstenmal nach Brest und weiter nach Frankreich und Afrika und wieder über Brest nach Rußland, das diese Stadt 1939 unter meiner Mitwirkung zur Grenzstadt erhoben und nun, im Juli 1948, zum Endpunkt der längsten Reise meines Lebens bestimmt hatte.

Die letzte Entscheidungsschlacht

Wir wußten, daß uns in Brest noch eine letzte Bewährungsprobe bevorstand. Man hatte uns mehrfach mit ernster Mahnung darauf hingewiesen.

Alle wurden dort aus den Waggons und durch eine Gasse zwischen zwei Zäunen auf ein Gelände getrieben, auf dem Bretterbaracken improvisiert waren. Sie sahen irgendwie chinesisch aus: Ihre Dächer lagen nämlich auf den niederen Wänden nicht auf, sondern ließen zwischen Dach und Wand einen halbmeterhohen Streifen frei, damit Tageslicht hineinscheinen konnte, Fenster gab es nicht. Unsere Gasse lief genau auf die Baracken zu, auf der andern Seite ebenso wieder zum Zug zurück, es gab kein Ausweichen. In den Baracken aber würde nun die Leibesvisitation stattfinden, die letzte, genaueste. Gruppe nach Gruppe wurden wir hineingetrieben. Zuvor jedoch wurde noch einmal von bellenden Lautsprechern wiederholt, daß, wer Schriftliches bei sich habe, unweigerlich ins Lager zurück müsse. Viele warfen angesichts einer solchen »Entscheidungsschlacht« ihre Notizen noch schnell übern Zaun.

Ein Kamerad drängte sich durchs Gewühl an mich heran und übergab mir eine Teilhandschrift, die er bis hierher mitgeschleppt hatte. Ratlos stand ich nun mit dem Papier da. Aber dann dachte ich an die Manuskripte in der Feldflasche und unter meinen Fußsohlen und holte aus, um die unnütze Last ebenfalls über den Zaun zu werfen. Doch da fiel mir einer, der neben mir stand, in den Arm. Er nannte mein Vorhaben lächerlich, riß mir das kleine Manuskript – es war etwa doppelt so groß wie eine Streichholzschachtel – aus der Hand und steckte es ganz einfach in seine Jackentasche. Ich kannte den Mann aus dem Lager zwar, wußte ihn aber im Augenblick, wie man zu sagen pflegt, nicht »unterzubringen«. Ehe ich ihn fragen, ehe ich ein Wort mit ihm reden konnte, wurde ich mit einem Schwung anderer in die Baracke geschoben und von ihm getrennt.

In der Baracke hatte man sich splitternackt auszuziehen. Auf jeden Nackten kam ein Rotarmist, der die abgelegten Kleider, überhaupt alles Abgelegte, Stück für Stück in die Hand nahm und durchforschte.

Man sah es den sachverständigen Griffen an, daß die Leute bei diesem Handwerk eine unheimliche Routine entwickelten, es war ihre tägliche Arbeit. Dennoch fand mein Wächter nichts. Die Feldflasche hatte er aufgeschraubt, am Kaffee gerochen, verächtlich das Gesicht verzogen und sie dann auf den durchsuchten Haufen geworfen. Für die Pantinen interessierte er sich nicht.

Als ich mich anzog, fiel mir ein Stein vom Herzen. Er war freilich längst nicht so groß, wie er hätte sein können, hätte ich jetzt nicht an den Mann denken müssen, der leichtfertig und ohne die geringste Präparation das Teilmanuskript in der Tasche hatte. Warum um Gotteswillen hatte ich das zugelassen!

Als man uns aus der Baracke jagte, bemühte ich mich, hinter den andern zurück und in Barackennähe zu bleiben. Meine Unruhe erlaubte mir nicht, einfach abzuwarten, was geschehen würde. Der Mann mußte mit dem nächsten Schwung als einer der ersten bei der Untersuchung sein. An genau kalkulierter Stelle der Barackenwand sprang ich hoch und machte einen kleinen Klimmzug, bis mein Kinn auf dem Rand des lichten Streifens unterm Dach lag, so daß ich ins Innere blicken konnte. Und wahrhaftig: da stand mein Mann vor mir, ich sah seine nackte Rückseite und den Rotarmisten, der die antikische Statue von vorn betrachtete. Der Nackte hielt die Arme in Kreuzform ausgebreitet, die offenen Hände zur Prüfung dem Soldaten zugewendet. Dahinter aber, auf der dem Soldaten abgewendeten Seite, sah ich zwischen seine Finger geklemmt, mein Manuskript. Plötzlich drehte er die Hände herum und schlug die sogenannte »Volte«. Nun war das Manuskript auf der Handtellerseite, die jetzt vom Rotarmisten weggewendet war. Und diesen Vorgang wiederholte er zu allem Überfluß noch mehrmals. Der Rotarmist, der nichts gesehen hatte, begann mit dem Durchsuchen der Kleidung. Ich aber fiel aus meinem Klimmzug herab – mehr als ich heruntersprang.

Plötzlich war mir klar geworden, woher ich den Mann in der Baracke kannte: Er war einer der Zauberer, die ich vor drei Jahren bei meiner selbstherrlichen Prüfung der Mitwirkenden zur ersten Aufführung unserer Theatertruppe »Die Direktion läßt bitten« ausgeschieden hatte. Während er die Bewährungsprobe damals nicht bestand: *hier* hatte er sie bestanden. Er warf mir, als wir den Zug bestiegen, das Manuskript herausfordernd zu. Eines Wortes bedurfte es nicht.

Große Schlußrührung

Trotz dieser offenbaren Niederlage hätte ich, als wir wieder in die Waggons stiegen, stolz sein können, daß ich nicht ertappt worden war, hätte mir nicht zuvor noch ein unerwartetes Ereignis bewiesen, wie viel abgefeimter als wir armen Betrüger in diesem Land, das wir jetzt verließen, der Machtapparat sein kann:

Am Ende der Abzäunung, wo sich vor den Waggons ein etwas größerer Platz befand, wurde allen Trägern von Holzpantinen befohlen, ihre Fußbekleidung auf einen großen Haufen zu werfen. Es waren viele hundert Reisende und mithin ein Berg von weit über tausend Pantinen. Ihm nahten sich mit beinahe feierlichen Schritten zwei Rotarmisten. Sie rührten den ganzen riesigen Haufen gründlich um, benutzten dazu ihre Hände und gestiefelten Füße und machten die Arbeit so ausdauernd, daß sie wirklich sicher sein konnten, nichts am alten Platz gelassen zu haben. Danach ertönte sofort das eigentümliche musikalische Dreiklangsignal der russischen Lokomotiven und der aufreizende Ruf: »Pantinen greifen und einsteigen!«

Ich jedenfalls habe meine Fußbekleidung nicht wiederbekommen, und ich zweifle daran, daß es irgendeinem andern gelang, zumal während der Fahrt zwischen den Waggons nicht ausgetauscht werden konnte. Man war schon froh, wenn man in Frankfurt an der Oder, wo die formelle Entlassung stattfand, wenigstens ein Paar mit passender Schuhnummer einhandeln konnte.

Unterm Kirschbaum

In Polen hatten wir im Vorüberfahren zum erstenmal wieder rote Kirschen auf den Bäumen gesehen. Gegessen habe ich die ersten vom Kirschbaum meines Vorgartens. Denn als ich nach dem Umweg von drei Jahren und mehreren tausend Kilometern endlich wirklich vor meinem Haus stand, hatte mich plötzlich statt der Freude eine rätselhafte Beklemmung und Furcht überfallen. Furcht wovor? Wohl vor dem Schock der ersten Begegnung. Vor den ersten Sätzen, die man nach so viel Jahren von Angesicht zu Angesicht sprechen würde. Vor den Nachrichten, die ungeschrieben geblieben waren, weil man so vieles nicht schreiben kann. Vor allen erdenklichen Unglücksfällen, die sich seit der letzten Postkarte vor drei Monaten ereignet haben konnten. Der Furcht verhalfen die lockenden Kirschen zu einem kurzen Aufschub, ihr Geschmack war fast noch würziger, als ich ihn in Erinnerung hatte.

Erst nach einiger Zeit entdeckte meine Älteste, als sie zufällig in den Garten heraustrat, den zaghaften Kirschendieb. Sie erkannte ihn sofort, und ihr Aufschrei, obwohl unartikuliert, wurde sofort im ganzen Haus verstanden. Schon wenige Sekunden später lehnten meine Frau und ich, jeder an einem der beiden Pfosten unserer Haustür, einander gegenüber und sahen uns wortlos an.

Requiem aeternam

Ein paar Zigaretten und die Feldflasche waren die Mitbringsel der langen Reise. Meine Frau hatte allerdings durch Soldaten des früheren Transports schon kleine Teilabschriften erhalten, von denen ich nichts wußte, so war ihr meine Arbeit nicht ganz unbekannt. Immerhin war nun die erste und bisher einzige Abschrift, die vollständig war, zu Hause. Und die zweite war auch so gut wie sicher – jene, die in der Prothese die Reise angetreten hatte. Sie mußte nur abgeholt werden. Der Prothesenträger hatte versprochen, sie gleich nach seiner Heimkehr einem in meiner Nachbarschaft wohnenden Kameraden zur Übergabe an mich auszuhändigen. Doch dieser Kamerad, als ich ihn am nächsten Tag aufsuchte, hatte nichts als einen kurzen Bericht für mich:

Bereits bei der Verladung zur Heimreise hatte der Mann mit der Prothese Fieber bekommen. Doch hatte er es verschwiegen – in der nicht unberechtigten Sorge, sonst ins Lazarett gebracht und vom Transport zurückgestellt zu werden. Das Fieber aber und die Kopfschmerzen steigerten sich auf der Reise immer mehr, der Kranke wurde von Schreikrämpfen geschüttelt, schlug um sich, und niemand wußte ihn zu beruhigen. Zuletzt band man dem halb Wahnsinnigen nachts die Arme am Körper fest, damit er nicht sich und andere verletze.

Natürlich suchte man ihm in seinen klaren Augenblicken auch zuzureden, vielleicht *doch* lieber die russischen Begleitposten zu verständigen. Dagegen aber setzte er sich mit größter Entschiedenheit zur Wehr. Noch in der tiefen Besinnungslosigkeit seiner Anfälle schrie er: »Ich will nicht! Ich will nicht!« Kein Mensch konnte ermitteln, ob es wirklich nur Angst war, die Heimkehr zu verlieren, oder noch irgendeine andere, geheime Qual.

Eines Nachts, als einer der Kameraden sich erhoben hatte, um zu der Rinne zu gehen, in der wir während der Fahrt das Wasser abschlugen, muß der Delirierende in seiner Angst geglaubt haben, der wandelnde Schatten wolle den Posten holen oder sei gar der Posten selbst. Hinter seinem Rücken erhob er sich trotz seiner gefesselten Arme und seiner Prothese mit letzter Kraft und floh zu der etwa hüfthohen Barriere, die nachts vor die offene Tür geschoben wurde, und wälzte sich hinaus.

Ein Posten auf einem der Bremserhäuschen sah den Körper aus dem Zug fallen und veranlaßte den Halt. Bei mondheller Nacht wurde der Tote unmittelbar am Bahndamm begraben – samt der Prothese, die nun zum Sarg meiner Manuskriptabschrift wurde. Es war keine Möglichkeit, sie vor denen, die die Grube umstanden, noch herauszumontieren. Der Kamerad stellte nur einen Kilometerstein in der Nähe fest, der die Ziffer 87 trug.

Nach dreißig Jahren

Dreißig Jahre danach lag das einzige Manuskript, das die Reise überstanden hatte, noch immer in der Feldflasche. Nur gelegentlich, wenn zu Hause die Rede auf die fast schon vergessene Zeit von Elend und Mühsal hier wie dort kam, wurde es herausgezogen und bestaunt. Trotz ungezählter Briefe ehemaliger Mitgefangener, die in den ersten Jahren immer wieder nach dem Text fragten, entschloß ich mich erst jetzt, nach dreißig Jahren, obwohl niemand mehr fragte, eine Maschinenabschrift herzugeben und ihr den Bericht voranzustellen.

Als ich, wie man damals sagte, als »Rußlandheimkehrer« in Deutschland eintraf, war hier vor kurzem jene einzige Nachkriegsreform vonstatten gegangen, deren tiefgreifende Wirkung niemand leugnen kann: die Währungsreform. Danach, in unserm bald wieder wohlhabenden und äußerlich wohlgeordneten Land, schien die

»Besonders faszinierte mich der Gedanke, daß man vielleicht in eine mit Lagerkaffee gefüllte Feldflasche irgendwie einen Behälter einbauen könnte.«

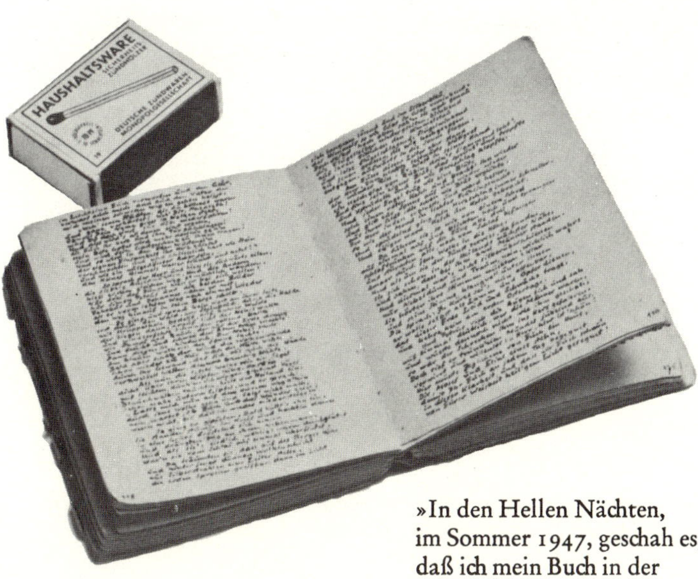

»In den Hellen Nächten, im Sommer 1947, geschah es, daß ich mein Buch in der ersten Fassung abschloß.«

»... Dies ist einer der Gründe, weshalb ich mein kleines Buch nun aus der Feldflasche genommen habe.«

Aufnahmen: Foto-Studio Büttner, Bielefeld

Zeit der Gefangenenlager auf einmal weit zurückzuliegen, in gewisser Weise weiter als heute. Mag sein, daß ich mich des Gefühlsüberschwangs in meinem Text nun sogar schämte, mindestens glaubte ich nicht, daß er hier noch bei irgendwem Verständnis finden könne. Was in den Versen Gestalt gewonnen hatte, war wohl nicht von literarischer Objektivität. Die Unbefangenheit und Direktheit der Aussagen wirkten hier zu Hause, außerhalb jener Daseinsform, in der wir Leben und Tod von ganz unten gesehen hatten, nur fremd und naiv. Ob ich spürte, daß eine solche Feststellung auch ein Werturteil gegenüber der damaligen Heimat und dem Heimkehrer enthielt? Ich glaube es wohl; wir hatten in der ungewohnten Prosperität allesamt kein gutes Gewissen.

Der zweite Grund war ein teils psychologischer, teils politischer: Ich wollte nicht, daß mein Buch, wie so viele Berichte aus Krieg und Gefangenschaft, die in jenen Jahren entstanden, mit dem damals fast unvermeidlichen Selbstmitleid oder den üblichen Anklagen gegen das Schicksal belastet würde. Das Rußlandbild jener seltsam konservativen Zeit war in seiner Voreingenommenheit noch verquerer als das heutige. Unter keinen Umständen wünschte ich in die Auseinandersetzung hineinzugeraten, die man »Kalter Krieg« nannte.

Doch hatte ich auch Angst vor traditionell-kirchlichen Mißverständnissen. Die Kirche erlebte nach dem Krieg einen unvorstellbaren Aufschwung. Ich selber hatte in der kirchlichen Publizistik und im Evangelischen Kirchentag mehrere Jahre lang daran mitgewirkt, von Jahr zu Jahr mit geringerer Überzeugtheit. 1974 habe ich mich dann ganz von kirchlicher Mitverantwortung frei gemacht. Ich möchte als Christ versuchen, wieder zu der Unbefangenheit meines kleinen Buches zurückzufinden.

Die Kirche ist heute, wie freilich fast alles in unserer Welt, in einer nahezu heillosen Verwirrung. Ich stehe nicht an, zu sagen, daß mir vor allem die Vorwürfe aus dem Osten, die unser Kirche-Staat-Verhältnis betreffen, in mehr als einem Punkt berechtigt erscheinen. In einem solchen Bekenntnis liegt weder geistig noch gar politisch eine Option für den Osten, es liegt nur das Zugeständnis darin, daß die Verklammerung zwischen Kirche und herrschender Gesellschaft bei uns, besonders von der Kirche, aber auch von der Politik her, endlich einer redlichen Befreiungstat bedürfte. Jedoch die Interessenten wünschen diese Befreiung nicht; zu verlockend ist die Kombination eines »Wächteramts« im Staat mit der gleichzeitigen Subventionierung durch ihn; sie ergibt für beide Teile das angenehme Gefühl, seinen Machtbestand auch moralisch abgesichert zu haben. Schlimmstes Symptom der Situation: daß sich auch innerhalb der Kirche die politische Polarisierung der Gesellschaft immer eindeutiger und schärfer durchsetzt. Das Salz der Christen ist dumpf geworden, sie müssen von der Welt statt dessen Pfeffer ausleihen. Wissen sie etwa um ihr Eigenstes und Eigentliches nicht mehr?

Wenn man sieht, wie großzügig und »liberal« – verglichen mit der vorsintflutlichen Konservativität der kirchlichen und landeskirchlichen Praxis – immer wieder an unserer theologischen Substanz herummanipuliert wird, scheint sich diese Befürchtung zu bestätigen. Noch immer sind, neben der Assimilation an die Macht, dieselben Versuche einer Assimilierung an den »Fortschritt« und die gleiche Apologetik im Schwange wie etwa um die Jahrhundertwende: Gott muß sich doch endlich auf den letzten Stand der wissenschaftlichen und naturwissenschaftlichen Erkenntnis bringen lassen! Der intellektuelle Aufwand im Dienste solcher Bemühung steht dabei allerdings meist in keinem Verhältnis zur erkenntnistheoretischen Armseligkeit der Denkansätze, auch nicht zur gerade auf metaphysischem Gebiet inzwischen so vornehm-zurückhaltenden, ernsthaften Wissenschaft und vor allem nicht zu der Tatsache, daß, selbst wenn man Gott am Ende durch Abstraktion »gerettet« hat, das Ergebnis genau genommen doch nur verzweifelt der These ähnelt, daß er »tot« ist. Die Platitüden aus einer solchen Art von primitiver Aufklärung laufen ziemlich genau auf das hinaus, worauf schon die Nazis pfiffig ihre antikirchliche Taktik abstellten: Man einigt sich auf den nichtssagenden Begriff »gottgläubig«. Die Methode ist zwar unsauberer als die der altbärtigen Materialisten, die die Christen und überhaupt die Konfessionen auf eine redliche Atheismusdiskussion festzulegen suchen, aber im Grunde genommen führt eines wie das andere dazu, daß uns ein unverbindlicher Gottesbegriff schließlich vom für uns einzig Wesentlichen ablenken soll: von der leibhaftigen und in ihrer apokalyptischen Größe erschreckend verbindlichen Gestalt Christi. Unsre durchschnittliche christliche Verkündigung, besonders die protestantische, läßt, wie ich meine, bereits heute das Urteil zu, daß der Ablenkungsvorgang schon weit fortgeschritten ist.

Demgegenüber ist eindeutig festzustellen, daß es für Christen eine spekulative Theologie überhaupt nicht geben kann und daß sie für uns absolut uninteressant ist. Christliche Theologie basiert immer, auch wo sie sich auf das Alte Testament stützt, als Voraussetzung auf der Christologie, nicht umgekehrt. Außer durch Christus können wir von Gott nichts wissen. Er allein ist dies Eigenste und Eigentliche, das wir bekennen; er selbst hat unzweideutig bekundet, daß niemand zum Vater kommt denn durch ihn. Natürlich ist er auf seine Weise Gewährsmann dieses »Vaters im Himmel«, wie der »Vater« in der Heilsgeschichte als Gewährsmann Christi in Erscheinung tritt. Doch gibt es gerade darüber keine präziseren Aussagen als diese. Auch Christus umschreibt hier alles mit den uralten, reichlich vagen Metaphern, über die die Menschensprache in solchem Zusammenhang nicht hinauskommt, und im entscheidenden Augenblick, im Augenblick des Todes fühlt er sich von Gott sogar im Stich gelassen.

Gott kann nicht Ausgangspunkt und Mitte unserer Verkündigung sein. Religionsgeschichtlich einmalig am Christentum ist gerade, daß sein Stifter keinen neuen Gott, keinen neuen Gottesbegriff, sondern einen Vorgang, ein konkretes Geschehen zum Gegenstand der Verkündigung gemacht hat: nämlich seinen eigenen Kreuzweg. Durch eine *reale Geschichte* hat er uns erlöst, nicht durch irgendeine Theorie oder Theologie. Das Immer-Wieder-Memorieren dieser Geschichte, ihr Immer-Wieder-Erzählen ist für uns seitdem einziges Sakrament. Jedes andere Bild, gerade auch das Bild von einem patriarchalischen Herrscher-Gott, hat immer nur dazu gedient und dient noch immer dazu, die Hierarchie der Welt, die Hierarchie des Bestehenden zu bestätigen. Der von der Welt und ihren politischen und geistlichen Instanzen Abgeurteilte und Hingerichtete aber verlangt von uns das genaue Gegenteil: radikale Veränderung. Das meint jedoch beileibe nicht Gesellschaftsveränderung nach der Rezeptur einer Ideologie, die sich selbst als Erlösung, als Lösung aller Weltprobleme, als Eschaton ansieht, in Wirklichkeit aber nur eine neue, noch härtere hierarchische Verkrustung brächte. Solcher Anmaßung gegenüber ist Christus, wenn man den Begriff richtig versteht, »Anarchist«. Er erlaubt uns nicht, im Befehlssystem eines »linientreuen« Kollektivs Unterschlupf zu suchen, er entläßt uns nicht aus der Eigenschaft als Einzelkämpfer. Ihm geht es um unsere freie *persönliche* Verwandlung. Was sie für den einzelnen Christen neben dem unabdingbaren Verzicht auf Macht und Reichtum für weitere Folgen hat, ist dann wohl eine außertheologische, mag sein moralische, mag sein politische und gesellschaftsmoralische Frage. Wahrscheinlich umfaßt sie alles in allem. Jeder muß sich frei und eigenverantwortlich entscheiden und sein Kreuz auf sich nehmen.

In dieser im wörtlichen Sinn peinlichen Rigorosität der Forderung liegt der Grund, weshalb unsere bürgerlichen »Christen«, weshalb auch unsere bürgerliche Kirche so gern und so genüßlich von Gott sprechen und weshalb sie womöglich lieber noch irgendeine Form von Ideologie oder ideologischer Theologie in die Mitte ihrer

Verkündigung rücken würden, statt die wirkliche Herausforderung Christi anzunehmen, welche Nachfolge – das heißt: Passion – bedeutet. Passion ist für alle, besonders aber für die, die Erkenntnis, Macht oder Reichtum besitzen, der einzige gangbare Weg.

Ich glaube, daß heute viele diese Aufgabe nicht nur wieder verstehen, sondern schon von ihr ergriffen sind. Freilich sind solche Menschen weniger in der Kirche zu finden, die in ihrer derzeitigen Form für die radikale Veränderung ihrer Glieder eher ein Hindernis ist, als außerhalb: Die Jüdin Simone Weil trug, wie ich meine, ganz und gar die Züge einer großen christlichen Heiligen. Daß sie, um die Unmittelbarkeit ihres Verhältnisses zu Christus nicht zu gefährden und um mit dem Elend der Unerlösten solidarisch zu bleiben, ausdrücklich auf eine Konversion und auf die Tröstungen der Kirche verzichtet hat, zeigt an, was gemeint ist. Auch Günter Eich in seinem großen Dialoghörspiel »Festianus Märtyrer« hat uns den sozialen Aspekt eines Verzichts auf die individuelle Erlösung zugunsten der Erlösung aller (»apokatastasis panton«) gezeigt: Der Heilige zieht die Hölle, in der er sich der Tröstung der Verdammten widmen kann, dem Paradiese vor. Provokativ hat der große jüdische Philosoph Ernst Bloch formuliert, daß nur ein Christ ein guter Atheist, nur ein Atheist ein guter Christ sein kann. Dem folgte nun Walter Jens mit einer Judas-Theologie, in der er den Ast der Verzweiflung, an den der »Verräter« seine Schlinge knüpfte, nahezu in Kreuzeshöhe gerückt hat.

Sie alle gehen von der Einsicht aus, daß man den Finger nur dann, wie Thomas, in die Wunden Christi legen darf, wenn man ihn – statt »gottvolle« Harmonisierung zu betreiben – zuvor immer wieder in die Wunden der leidenden Menschen legt. Wir müssen bereit sein, die eigene Rechtfertigung, die eigene Erlösung zu opfern, um durch dieses Opfer die Forderung nach Erlösung aller Verdammten aus ihrer Verdammnis – hier wie dort – durchzusetzen.

Im Hintergrund solcher Bereitschaft steht wohl das zunehmende Gefühl für die Schrecken, die der Menschheit in Kürze bevorstehen könnten und die alle hinter uns liegenden Greuel möglicherweise in den Schatten stellen. Da wir, wenn wir aufmerken, kommen sehen können, was kommt, vermag sich diesmal nachträglich niemand zu exkulpieren – weder Mächte, noch Ideologien, noch Völker, noch einzelne. Nur wenn wir alle das Unsere tun, die großen Leiden zu lindern, indem wir unseren Teil auf uns nehmen, dürfen wir uns am Ende auf Christus berufen.

Dies ist einer der Gründe, weshalb ich mein kleines Buch nun aus der Feldflasche genommen habe.

Evangelium der Gefangenen

Gebet

Anfang und Ende,
was mich bewegt,
dir in die Hände
ist es gelegt.
Wird es dir taugen?
Du weißts allein.
Wend ich die Augen
in mich hinein
– müßges Beginnen –,
seh ich nur mich,
spiegelt nicht drinnen
dein Himmel sich.

Wenn du aus blauen
Tiefen dich hüllst,
darf ich dann schauen,
wie du mich füllst,
alles durchdringend,
was ich nur bin:
Selig und singend
halt ich mich hin.
Mutig und mächtig
schwillt mir mein Herz,
trachtend und trächtig
und wolkenwärts.

Aber die Bindung
ist doch zu groß.
Nur die Empfindung
reißt sich mir los.
Kranichgleich fliegt sie
in deinem Licht,
klingender wiegt sie
Dank und Gedicht. –
Laß es dir taugen,
hol es herein!
Ich wend die Augen
in mich hinein.

Erster Teil: DAS WERDEN

Der Täufer

Die Welt war alt wie unsre alte Welt.
Einst hatte sie in Jugendglut gestrahlt,
nun war sie satt an Weisheit, Schönheit, Geld,
und deren Wert schien lange überzahlt.
Die Tempel auf den Bergen blinkten zwar
noch marmorgolden in der alten Pracht
weit über Land und Meer, und dennoch war
schon lange Stein nicht mehr auf Stein gedacht.
Die Hauer warfen ihre Meißel fort,
die Maurer ihre Kellen, und es trieb
sie in die Schulen und von Ort zu Ort,
wo man von alter Weisheit sprach und schrieb.

Doch auch die Weisheit starb im Überdruß.
Sie ward so klug, sie ward so alt und klug,
daß sie sich selbst zersann, und daß zum Schluß
der Trug zur Wahrheit wurde, Wahrheit Trug.
So stand auch ihre Mühle endlich still
und, die einst mahlten, saßen stumm allein
und fragten stumm verzweifelt, was sie will,
die eilge Welt: Wen holt die Eile ein?

Hier schwebt ein Schiff und jagt von Ost nach West
vorm Sturm mit aufgeschwellten Segeln her,
ein andres, ihm entgegen, wütig läßt
die Ruder ostwärts peitschen übers Meer.
So traben Boten durch die Länder weit.
Was bringen sie? Sie wissens selber nicht.
Doch dem Begegnenden bleibt kaum die Zeit
zum Gruß und Blick ins staubige Gesicht.
So stampfen Heere jäh und riesenhaft
vieltausendfüßig über Flur und Feld.
Was Sieg! Was Untergang! Es herrscht die Kraft,
die Blut sät und die Todesernte hält.

Wer einst am Heimatmeer die Netze warf,
stirbt nun in Einsamkeit am fremden Rain.
Der Bauer, der den Pflug einst führte, darf
an seiner Statt nun Fremden Sklave sein.
Dafür trägt auch sein Weib nun fremde Frucht,
und seine Kinder betteln durch das Land.
Sein Knecht wird Herr, und selbst der Herrscher sucht
der Knechte Gunst und knechtischen Verstand.

Doch alle packt das Grauen, Herrn und Knecht.
Verzweifelt rufen sie die Götter an:
sie mögen dem unseligen Geschlecht
den Heiland schicken, der es retten kann.
Erhoffen, gleichwie wir, so Tag und Nacht
den König, der die Könige regiert,
und der die Blinden wieder sehen macht,
die Jungfrau, die den Gottessohn gebiert.

In solcher gräßlich aufgelösten Zeit
Gerede und Gerücht im Land erklang,
daß im Gebirg, wo in der Einsamkeit
der Jordan durch Geröll und Kiesel sprang,
und wo auf kahlem Fels die Ziegen gehn
beim Echo von der Hirten Litanei,
schon lange von Propheten vorgesehn,
der diese Welt erlöst, erschienen sei.
Und das Gerücht ward zum Geschrei und schrie
in jedes Ohr am ganzen Jordanlauf.

Und alle Müden wachten schreckhaft wie
von der Posaune letztem Schreien auf.
Und wo von Bergen rings beim frühen Schein
der Frühlingssonne gurgelnd Wasser fällt,
da stürzte nun der Lärm der wirren Welt
in jenes öden Tales Schweigen ein.

Auf einer Insel dort im Kiese stand,
die Sohlen von dem Fließen sanft umspielt,
ein Jüngling, dem das härene Gewand
ein Strick um dürre, schmale Hüften hielt.

Das flaumig dunkle Haar um sein Gesicht
liebkoste stumm ein Wind. Doch sprang dabei
aus seiner Augen Tiefen flammend Licht,
als wenn ein Stahl auf Stahl geschlagen sei.

Er rief: »Tut Buße, denn es ist soweit!
Ich taufe euch mit Wasser, daß ihr nun
für einen anderen bereitet seid,
der wirds mit Blut und Glut und Feuer tun.
Tut alle Buße! Wendet euren Sinn
dem Himmel zu! Denn ich bin das Signal
des Meisters, dem ich selber nicht einmal
die Schuhe aufzuknoten würdig bin.
Die Zeichen mehren sich. Es schwillt und reift
die Not. O gräßlich große Schwangerschaft,
eh sie gebiert! Doch selig, wer begreift.
Denn ihre Frucht ist Gottes Licht und Kraft.«

So sprach er. Und im Jordan netzte er
die Hände. Und das Volk, das ihn umdrängt,
und jeden, der die Stirn vor ihm gesenkt,
mit seiner Hoffnung Wasser letzte er,
indem er Taufe spendend sie besprengt.
Zwar gingen viel in großer Traurigkeit
und hadernd fort: »Er gibt statt Brot nur Stein!
Will er der Arzt, um uns zu heilen, sein,
so heilt er nicht mit Worten unser Leid.«
Doch andre Herzen sprangen jubelnd auf
wie Knospen vor der neuen Zuversicht:
»Komm, Trost und Hoffnung, Morgenlicht!
Komm, Sonne Gottes, komm herauf!«

Advent

Komm, Trost und Hoffnung, Morgenlicht!
Komm, Sonne Gottes, komm herauf!
Die Nacht ist schon zu lang.
Ihr Dunkel ist so tief und dicht,
ihr Schweigen weckt die Schläfer auf
und macht sie bang.

Nun liegen sie und lauschen stumm:
Hat sich der Hahn nicht schon gerührt
beim letzten fernen Haus?
Hat er im weiten Nichts ringsum
den ersten Schleier Grau gespürt
und schreit ihn aus?

Nein, nicht ein Laut und nicht ein Schein.
Nur welcher hofft und glaubt, erträgt
die große Einsamkeit:
Gott läßt dich ewig nicht allein.
Die Uhr, die jetzt die Stunde schlägt,
schlägt: Sei bereit!

Die Hirten

Um diese Zeit an einem Abend war
ein Hirtenfeuer auf dem Feld entfacht.
Da schliefen und da träumten wunderbar
die Hirten in der milden Winternacht:
Der eine träumte, daß er David sei,
der seine Schleuder nach dem Riesen schwang
und dann, die Königsharfe der Schalmei
vertauschend, seine heilgen Psalmen sang.
Dem andern schien sein Glück dem Josephs gleich,
der früchtespendend vor den Brüdern stand.
Ein Alter deuchte sich wie Jakob reich
an Herden und an Samen weit im Land.
Und waren arm doch alle und gering,
gutmütgen Herzens und in Einfalt schlicht,
wie Hirten sind. Und dennoch, es erging
an sie als erste Gottes Heilsgesicht.

Denn plötzlich mitten in den Schlaf hinein
drang ihnen Geigen- und drang Flötenton.
Am dunklen Himmel mitten stand ein Schein
wie eine Kerze glimmend. Aber schon
schwolls an: Trompeten- und Posaunenschall.
Und wie die Sonne schwoll es in der Nacht,

und wie ein Tor zu einem hellen Saal
im Dunkel des Gewölbes aufgemacht.
Und wie von Millionen Stimmen Chor,
ausstrahlend mit dem Licht, drangs an ihr Ohr.

Sie sitzen auf und sehn sich staunend an.
Der Widerschein erhellt ihr Angesicht.
Es tritt der Engelschor an sie heran,
das farbige Gefieder greifbar dicht.
Aus selgen Mündern selger Wohllaut dringt.
O schlanker Wald von Stimmen, o du Flut
aus Himmelsorgeln! Schwindet euch der Mut,
ihr Hirten, als euch nun das Wort erklingt:

»Habt keine Furcht, ihr guten Männer, weil
Gott große Freude euch zu künden hat.
Euch ist geboren heute euer Heil,
Christus der Herr in Davids alter Stadt.
Dies aber soll des Kindes Zeichen sein:
Ihr werdet es in einer Krippe finden.
Der Tiere Hauch und Heu und Windeln winden
den Knaben warm auf seinem Lager ein.«

Und alsbald trat die Menge aller Heere
des Herrn heraus, um zu lobsingen: »Ehre,
Gott in der Höhe Ehre! Und auf Erden
den Menschen solls zum Wohlgefallen werden!«
Dann aber schloß er sich, der Himmelssaal,
wie wenn ein dunkles Meer zusammenschlägt,
und tiefe Stille war mit einemmal.
Sie saßen in der Kälte unbewegt
an ihres Feuers Asche, atemlos.
Und keiner wagte noch ein erstes Wort.
Ringsum im Gras das satte Malmen bloß
der Schafe und der Ziegen tönte fort.

Doch plötzlich sprang der Hirten jüngster hoch:
»Schnell, Brüder, schnell nach Bethlehem hinein!
Der Heiland ist geboren, hört es doch!
Solln wir die letzten bei der Krippe sein,
die wir die letzten schon auf Erden sind,
wir Hirten, denen jeder Glanz gebricht?

Wenn alles eilt, dünkt mich, zum Gotteskind,
sind wir zu spät, sind wie die ersten nicht!«

Da griff sich ihrer jeder, eingedenk
des Kindes Armut, was er Gutes fand,
ein Lämmchen oder Wolle zum Geschenk
und Decken, dicht gewebt mit eigner Hand.
Unsicher trat ihr Fuß im nächtgen Grund,
doch keiner strauchelt auf bekanntem Pfad.
So eilten sie zutale, und der Hund,
der treue, sprang vorauf zur dunklen Stadt.

Wo war ein Licht? War nicht ein Licht zu sehn?
Leuchtkäfer flogen auf dem Wege mit.
Ein leises Läuten schien bei jedem Schritt,
gleichwie von Glocken, gleichfalls mitzugehn.
So kamen sie zu jenem niedern Haus,
darin auf seiner Streu bei Kerzenschein
der Heiland lag. Wie ärmlich und wie klein,
und wie gewaltig trat er einst heraus!

O Bild der Anmut, du machst ewiglich
die Herzen aller Menschen still und weit.
Die Mutter lächelt stumm herab auf dich
und ist doch selbst dein Teil für alle Zeit:
wie sie den Blick voll Demut niederschlägt
vor diesem Gotteskeim aus ihrem Blut,
indes für Wärme und ein Süpplein gut
der alte Vater Holz zum Feuer trägt.

Da knieen nun die frommen Hirten gleich
und falten ungelenk die Finger ein.
Herr, laß uns wie die Hirten sein,
so arm und doch so reich!

Weihnacht

Herr, laß uns wie die Hirten sein,
so arm und doch so reich,
lad uns wie sie zur Krippe ein

und mach uns ihnen gleich!
Dann schenken wir
ein Lämmlein dir,
und du schenkst uns dein Himmelreich.

Welch simples Wunder: Gott wird Kind
aus eines Menschen Schoß.
Er, dem die Engel dienstbar sind,
kommt zu uns nackt und bloß.
Einst steigt er auf
zum Kreuz hinauf,
wird über Berg und Wolken groß.

Sing, Himmel, sing dem Kind im Stall
und sing der Mutter Preis!
O ströme, Erde, Liederschall
und Duft von Tannenreis!
Die Herzen glühn,
und Melodien
durch Kerzenschimmer schwimmen leis.

Da werden die Gedanken stumm,
die Großen kinderklein.
Sogar der Winter strahlt ringsum
in heimatlichem Schein.
Der warme Glanz
erfüllt uns ganz
und läßt uns wie die Hirten sein.

Die Könige

Am nächsten Tag ein großer Lärm entstand.
Es wimmelte Jerusalem, die Stadt,
von drei gewaltgen Zügen, die ins Land
vom Osten her ein Stern gerufen hat.

Ein Stern mit einem Schweif war da zu sehn
gleich einem Schwert. Sogar am Mittag sah
man seine Klinge rot am Himmel stehn.

Und mit ihm waren die drei Züge da:
Drei Könige mit allem Prunk und Pracht
auf Elefanten turmgekrönt und breit
und Pferden mit Schabracken, und ihr Kleid
war aus Arabiens Wunderherrlichkeit,
aus Ebenholz und Elfenbein gemacht.
Die Könge fragten, wo in dieser Nacht
der Königssohn geboren sei, die Stätte,
zu welcher sie der Stern gerufen hätte.

Man wies sie zu Herodes Burg hinan,
zum König, welcher sie erstaunt empfing,
denn noch ward ihm von niemand kundgetan,
daß Kunde eines Königskindes ging.
Doch heuchelte er Freude, sie zu hören:
»Geht, eilt, ihr Freunde, sucht! Und findet ihr,
dann kommt doch, bitte, wieder her zu mir.
Auch ich will, wie sichs ziemt, den Prinzen ehren.«

Die Könge ziehen fort, und der Komet
zieht noch einmal vorauf und weist die Straßen.
Bis er in Bethlems Tale stille steht.

Wie wimmeln nun die engen, kleinen Gassen
hier von der stolzen Welt, die in sie drängt,
von Glanz und Glitzern, Menschen und Getier
mit Samt, Brokat und Teppichen behängt,
Gesichtern hell und dunkel: Alles zwängt
sich durch des Stalles schmale, niedre Tür.
Die Könige voran. Doch scheuchten sie
zuerst die andern von der Schwelle fort.
Denn nichts als Stille, hieß es, bräuchten sie
an dem grad Köngen rätselhaften Ort.
Dann neigten sie sich unters niedre Dach
und grübelten, sich auf den Futtertrog
am Eingang niedersetzend, lange nach,
was Stern und Herz in diese Armut zog.

Der eine, der voll großer Weisheit war,
entfaltete ein altes Buch und sprach:
»Geschrieben steht: Hier wird die Weisheit schwach,
der Einfalt aber wird es offenbar.«

Und alle drei ergriff es wunderlich,
ein tiefes Staunen. Und in tausend Weisen
begannen sie, indem im Stroh sie sich
auf ihre Knie warfen, Gott zu preisen.
Und schmolzen Weihrauch in der Kerzen Licht,
und Myrrhen flammten. Und der Dunst und Glast
verklärte feierlich den Stall und dicht
und silbern. Und der Stall ward zum Palast.
Und seltene Geschmeide schenkten sie.
(Fast ward Maria von dem Funkeln blind.)
Und immer, immer wieder senkten sie
die Stirnen auf den Boden vor dem Kind.
»Sein Name wird zum Baume, herrlich hoch«,
so rühmten sie, der Sehergabe voll,
»in dessen weiter Zweige Schatten noch
Jahrtausende die Menschheit leben soll.
Und allen wird er seinen Frieden geben,
der höher ist als menschlicher Verstand,
den Frieden Gottes, und ein neues Leben
in *einer* Heimat, *einem* Vaterland.«

Und zogen schweigend heimlich wieder fort
und nicht mehr nach Jerusalem hinan.
Sie wußten nämlich nun: Herodes Wort
war Lüge, und unmenschlich war sein Plan.

Doch was der Teufel plant, wer kanns ihm wehren?
Gott gab dem Bösen in der Welt Gewalt
und königlichen Purpur und Gestalt.
Herodes, wenn er nachforscht, wird es hören:
»In Bethlem macht der Zug der Könge Halt.«
Dann wird er dort auch schnell das Kindlein finden.
Und in der Hirtenstadt, damit ihm nicht
ein Kind und Hirten seine Macht entwinden,
vollzieht er an der Ohnmacht sein Gericht:

Von ringsum dringen sie in Bethlem ein,
darüber eben noch die Stille lag,
die Schergen. Und ein Wimmern und ein Schrein,
ein Todesröcheln schrillt den ganzen Tag,
den heißen Tag durchs Tal und himmelwärts,
vergebens himmelwärts, und reißt nicht ab,

den langen Tag, zerreißt doch jedes Herz,
und Blut schwimmt durch die Gassen rot herab.

Sie würgen Kinder, schlachten mit dem Schwert
ein jedes Kind, das dieses ganze Jahr
aus einer Mutter Leib geboren war.
Die Mütter aber läßt man unversehrt,
versehrt nur ihre Seele in den Tod.
Kann denn ein solcher Plan, o Herr und Gott,
in deiner Welt, die du erschufest, walten?
So greif doch ein, o Herr und Gott, gebiet
den Ungeheuern endlich einzuhalten,
bevor noch mehr des Schrecklichen geschieht!

Jedoch kein Mitleid fällt in Arm und Schwert
der mitleidlosen Mörder rettend ein. –
O Menschenherz, was bist du wert!
Seele des Menschen, was kannst du sein!

Seele des Menschen

Seele des Menschen, was kannst du sein?
Wie sanfter Wind
in Birken spinnt,
aus Gottes Mund
ein Atem und
Gesang, Gedicht,
wie noch vor Licht
die Lerche singt,
sich aufwärts schwingt
im ersten Schein:
Seele des Menschen, so kannst du sein.

Doch prächtig und groß,
Fanfarenstoß,
und mächtig und reich
und Königen gleich,
und wie das Meer
gewaltig und leer,
im Wüten blind

wie Stürme sind:
Seele des Menschen, schau in dich hinein,
Seele des Menschen, so willst du sein.

Seele des Menschen, was trägts dir ein?
Ein Fluch und Wort,
das erbt sich fort,
wird Wut, entfacht,
wird Glut, erwacht
und rast durchs Land
wie Pest und Brand,
zerstampft, verheert,
und was entfährt,
das holt es ein.

Ja, grauenhaft:
Der Hölle Kraft
scheint fast gering
vor dir, du Ding
von Kindsgestalt
und Urgewalt,
Unschuldsgesicht
und Weltgericht.

Du krallst dich ein
mit Zahn und Bein,
zerreißt, verschlingst
und speist und bringst
hervor nur Blut,
den eklen Sud,
der in dir gärt
und aus dir fährt,
dir selbst zur Pein:
Seele des Menschen, das trägts dir ein.

Besinn dich doch!
Geduckt, gebückt
fahr aus dem Joch,
das dich bedrückt!
Die Zeit ist nah:
Wenn diese Welt
zerstäubt, zerfällt,

dann sollst du ja
wie Licht so rein
und wieder Atem Gottes sein.

Flucht nach Ägypten

Ein Eselsfüllen trägt die Last,
die Mutter und den Sohn,
die du, o Herr, geleitet hast
aus Angst und Todesdrohn.
Nun halten sie am Wegrand Rast,
fast in Ägypten schon,
beim Apfelbaum, der jäh erblüht,
weil diese Gnade ihm geschieht.

Er deckt trotz Nacht und Winterszeit
die Mutter und das Kind
mit Schnee aus Blüten, die beschneit
von weißem Sternlicht sind.
Der Weg nach Süden war so weit.
Da singt und bringt der Wind
den Schlummernden ein kurzes Glück,
Heimkehr- und Frühlingstraum, zurück.

Wird Frühling sein, wird Sommer sein.
Noch jeder Winter schwand.
Hält nur in unsres Herzens Schrein
der ewge Frühling stand!
Auch ihr kehrt einmal wieder heim
aus fremdem Zufluchtsland.
Schlaft sorglos und seid unbeirrt,
weil Gott durch Josefs Hand euch führt.

Ein Eselsfüllen trägt die Last,
die Mutter und den Sohn,
die du, o Herr, geleitet hast
aus Angst und Todesdrohn.
Nun halten sie am Wegrand Rast,
fast in Ägypten schon,
beim Apfelbaum, der jäh erblüht,
weil diese Gnade ihm geschieht.

Der Zwölfjährige

Sie zogen heim nach Nazareth hinauf,
wo Josefs Haus und alte Heimat war.
Die Jahre sanken rückwärts, Jahr um Jahr.
Der Knabe wuchs in großer Stille auf,
abseits von den Gefährten, viel allein.
Sein Spielzeug waren Schnitz- und Hobelspan.
Auch liebt er droben auf den Dächern sein.
(Denn Josef war von Haus ein Zimmermann.)

So mochte er zwölf Jahre schließlich sein,
ein Knabe, dem die Stirne steil und klar,
das Auge wie ein Quell geworden war,
der blitzt im dunklen Moos beim Mittagsschein.
Denn sonngebräunt war sein Gesicht, sein Haar
fiel, eine lichte Welle, blond hinein.
Und um den Mund, den süßen, kindlich-weichen,
im Lächeln spielte noch der Unschuld Zeichen.

Im Haus die Mutter rief. Das Festkleid lag
bereitet in der Kammer, ihn zu kleiden,
wenn er mit Josef und Marie, den beiden,
nun bald am birkenhellen Ostertag
hinzöge – er zum allerersten Male –
zum Tempel nach Jerusalem hinauf.
Die Mutter lief zum Hof, sie lief zum Stalle,
auch in die Werkstatt lenkte sie den Lauf,
zum neuen Giebel dann, wo schon der Kranz
im Lichte blühend wehte. – Ja, da sah
sie ihn, den Sohn, im schattenlosen Glanz
des Sonntags stehn, des Himmels Gipfeln nah.
Und auf dem Giebelbalken, drauf er stand,
umschwangen Krone, Blüten ihn und Band.
Und Schwalbenschwärme flogen um ihn her
in kühngeschwungnem, schwirrem Himmelsflug,
und seine Hände teilten ihren Zug,
so wie ein Schwimmer Welle teilt und Meer.
Und seine Stimme lockte sie und sprach.
Sie pickten von den Lippen ihm das Wort
wie süße Körner immer wieder fort,
und er rief ihnen immer wieder nach.

Doch nun sah er die Mutter, winkend kam
er zu ihr, die ihn bei den Händen nahm.
Vor seiner Augen Lächeln aber schwieg
die Frage, die ihr auf die Lippen stieg.

Bald zogen sie zur Tempelstadt hinauf,
Bergpässe und durchs Tal am Fluß entlang:
Das Murmeln nur geleitet ihren Gang
des dumpfen Wallfahrtsbetens und Gesang
des Chors, gewundner Straßen Lauf
und Priesterrufen, Predigt, Festgewand,
gegürtet und den Wanderstab zur Hand,
die Pilgerzeichen, und das heimlich-schnelle
Lamm-Opfermahl bei blutgetränkter Schwelle.
Dabei ward jedes Tun in stummer Nacht
so stumm, so ernst, so feierlich vollbracht,
daß selbst die Eltern, Freunde und Vertrauten
einander fremd und wunderlich beschauten.

Und dann war Markt: ein Kommen und ein Gehn,
Musik, Gefeilsche, Tanzen und Geschrei,
Gewühl auf allen Plätzen, Fahnenwehn
und Gaukler-Komödiantenspiel dabei
und Lebenslust und wilde Fröhlichkeit
und toller Trubel. – Wer zu dieser Zeit
nicht wachsam war, den rissen Drang und Enge
von den Begleitern fort und vom Geleit
und in das haltlos strudelnde Gedränge –

wie es Marie mit ihrem Sohn geschah,
die, als sie sich schon auf den Heimweg machten,
auf einmal Jesus nicht mehr bei sich sah.
Erst warn die Eltern sorglos noch und dachten,
er sei schon fort mit Nachbarn von zu Haus
aus Nazareth. Drum eilten sie entlang
dem Pilgerzug voraus. Doch auch voraus
war keine Auskunft, und sie wurden bang.

So kehrten sie denn um, dem Strom entgegen,
dem Menschenstrom vom Tempel in das Tal.
Umsonst. Sie fragten nach auf vielen Wegen.
Umsonst. Die Sorge wuchs mit jedem Mal.

Und schließlich war nicht Rat mehr: Bis zum Tor
des Tempels zehnmal stieg man schon empor.

Vielleicht um im Gebet die Angst zu mindern,
vielleicht die Hitze nur im schattgen Stein
des kühlen Tempels kurze Zeit zu lindern:
sie traten in die Säulenhalle ein,
die leer nun und vom Volk verlassen war.

Der Schritt hallt feierlich auf Marmorgrund.
Und aus der Ferne, ebenmäßig klar,
hallt eine Stimme her aus jungem Mund.

Nein, das war fremder Priester Sprechen nicht.
Die Stimme klang so hell und so vertraut.
Staunend erhoben sie bei ihrem Laut,
erst Josef, dann Marie, das Angesicht.

Inmitten eines weiten Kreises stand
von Priestern und von Weisen Jesus dort
und deutet mit erhobner Kinderhand
aus der Propheten Weisheit Schrift und Wort:

»Einst wird der Herr – Jesaja gibt uns Kunde –
auf einem hohen Berg den Völkern allen
ein Festmahl geben. Und zu dieser Stunde
wird jede Grenze zwischen ihnen fallen.
Das wird die Zeit sein, davon Amos sagt,
die Zeit nach jener Hungersnot im Land,
die nicht um Brot, um Wein und Wasser klagt,
nein, um das Wort, das Gott noch nicht gesandt.
Dann aber wird er es in Bälde senden.
Wer Augen hat zu sehen, sieht es schon,
wer Hände hat zu greifen, greifts mit Händen:
Das Wort ist Fleisch, das Wort ist Gottes Sohn.«

Die Priester hörten ihn mit Staunen an.
Die Eltern aber standen wie erstarrt
vor des erhöhten Sohnes Gegenwart:
»Warum, mein Sohn, hast du uns das getan?
Statt heimwärts uns zu folgen, bist du hier?«

»Bis heute«, sprach er, »Mutter, folgt ich dir.
Nun kommt die Zeit, da *ihr mir* folgen sollt.
Auch mich drängts heim: Wenn ihr mich finden wollt,
sucht mich hinfort bei meinem Vater *droben*!«
Und senkte seinen Blick, den er erhoben.

Doch stand es lange noch, als wärs in Stein
gemeißelt, dieses Wort, das ihm entfuhr.
Maria – einzig sie begriff es nur –
schloß es ganz fest in ihrem Herzen ein.

O Mutter

O Mutter, schließ im Herzen ein
und halte fest, was es bewegt!
Die Frucht, die du einst trugst, sie trägt
nun selber wieder Frucht herein.

Dein Sohn, meinst du, sei allezeit
dein Eigen? Nein, es reißt ihn los –
zum zweitenmal aus deinem Schoß.
Er geht allein. Ins Glück? Ins Leid?

Der Mütter Stolz ist himmelhoch,
der Mütter Kummer bergeschwer,
in Söhnen triumphieret er
und geht er unters Kreuzesjoch.

Ach, hadert mit dem Himmel nicht,
der Haß und Unrecht einbegreift,
denn seht: der Mütter Liebe reift
wie süßer Wein im gleichen Licht.

Denn seht: zusammenschließt, was fließt,
und seht: zusammenhält, was fällt
auf dieser umgetriebnen Welt,
das, was in Müttern Liebe ist.

Kana

Zu Kana war, im Galiläerland,
ein Hochzeitsfest, zu dem – als aus dem Samen
des Königs David und dem Haus verwandt –
auch Jesus nebst Marie zu Gaste kamen.

Jesus war nun ein Jüngling, hoch und schlank,
dem Anmut lockigbraun vom Scheitel floß.
Maria aber, eitel Glück und Dank
an seiner Seite, ahnte schon, wie groß
die Kraft in seinen schmalen Händen war.
Und waren sie die ärmsten aller Gäste
auch hier auf diesem reichen Hochzeitsfeste
(da Josef nämlich starb vor Tag und Jahr),
so war der Frauen ihr doch keine gleich:
Sie wußte sich in ihrem Sohne reich.

Man setzte sich zu Tisch, und Lob und Preis
der Gottesgabe, die da sichtbar ward,
und fröhliches Geplauder schwoll im Kreis.
Nur Jesus schwieg in seiner ernsten Art.
Er blickte stumm aus seiner fernen Welt
in diese ferne, fremde Welt hinein,
die um ihn brandete. Nur er allein
schien in die Unrast ruhevoll gestellt.

Die Diener liefen. Funkelnd sprang der Wein
und rötlich in die Gläser, bräunlich dampften
die leckern Speisen, Fladen, Fisch und Fleisch,
die Instrumente jubelten und stampften
den Takt zu Lärm und Lachen und Gekreisch,
kurz: niemand wußte noch, wie wunderbar
in diesem Raume Gott zugegen war.

Denn sank der Abend auch, so stieg indessen
der Gäste Lust nur immer höher an.
Doch die besorgten Kellermeister sahn:
für diesmal war der Wein zu knapp bemessen.
Bald würde seine Quelle ganz versiegen,
die Fröhlichkeit, die diese Quelle triebe,
sie würde dann dem Mangel schnell erliegen,
und zur Verstimmung würden Rausch und Liebe.

Maria spürte die Verlegenheit.
Sie beugte sich zu ihrem Sohne her
und flüsterte: »Bald reicht der Wein nicht mehr.
Ich bitte dich: Hilf ihnen doch beizeit!«

Nun blickte er aus seiner Ferne auf.
Ins Antlitz aber, das gedankenvoll
noch eben war, stieg ihm Gewölk herauf:
»Wofür, Weib, hältst du mich? Meinst du, ich soll
jetzt deinetwegen hier den Gaukler spielen?«

Sie preßte ängstlich Hand in Hand und bat:
»Sieh, was verschlägts dir denn? Tu mir den Willen!
Sie sind uns doch verwandt. Schaff ihnen Rat!«
Voll Unmut sprang er auf, fiel ihr ins Wort:
»Noch ist nicht meine Zeit!« und ging hinaus
allein ins kleine Gärtchen vor dem Haus
und stand im Dunkel lange schweigend dort.

Indes Marie schon in die Küche lief,
weil sie den Wunsch nun dennoch reifen sah:
»Was er euch sagt, das tut!« so riet sie da.
Dann hörte sie, wie er die Köche rief.
Er sagte zu den Köchen: »Füllt sie voll
mit Brunnenwasser, füllt bis obenan
die Krüge auf dem Flur und ruft sodann
den Kellermeister, daß er kosten soll,
ob ihm der Wein behagt, ihn auszuschenken!«
Wie einen Narren sahen sie ihn an.

Jedoch Marie ließ nicht viel Zeit zu denken.
Sie trieb und faßte zu. So wards getan.
Und Eimer wand um Eimer man heraus
und leert sie in der Krüge Bäuche aus.
Der Kellermeister kam, schmeckt ab und schalt:
»Ist man in diesem Haus denn schon so blind,
den Gästen Wein, so fruchtig, schön und alt,
zu reichen, wenn sie voll des mindren sind?«

Maria hört es, lachte auf und lief
ins Dunkel, wo noch immer Jesus stand,

und suchte mit den Händen seine Hand.
Doch er, wortlos, entzog sie ihrem Griff.
Er wandte sich zur Seite und blieb stumm.

Auf einmal ward ihr Angst: »Du zürnst mir, Sohn?
Warum hast du mich denn erhört? Warum
zum Dank für meinen Dank nun diesen Lohn?«
und schluchzte, schluchzte. Doch es schwieg die Nacht.
Nur drin ward jubelnd neuer Wein gebracht.

Sie aber bei ihm in der Dunkelheit,
sie spürte schaudernd, wie er sie umfaßt:
»Laß uns nun Abschied nehmen, es ist Zeit.
Der Weg, an den du mich erinnert hast,
ich weiß es jetzt, ist bitter und ist weit.
Es dürstet sie. Und du ermahntest mich,
ich soll sie tränken. Also gehe ich.

Sie schrien nach Wein statt Wasser. Aber ehe
der Wein für sie zu meinem Blut nicht ward,
will ich nun nicht mehr ruhen, sondern gehe
auf langen Straßen lange Pilgerfahrt –
bis ich am Abhang jenes Hügels stehe,
wo droben meines Amts Erfüllung harrt.
Dann geh ich endlich heimwärts hügelan,
heimwärts zum Vater, denn er ruft mich dann.«

Maria lag an seiner Brust. Er schwieg.
Sie spürte, wie das Eis ins Herz ihr stieg.
Sie hielten sich. Die Nacht war abgrundtief,
als er sich losriß und ins Dunkel lief.

Allein, ja tausendfach allein
und voll von Rätseln muß sein Wandel sein.

Sonnenaufgang

Allein, ja tausendfach allein,
o Gott, und rätselhaft
fährt deiner Sonne Kraft
durchs Morgentor mit roter Glut herein.

Wie von Fanfaren feierlich
und von Trompetenschall
hebts durch das graue Tal
der aus dem Schlaf geschreckten Erde sich.

Die Wolke schwimmt im Loderbrand,
schon stoßen Strahl um Strahl,
Herr, bis zum höchsten Mal:
Als Flammenfinger deiner Feuerhand?

Als Zeiger deiner Himmelsuhr?
Holt sie schon aus zum Schlag?
Nach der Erlösung Tag
seufzt mit uns Menschen alle Kreatur.

Komm, Jesu, helles Tageslicht,
erleucht uns durch dein Wort!
Nimm allen Schatten fort,
du einzig schattenloses Angesicht!

Amen

Amen. Dankt und singt und lobt!
Seht: der Himmel heitert auf.
Seht: sein Zeichen kommt herauf
und die Hölle tobt.

Amen. Singt und lobt und dankt!
Nach dem neuen Schöpfungsplan
stillt Gott nun die Wehn, daran
seine Schöpfung krankt.

Amen. Dankt und lobt und singt!
Gottes Tod – o Fruchtbarkeit! –
macht, daß für uns Tod und Leid
nur noch Leben bringt.

Zweiter Teil: DAS WIRKEN

Die Taufe

Zum Täufer an den Jordan kamen bald
auch Tempelpriester mit dem Volk herab.
Es ängstigte sie sichtlich die Gewalt,
die Gott ihm über Menschenherzen gab.
Sie lockten ihn: »Falls Gott dich dieser Welt
als Heiland sandte, gib dich zu erkennen!
Auch wir sind ja zum Heil des Volks bestellt,
das die Propheten das Erwählte nennen.
Nun sollten die Erwählten sich verbünden:
Du kannst im Himmel, wir für dich auf Erden
das Reich des Alten Bundes neu begründen,
daß Abrams Kinder wieder Erben werden.«

Er donnerte sie an: »Ihr Otternbrut!
Dem Abraham, um dessentwillen ihr
euch der Erwählung rühmt, schafft Gott selbst hier
aus diesen Steinen Kinder, daß sein Blut
nicht ausstirbt, während ihr zur Hölle geht.
Wann sagt ich je, daß ich der Heiland sei?
Nein, hütet euch! Denn auf der Tenne steht
der Worfler schon und worfelt, und es weht
sein Sturm den Weizen aus des Satans Spreu.
Schon seh ich ihn – ihr Heuchler, hütet euch! –
schon seh ich ihn durch diese Berge schreiten,
das enge Tal sich ehrfürchtig ihm weiten.
Schon naht sein Reich sich: *Unser* ist das Reich.«

Der Rufer stand verzückt, die Augen sahn
weit offen den gewundnen Pfad bergan.
Er zwang sein Volk ins Knie mit Wort und Ton,
und alle knieten. Nur die Priester flohn.

Und wirklich, wo der Weg am Bergesrand
sich in des Himmelsspiegels Blau verlor,

war plötzlich eine Helle, und es stand
fast heller noch eine Gestalt davor
und schritt herab. Ihr Schreiten aber klang
das atemstille Felsental entlang.

Der Täufer aufrecht durch der Knienden Schar,
der härene Johannes, feierlich
trat vor, und zwischen beiden Männern war,
als hielten sie mit ihren Blicken sich –
bis sie beisammenstanden greifbar dicht
und Angesicht gesenkt in Angesicht.
Da beugte Jesus sich: »Sieh mein Verlangen,
aus deiner Hand die Taufe zu empfangen!«

Das Blut dem Täufer aus den Lippen wich,
schreckhaft mit beiden Händen wehrt er ab:
»Dich taufen, Herr, da Gott mir Hoffnung gab,
du kämst herab und tauftest endlich mich?«

Doch Jesus nahm ihn bei der Hand, und hin
zum Ufer zog er ihn: »Du sollst sie weihn,
die Stunde, denn sie soll nach Gottes Sinn
durch dich die Stunde meines Auftrags sein.«
Und zog ihn in den Fluß hinein und neigt
dem Fluß sein Haupt. Johannes schöpft heraus,
und auf den Scheitel, der sich vor ihm beugt,
goß er mit beiden Händen Wasser aus.

Da – aus den Himmeln nieder senkt es sich
gleich einer Taube. Gott sprach hörbar allen:
»Du bist mein Sohn. Durch dich gewinne ich
an meiner Schöpfung wieder Wohlgefallen.«

Johannes stammelnd fiel ins Knie, es liefen
die hellen Tränen ihm: »O Herr vergib!
Ich weiß nicht, was mich dich zu taufen trieb.
Der Quell bist *du.* Wir sind aus *deinen* Tiefen.«

Reiner Quell

Reiner Quell aus Erdentiefen,
drin wir ungeformt noch schliefen,
eh uns Gott das Leben gab,
unserm Leibe
wieder Bleibe
einst und dunkles, kühles Grab:

Zwar die Menschen schütten Scherben
aus und Asche und verderben
doch vom Bau aus Fels und Stein
nur die Hülle.
Deine Stille
drin bleibt mütterlich und rein.

Drum, was sich von drin ergießet,
Erdglut aus den Bergen fließet,
Erdblut sich in Trauben zwängt,
und die helle
klare Seele,
die zur Auferstehung drängt,

ist geklärt in irdner Halle,
in den Höhlen von Kristalle. –
Was noch draußen Wohnung hat,
wir auf Erden
hier, wir werden
rein erst durch der Taufe Bad.

Versuchung

Taufe und Ruf: Nun war es wohl so weit.
War er bereit? Die Last der Frage trieb
ihn nun noch einmal in die Einsamkeit.
Im Osten in der Felsenwüste blieb
er fastend vierzig Tage lang allein.
Die Augen brannten. Glutenübersonnt

nur leerer Himmel, öder Horizont,
und unter ihm nichts als Geröll und Stein.
Ihn dürstete. Zerrissen und verbrannt
die Füße tränkten blutend Weg und Sand.

Da, eines Tages, als er weiterschritt
an eines salzgen Sumpfs Gestrüpp und Dorn,
wars ihm, als ging bald hinter ihm, bald vorn,
bald ihm zur Seite noch ein andrer mit.
Er lauschte: Knirschte dort denn nicht der Kies,
suppte das Moor und kollerte ein Stein?
Entschlossen griff er in das Nichts hinein,
wo er auf einen glatten Körper stieß.
Und es gelang ihm, einen Arm zu fassen,
um ihn trotz Sträubens nicht mehr loszulassen.

Nun ward das Wesen sichtbar: Vor ihm stand
ein Mann, der ihm erschreckend ähnlich schien.
Kopfschüttelnd voll Verwunderns prüft er ihn:
Er war ihm ähnlich und doch nicht verwandt.
Sein Blick war kalt, die Augen gelb und tot,
das Lachen falsch, die Sprache klang entstellt:

»Du meinst, du kamst als Gottes Sohn zur Welt –
und leidest Hunger? Mach aus Steinen Brot!
Dies einzge Wunder nur, und Herrscher sein
wirst du auf dieser Welt, wo Not regiert
und Hunger nichts als Hungernde gebiert.«

Doch Jesus wehrte ab, und unbeirrt
sprach er: »Der Mensch lebt nicht von Brot allein.
Mich hungert zwar, doch zwingt mich Hunger nicht.
Der Mensch lebt allererst von Gottes Wort.
Versuch mich besser, Satan, fahre fort!
Ich wartete auf dich und dein Gericht.«

Doch kaum der Herr den Teufelsnamen sprach,
pfiffs wie ein Sturm vom Himmel, daß der Sand
aufwirbelnd hoch wie eine Mauer stand,
die Augen ihm umhüllend. Und danach,
fühlt Jesus, hobs auch ihn und setzt ihn nieder.
Und auch die Mauer senkt sich gleichfalls wieder.

Welch ungeahnter Anblick tat sich auf:
Hoch auf dem Rand des Tempelturms, so nah
dem Abgrund wie den Wolken, stand er da,
von unten blitzt Jerusalem herauf.
Der Blick umgreift die ganze weite Stadt
mit Türmchen, Häuserchen und Zierat klein.
Wie ins Gewimmel auf dem Ameispfad
schaut ins Gewirr der Gassen er hinein.

Doch neben ihm die Stimme sprach: »Dein Plan,
Mensch, der du bist, geht über Menschenkraft.
Gott, der du bist, besinne dich daran:
Du kennst die Kraft, die dir Erleichtrung schafft!
Eh du die Menschen durch das *Leiden* zwingst
an dich zu glauben, – wann wohl wird das sein?
Ists da nicht besser, du zwingst Gott und springst
gleich hier vom Turm in seine Stadt hinein?
Gott hat dich lieb, denn du bist ja sein Kind.
So muß er Engel schicken, die dich tragen.
Wem aber Engelwunder dienstbar sind,
an dem wird niemand mehr zu zweifeln wagen.«

Der Heiland sprach: »Geschrieben steht, wir sollen
Gott nicht versuchen. Würd ich dir willfahren
und mir den Leidensweg ersparen wollen,
wie sollt ich dann den Menschen Leid ersparen?
Versucher, quäle mich, du sollst mich quälen!
Ich will durch *Dulden* meine Macht enthüllen.
Um Kindern Märchenträume zu erfüllen,
braucht Gott nicht menschliche Gestalt zu wählen.«

Er sprachs, und eine Wolke fuhr herauf,
von Blitzen blendend, donnerschwül befrachtet.
Und wieder stand er blind und stand umnachtet,
und wieder hobs ihn unversehens auf.
Von einer Felsennadel aus Metall,
das Eis der Gletscher silbern um ihn her,
sah er ringsum als ein gewölbtes Tal
den weitgedehnten Erdkreis, Land und Meer,
mit Wiesen, dunklen Wäldern überall
und Gärten, blumenbunt und früchteschwer,

und wie auf sonnigheitern Meereswogen
die Schiffe ihre stillen Furchen zogen.

»Du denkst und grübelst«, hauchts ihm schmeichelnd ein,
»sieh, alles das ist ohne Denken schön
und Gottes Werk. Kann es da Sünde sein,
es zu genießen und sich im Besehn
zu wünschen, dieses Blühn und dieses Blitzen
als Herr der Kostbarkeiten zu besitzen?
Gott hat die Welt in meine Macht getan,
du sollst sie mir nun wieder abgewinnen.
Mit wieviel Mühe willst du es beginnen!
Knie nieder, bete mich nur einmal an
– nichts ist ja leichter, als das Knie zu beugen –,
dann geb ich dir mein ganzes Lehn zu eigen.
Und du – regiere es nach *deinem* Plan!«

Da fuhr dem Herrn der Zorn gleichwie ein Brand
ins Angesicht und wie ein Flammenmal.
Er schrie den andern an, der nunmehr fahl,
doch leibhaft vor ihm auf dem Felsberg stand:
ein dürrer Baum, vom Sturm zerzaust und kahl,
ein Schattenriß vorm hellen Himmelsrand,
darum das Wetter zuckt mit seinem Strahl.
Er schrie ihn an: »Verschwinde, Satan, weiche
aus meinem Licht – hinab in *deine* Reiche!«

So schrie er. Seine blanke Stimme fuhr,
ein Schwert, in den gewaltgen Raum hinein.
Jedoch kein Echo kam, das Schweigen nur
gab Antwort. Ringsum nichts als Sand und Stein.
Entschwunden war der Garten der Natur,
der Erde heitres Bild. Er stand allein
in seiner Felsenwüste Einsamkeiten,
und neben ihm ging nur sein eignes Schreiten.

Und rückwärts in die Welt lenkt er den Schritt:
O nimm uns, Herr, auf deinen Wegen mit!

Nimm uns mit . . .

Nimm uns mit auf deinen Wegen,
denn wir haben uns verirrt.
Ach, es dröhnt von allen Seiten
Lärm uns dieser Welt entgegen,
der uns, wirst du uns nicht leiten,
immer mehr verwirrt.

Wo wir hier auch immer fragen,
jeder gibt uns andern Rat.
Jeder preist nur seine Lehren.
Doch was sie zu Markte tragen,
ist Geschrei. Wir sehn und hören
nichts von einer Tat.

Und wir hören und wir sehen
nur Gewimmel, Wust und Wahn,
ziel- und richtungsloses Wandern,
hast- und angstverworrnes Gehen:
Keinen kümmert mehr der andern,
nur der eigne Plan.

Darum laß auf deinen Wegen,
Herr, uns bleiben, nicht nur blind
und verzweifelt um uns wühlen.
Dann wird, auch dem Strom entgegen,
jeder nur beseligt fühlen,
daß wir sicher sind.

Und wir werden ruhig gehen,
Schritt für Schritt in Zuversicht.
Und kein Leiden kann uns schmerzen
und kein Feind uns widerstehen,
denn wir tragen ja im Herzen
deiner Wahrheit Licht.

Menschenfischer

Am See Genezareth. Der Tag versank,
und auf dem Spiegel schwamm der Abendschein.
Die Fischer, über den geringen Fang
verdrossen, holten ihre Reusen ein
und wuschen Boot und Netz von Moor und Tang
für ihre nächste Tagesarbeit rein,
verdrossen, müde und von Sorgen voll,
wie man am Morgen besser ernten soll.

Schon hing vorm glasighellen Himmelsgrund
der Netze Schleier um das Ufer dicht:
Lichtharfen, feucht und regenbogenbunt
die Tropfenmelodie im blassen Licht.
Und nur ein Ruf bisweilen, kein Gesang
mehr durch die abendliche Bucht erklang.

Im Kreis der Fischer bei den Booten stund
vierschrötig einer, schattig sein Gesicht,
schütter sein Haupthaar, von der Stirn her licht,
mit tiefen Augen, eingekniffnem Mund,
der grad zum Gehn die Riemen schulternd nahm,
als auf dem Weg vorbei ein Wandrer kam.

Der Wandrer blieb, ihn musternd, vor ihm stehn
und lächelte, als kennten sie sich gut.
Dem Fischer aber stand heut nicht der Mut
zum Lächeln, also wollt er weiter gehn.
Doch halfs ihm nicht, der Weg war ihm verstellt.

»Was haderst du«, sprach ihn der andre an,
»was hat der gute Gott dir denn getan?
Soll er denn stets nur tun, was *euch* gefällt?
Komm, kehre um! Daß du versöhnt bist, soll
dir gleich ein beßrer Fang beschieden sein.
Wirf noch einmal das Netz, so hievst dus voll,
ein großer Schwarm zieht just zur Bucht herein!
Und lächelst du auch, Simon Petrus, jetzt,
ich lehr dich schon noch, wie man Netze setzt!«

Nun wars an Simon staunend aufzusehen:
Woher denn kennt der Mann beim Namen ihn?
Er hatte ihn gewiß noch nie gesehn.
Doch kaum kam ihm die Frage in den Sinn,
da fuhr der andre fort: »Komm, Lieber, sei
nicht eigensinnig, wie du gerne bist,
wirf nur das Netz! Andreas hilft dabei,
wenn brüderliche Hilfe nötig ist.
Dort steht Jakobus auch, Johannes hüben,
des Zebedäus Söhne, wackre Brüder.
Ich kenn euch nicht, doch kenne ich euch *wieder*,
hat mir mein Vater euch doch längst beschrieben,
die ihr mir nun die Wegbegleiter seid.
Schnell, mach die Netze fertig, es ist Zeit!«

Unheimlich ward dem Petrus, wunderlich.
Er wußte nicht mehr, was sie alle zwang,
als er mit jenen Drein noch einmal sich
in seinen Kahn zu neuem Fischzug schwang.
Wars Bänglichkeit im Herzen, war es Glück,
als man hinaus die Sonnenstraße glitt,
als sie das Netz auswarfen und zurück
den Blick zum Ufer wandten, denn der Blick
des fremden Wandrers ging von dort aus mit?

Beim Himmel! War das Netz denn voll Metall?
Fast konnten die vier Männer es nicht lichten.
Und wimmelnd sprang und schnellt bald überall
der Fische silberblinkend große Zahl
im Netze und im Boot, wo sie sie schichten.
Doch Petrus, kniend vor dem Heiland nun,
bat: »Herr, sei gnädig, du kannst Wunder tun!«

Und alle Fischer liefen eilig her,
Bewunderung im Blick vor jenem Mann,
auch strömte Volk in großer Zahl heran,
und ihn umringend säumten sie das Meer.
Er aber sprach – er stand jetzt plötzlich groß,
der eben noch so schlicht war, säulengleich –:
»Heut kauf ich euch von eurem Handwerk los,
ihr Fischer, denn ihr sollt nun künftig bloß
noch Menschen fischen für das Himmelreich.

Kommt, folgt mir, daß uns, eh die Sonne sinkt,
ein andrer, bessrer Fischzug noch gelingt!«

Dann wählt er etliche aus ihrer Mitte,
auch aus dem Volke folgt ihm mancher nach,
zwölf an der Zahl: Sie lenkten ihre Schritte
des Wegs fürbaß, und schon im Gehen sprach
der Herr: »Ihr seid mein Teil nun, und ein neuer,
noch unbekannter Geist kehrt in euch ein.
Das, was einst euer war, ist nicht mehr euer.
Was aber mein ist, das wird euer sein:
das Reich, die Kraft, die Herrlichkeit im Namen
des Vaters und des neuen Geistes. Amen.«

So schritten sie – bis wo ein Hügel war,
vor dem sich eine Wiese üppig senkt.
Und Jesus stieg hinan, es folgt die Schar
der Zwölfe, die im Kreise ihn umdrängt.
Es folgte auch das Volk, das sonderbar
verzaubert ihm an Aug und Lippe hängt.
Und hochauf sah man ihn sie überragen,
als er begann zu sprechen und zu sagen:

»Ihr Menschen hört, was Gott mich künden hieß:
Die Einfalt preis ich selig, dies begreift.
Das Leiden preis ich selig, dem gewiß
als Frucht des Leidens die Erlösung reift.
Auch die nach Wahrheit Durst und Hunger plagt,
sie werden satt. Un die um Frieden flehn,
sie werden Gottes großen Frieden sehn.
Durch mich ist ihnen allen zugesagt.
Doch selig sind und dreifach selig die,
die meinetwegen in Verfolgung fallen.
Für sie ist schon gesorgt, für sie vor allen,
der Vater selber, er erwartet sie.

Ihr folgt mir jetzt. Ihr seid das Salz der Welt.
Mit dumpfem Salz kann man die Welt nicht würzen.
Und niemand wird wohl eine Bütte stürzen,
damit er dann den Leuchter *drunter* stellt.
Nein, daß ihr leuchtet, werdet ihr erhöht:
Es strahlt weithin in unwirtlicher Nacht

aus einer Stadt, die auf dem Berge steht,
das Licht, bei dem der Fromme betend wacht.

Was wähnt ihr wohl, weshalb ich bei euch bin?
Meint ihr, Gesetz und Ordnung aufzulösen?
Nein, was auf Erden auflöst, kommt vom Bösen;
was Gottes ist, drängt zur Erfüllung hin.
Er will, was lebt und webt und ist, erfüllen,
ein Jegliches vollende Weg und Ruf.
Auch ihr sollt nun den Weg nach Gottes Willen
zuende gehn, für den er euch erschuf.

Wirf weg dein Auge, fort mit Hand und Fuß,
wenn sie dich ärgern, reiße sie heraus!
Was tuts, bringst du die Seele heil nach Haus,
daß eins der Glieder daran glauben muß.
Nichts, was uns nur auf Erden Frucht einträgt,
lohnt, daß man mit dem Himmel darum streite.
Wenn einer euch die linke Backe schlägt,
so bietet ihm auch noch die andre Seite!

Liebt nicht nur, die *euch* Liebe schmecken lassen,
nein, auch die Feinde und Verfolger liebt!
Wer Liebe nur wie Geld in Zahlung gibt,
um Liebe Liebe und um Hassen Hassen,
der hat sie noch in Wahrheit nie geübt.

Vor allem hängt die Herzen nicht an Geld!
Vor allem macht euch nicht schon heute Sorgen
um Brot und Not und Notdurft wegen morgen!
Seht doch die Lilien dort auf dem Feld:
Sie mühn sich nicht und spinnen nicht und nähn
und sind doch herrlicher in ihrem Kleid
als Salomonis Königsherrlichkeit
durch Gottes Vatergüte anzusehn.
Und seht die Vögel unterm Himmelsjoch:
Das singt und jubiliert den ganzen Tag,
und keiner sorgt, wovon er ernten mag,
und unser Himmelsvater nährt sie doch.

Nein, eifert nicht um alles Gut der Welt,
daran der Rost nagt und die Motten fressen

und drin die Diebe wühlen! Unterdessen
seid ihr um himmlischen Besitz geprellt.

Denn niemand kann zween Herren Diener sein,
er dient dem Himmel oder dieser Zeit.
Gebt acht, geht durch die schmale Pforte ein,
der Weg, der ins Verderben führt, ist breit!
Es ist der Weg, auf dem die Heuchler gehn,
sie bleiben an den Ecken stehn und beten,
damit die anderen ihre Tugend sehn.
Es ist die breite Straße der Propheten,
die Wölfe sind, doch sich als Lämmer geben.
Erkennt sie an den Früchten, die sie tragen:
Wer fordert denn von Dorn und Distel Reben?
Der Baum, der kernfaul ist, wird umgeschlagen;
da er nicht taugt, muß er zum Feuer taugen.

Doch hütet euch, weil Gott, wie ins Gericht
ihr andre nehmt, auch euch das Urteil spricht!
Die Toren sehen in des Bruders Augen
die Splitter – und im eigenen Balken nicht.

Drum sorgt vor allem eins: von Gottes Licht
und seiner Liebe Glut durchstrahlt zu sein!
Baut euer Haus auf Fels, so stürzt es nicht.
Baut ihrs auf Sand, reißts jedes Wetter ein.

Ich bin der feste Grund, darauf man steht.
Hört auf mein Wort: Ich bin zugleich die Flut,
die reißende, damit in Trümmer geht,
was nicht auf meinem festen Grunde ruht.
Hört auf mein Wort: Ich bin zum Himmelreich
die enge Tür, durch mich nur dringt ihr ein,
der Winzer ich, schmerzt euch mein Schneiden gleich,
durch mich nur könnt ihr Frucht und Traube sein.«

So sprach er; und wie unter Donnern stand
ein jeder rings bei seiner Worte Klang
und maß mit Schweigen, was er in sich fand,
und wurde vor so großem Maßstab bang.
Sogar die Sonne hielt, bevor sie schwand,
erschrocken ein in ihrem Untergang.

Die Zeit schien stillzustehn in ihrem Lauf,
die Welt um ihn hörte zu atmen auf.

Doch manche, die den Fischzug drunt am Meer,
den reichen Fischzug Petri angesehn,
sah man jetzt *nicht* im Kreis der Lauscher stehn:
Sie liefen durch die Dörfer hin und her
und kündeten das Wunder allgemein.
Dann liefen andre weiter, es zu preisen.
So strömte bei des Heilands Unterweisen
nur immer neue Menschenflut herein.
Auch Kranke, Lahme, Blinde sah man eilen,
aus Häusern und Gehöften schleppt sichs an:
»Wer solch ein Wunder«, riefen sie, »getan,
der kann auch Wunder tun, um uns zu *heilen.*«

Und also, da der Heiland nun zuende
gesprochen hatte, streckten hundert Hände
sich nach ihm aus, daß seine Hand sie faßt.
Und ihrer Qualen Spiegel, ihr Gesicht,
fleht zu ihm auf im letzten Dämmerlicht:
»Du hast die Kraft, erleichtre unsre Last!«

Er sah sie mitleidvoll am Hügel stehn
wie blasse Blumen, die im Dunkel blühn:
gekrümmte Glieder, schrecklich anzusehn,
der Augen feuchtes, fieberheißes Glühn,
die kraftlos abgezehrten, lahmen Knochen
anklagend-weheklagend dargeboten,
und die auf Knien ganz tief im Dunkel krochen,
als wühlten aus den Gräbern sich die Toten.

Er sah es mitleidvoll das Jammerbild,
und während eben noch wie Lerchenflug
sein Wort das Licht des Heils zu ihnen trug,
verstummt er nun, statt er ihr Unheil stillt.
Verstummt? Er beugt sich, er tritt langsam vor,
legt dem die Hand auf seine blutgen Schwären,
dem einen Finger in das taube Ohr,
dem auf das Auge, das das Licht verlor.
Auf einmal heult es auf: »Herr, ich kann hören!«
und »Herr, ich seh im Dunkel dein Gesicht,

dein Angesicht umstrahlt von Glanz und Schein!«
»Ich gehe, Gott, ich gehe ganz allein!«
»Herr, hör doch, meine stumme Zunge spricht!«

So schrieen sie, so tobte auf einmal
die Menge, die den Schweigenden umschwieg.
Erst wars ein Stammeln, dann wie ein Choral,
der schwoll und zu den frühen Sternen stieg.
Die Münder weinten, sangen ohne Zahl
und unaufhörlich: »Sieg, o Himmel, Sieg!«
Nur Petrus stand erstarrt. Dann warf er wieder
– zum zweitenmal – sich vor dem Heiland nieder.

Keuchend mit brandgem Atem lag er da:
»Wer – wer hat mich auf deinen Weg gezogen?
Wie soll ich glauben, was ich eben sah?
Entweder hat die Hölle uns betrogen
oder Gott selber ist uns in dir nah.
Ich weiß es nicht, du aber weißt es. Sprich:
Was hältst du mich so fest? Ich fürchte mich.«

Da sprach der Herr – man spürt, wie, seine Lippe
umschattend, liebevoll ein Lächeln schwebt –:
»Du fürchtest dich, und wirst doch Fels und Klippe
und Petrus sein, darauf mein Dom sich hebt!
Mein Dom, der ragend über Meer und Land
der künftigen Gemeinde Wohnhaus ist!
Du fürchtest dich, und doch muß deine Hand
den Schlüssel halten, der die Himmel schließt,
und was du löst und bindest, eint dein Band
und trennt es wieder, mächtig wie du bist!
O Simon, Simon, o wie bist du klein.
Durch mich mußt du nun Stein sein, Petrus sein.«

Er hob ihn auf und zog ihn sich entgegen
und faßt seine angstvereiste Hand,
und einem Krüppel, der dort gichtkrumm stand,
legt er sie auf den Scheitel wie zum Segen.
Der Krumme aber streckte seine Glieder,
so wie ein Schläfer tut, erwachte er,
und kniete tränenstumm vor Petrus nieder.
Zu Petrus aber wandte sich der Herr

und sprach ihm Mut zu: »Simon Petrus, kann
dich ängsten, was die *eigne* Hand getan?

So zweifle nicht, denn Glaube und Vertrauen
versetzt selbst Berge, lastend wie sie ruhn.
Ihr aber sollt noch größre Wunder tun
und sollt die Zukunft Gottes mit mir schauen.

Darum: nicht zaghaft folgt mir wie die Lauen,
sondern als heilge Eifrer folgt mir nun.
Denn was da lau ist, das wird ausgespien.
Ich liebe nur, die brennen und die glühn.«

So sprach er, und es loht von seiner Glut
in aller Jünger Herzen Widerschein.
O gib auch uns, Herr, Teil an diesem Gut,
o laß auch uns dem Feuer nahe sein!
Und fielen vor der Hitze deiner Flammen
wir auch zu Asche und zu Staub zusammen.

O brennt in uns . . .

O brennt in uns, ihr Flammen,
bis wir verglutet sind!
Und schmelzen wir zusammen,
wie Wachs zusammenrinnt,
wir werden stolz bekennen:
So wollten wir verbrennen,
es schmerzt uns nicht.
Wir werden freudig sagen:
In diesen dunklen Tagen
sind *wir* das Licht.

Wie Ungezählte leben
in nie erhellter Nacht.
Da Gott uns, Licht zu geben,
die Gnade zugedacht,
wolln wir uns ihnen spenden.
Wir wollen uns verschwenden
in Dankbarkeit.

Wer selbst als Opfergabe
der Welt sich trägt zu Grabe,
lebt allezeit.

Das Böse

Dem Petrus lag zu Haus die Schwieger krank.
Das Fieber saß ihr schüttelnd im Gebein
und perlt ihr klebrig Stirn und Schläf entlang.
Nun kehrte dort im Hause Jesus ein.

Er ging zu ihr und haucht sie leise an
und zwang die Fieberbäche stillzuhalten.
Und sie stand auf und, wie sie je getan,
begann im Hause überall zu walten.
Voll rührger Dankbarkeit umsorgt sie ihn,
den Herrn, und mühte sich, ihn zu bequemen,
rückt hier den Sessel, legte Kissen hin,
bat unermüdlich, ja vorlieb zu nehmen,
und gab nicht Ruhe, bis sie, eh sies dachte,
ihm ihre Liebe fast zur Sorge machte.

Nun saß man friedlich um den kleinen Tisch,
der Docht blakt traulich, süß und lecker hing
ein Dunst, in dem der Lampenschein sich fing,
darüber und der Duft von Öl und Fisch
und lud zu süß und leckern Gaukelein
bereits die Zungen und die Gaumen ein.

Da sprach der Herr: »Wie warst du doch gehegt
mit allem, was du nun für mich verläßt,
o Petrus! Selbst der Vogel hat sein Nest,
doch wer mit mir des Amtes Bürde trägt,
weiß nicht, wo er sein müdes Haupt hinlegt,
und seines Feierabends harrt kein Fest. –
So ists bestimmt, ein Fluch zugleich und Segen:
Um mich und um des Glaubens willen lassen
die Kinder ihre Eltern, meinetwegen
solln Söhne Groll auf ihre Väter fassen

und sie verfolgen und in Ketten legen
und Mütter ihre eignen Töchter hassen.
Wähnst du, ich soll die Welt zum Frieden zwingen?
Ich kam, wenns sein muß, auch das Schwert zu bringen.«

Er sprach es, und ein langes Schweigen stand
im engen Raum. Den Falter hört man nur,
der flügelklappend um den Leuchter fuhr,
ein riesger Schatten vor der hellen Wand.
Er flog noch einmal auf, doch die Natur
zwang ihn ins Licht. So stürzt er ab, verbrannt,
und blieb verzuckend auf dem Tische liegen
inmitten derer, die ihn stumm umschwiegen.

Doch Petrus sprach: »Herr, sage mir, mich quält
die Frage, warum Gott und warum du
mit deiner Wundermacht laßt ihr es zu,
das Übel und das Böse auf der Welt?
Warum ist Sorge, Krankheit, warum Tod
und Krieg und Knechtschaft? Warum Leid und Not?
Dich jammert der Verzweiflung doch, es eilen
die Dürftigen zu dir. Was willst du nicht,
statt einzeln nur die Wohltat auszuteilen,
die ganze Welt mit einem Male heilen?
Warum hält Gott nicht lange schon Gericht,
die Macht der Hölle machtvoll zu zerschlagen,
auf daß mit eins die tausendjährgen Plagen,
Verderben und Verbrechen und die Sünde
das Ende ihrer Schreckensherrschaft finde?
Ist es gerecht denn, nur um Adams Fehlen
die Menschen durch Jahrtausende zu quälen?«

Der Herr gab Antwort: »Um euch zu belehren,
o Petrus, sollt ihr nun ein Gleichnis hören:

Es war ein reicher Mann, der Nacht und Tag
an reicher Tafel schlemmt mit Prunk und Prassen,
indessen draußen, wo die Armen saßen,
mit Hungerblicken auch ein Kranker lag,
der Lazarus geheißen. Ach, es plagte
Geschwür und Eiter seinen wunden Leib.
Der Reiche aber warf zum Zeitvertreib

ihm Knochen hin, die er nur halb benagte,
und schickte seine Hunde, die die Narben
und Schwären ihm mit kühler Zunge leckten.
Doch wie es geht: am gleichen Tag streckten
der Reiche und der Arme sich und starben.
Nun geht ja ein Kamel durchs Nadelöhr
noch eher als durchs Himmelstor die Reichen:
so saß im ewgen Höllenfeuer der,
der andre hockte selig auf dem weichen
und samtnen Pfühl in Vater Abrams Schoß.
Der Reiche sah ihn aus der Ferne sitzen,
und brennend schrie er: ›Herr, die Not ist groß!
Ach, schick mir Lazarus, er soll ja bloß
mir einen Tropfen Wassers an den Spitzen
der Finger von der Himmelstafel bringen!‹ –
Doch Abram sprach: ›Wer da um Hilfe ruft,
der ruft umsonst, denn eine tiefe Kluft
ist zwischen uns und nicht zu überspringen.
Gott schuf die Kluft, damit bei seinesgleichen
ein jeder bleibt und wir uns nicht erreichen.‹ –
Da schrie der Reiche: ›Vater Abraham,
ach Abraham, nicht nur allein um mich
und meine Höllenqualen weine ich:
Fünf Brüder hatt ich, eh ich hierher kam.
Ach, schicke Lazarus doch noch einmal,
den guten Geist des armen Lazarus,
zu meinen Brüdern auf die Welt! Er muß,
er muß sie lehren, daß sie nicht zum Schluß
auch enden hier an diesem Ort der Qual.‹ –
Doch Abram sprach: ›Gott sandte, sie zu lehren,
ja die Propheten. Wenn sie die nicht hören,
wirkt auch ein Geisterspuk nicht beßre Wahl.
Der Mensch ist darum hingeworfen worden
in Not und Tod und Sündenangst auf Erden,
daß ihm die Sünden seine Seele morden,
will sie nicht heiliger und stärker werden.‹ –

Nun höre, Petrus, was das Wort enthält:
Die Welt, die sich ein altes Weib erschafft,
ist nichts als eine Alteweiberwelt,
so sanft und zahnlos, ohne Kampf und Kraft.
Doch diese Welt, in der wir leben, machte

ein königlicher Gott, der ungeheuer
und tausendmal erhabner ist, als euer
armselig-irdscher Geist ihn je erdachte.
Er schuf zu jedem Messer auch den Stein.
Womit denn soll man sonst das Messer schleifen?
Würd dieses Leben ohne Schärfe sein,
nie könnten in ihm freie Seelen reifen.

Glaubt mir: der Vater ist so groß, so groß
und schrecklich, ob er gleich die Liebe ist,
daß er nicht euren Träumehimmel bloß,
nein, auch die tiefste Tiefe in sich schließt.
Denn seine Liebe ist kein stiller Bach,
der süß und säuselnd durch die Wiesen drängt,
sie ist ein ungeheurer Strom. Der sprengt
mit Riesenkraft die Dämme, und er brach
in eure heile Welt hinein und lenkt
die Fluten nur dem eignen Willen nach.
So reißt er fort, was er ergreift und zwingt,
doch das, was träge ist, versinkt, ertrinkt.
So reißt er fort, sein Strudel schwemmt und wiegt
uns in des Horizonts Unendlichkeit.
Doch das, was träge auf dem Boden liegt,
ist sumpfigtrüber Bodensatz der Zeit.

Die Flut

Es bricht ein gewaltiger Strom herein
und ungeheure Flut.
Sie strudelt durch Dämme und Deiche ein,
durchwühlt die Erde, spült durchs Gestein.
Und was nicht wie Fels auf dem Grunde ruht,
reißt sie in sich hinein.

Das Land ist weit und die Fläche gedehnt,
da stürzt das Wasser her,
zersplittert die Wälder und ächzt und stöhnt
um Türme und Mauern, gurgelt und dröhnt.
Und Straßen und Dächer sind Trümmer im Meer,
drins gischtend heult und höhnt.

Und stürmende Wolken ballen sich dicht,
und Regenmauern stehn
unter dem Himmel, verhüllen das Licht,
als dürften die Elemente nicht
Sonne und Sterne fürder sehn,
und wann der Tag anbricht.

Und doch kommt Tag, und der Vorhang zerreißt,
und es wird hell und still.
Die Welt wie ein Spiegel, kein Strudel mehr kreist.
Und über dem Schweigen im Licht verheißt,
der alles lichten und schlichten will,
uns ewgen Frieden der Geist.

Auch dich riß der Strom in den Wirbel hinein.
Geduld, bald wiegt er im All
allmächtiger Flut dir die Angst wieder ein!
O selig, im Morgen- und Sonnenschein,
im siegenden, wiegenden Liebesschwall
ein blitzender Tropfen zu sein.

Die Kindlein

In Petri kleiner Stube saß der Herr
die ganze Nacht bei seiner Jünger Schar,
und Wort und Gleichnis spendend lehrte er
sie, die nach seiner Lehre hungrig war.

Er sprach vom Lärm der Welt, der selbst die harten
der Herzen zaust, wie im Gebirg der Wind
das Gras zerzaust, und von der Stille Garten,
darin die Blüten lichtgeöffnet sind.
Und daß wir im Getrieb des Markts allein
wie eine Larve unter Larven wühlen,
im sonntagsweiten, engen Kämmerlein
dagegen betend Gottes Willen fühlen.
Und lehrt sie, klaren Sinns vor Gott zu treten,
wo uns kein Blick des Neids und Staunens stört.
Und wie die Mutter ihre Kinder lehrt,
so lehrt er sie das Vaterunser beten.

Schon lange hätt der durstge Docht, den Schein
des Lämpchens nährend, wohl sein Öl vertrunken,
göss nicht die gute Schwieger fleißig ein.
Doch endlich war auch sie in Schlaf gesunken.
Und wie sie auf den Stuhl zurückgelehnt
in sanftem Schlummer wohlig seufzend lag,
verlosch das Licht, an Mangel nicht gewöhnt.
Da dämmerte im Fenster schon der Tag
als grünlichblasser Streifen in der Ferne,
der steigend sich am Horizont ergoß,
darin das Licht der untersten der Sterne
im Morgenlicht sich löste und zerfloß.

Nun spürten das Gewicht der Augenlider
auf einmal auch die Jünger, und gleichwie
am Docht des Lämpchens sank ihr Flämmchen nieder,
und langsam nach und nach verloschen sie.

Nur Jesus saß, vom Morgen angeschienen,
am Fenster und im Kampf mit Schlaf und Nacht
schwer ringend Petri ungefüge Macht.
Und jung und knabenzart saß neben ihnen
Johannes, wenn auch blaß und überwacht,
so doch die Inbrunst auf den samtnen Mienen.
Es strahlt aus seinen dunklen Augensternen
Begeisterung zu lauschen und zu lernen.

Auf einmal schlief auch Petrus seufzend ein.
Und in des Schlafs und Atmens stillem Kreise
vernahm der Knabe, daß nun ganz allein
zu ihm der Heiland sprach, und schauert leise:

»Für deine Seele lerne – von dem Gelde,
den Pfunden, die ein Herr den Knechten gab,
daß sies verwalteten, und reist zu Felde
mit seinen Reisigen und Rittern ab.
Doch als er aus dem Kriege wiederkehrte,
da sprach der erste Knecht: ›Sieh, Herr, ich mehrte
zehnfach dein Geld, indem ich es verliehn,
um Zins und Zinseszins daraus zu ziehn.‹
Da sprach der Herr: ›Du bist ein guter Knecht
und hast dich wahrlich mir getreu erwiesen‹

und ging zum zweiten hin und fragte diesen.
Der sprach: ›Ich hoffe, Herr, auch ich tat recht.
Indem ichs günstig auf den Markt gebracht,
hab ich aus einem Pfunde fünf gemacht.‹
Der Herr erwiderte: ›Auch das ist schön‹
und ging zum dritten hin und fragte den.
Der dritte aber sagte: ›Herr, es ist
dein Geld im Garten sorgsam eingegraben.
Ich wußte doch, wie hart und streng du bist.
So sollst du jeden Heller wiederhaben.
Nicht wenger und nicht mehr, jedoch die gleichen
vertrauten Pfunde kann ich überreichen.‹
Da rief der Herr: ›Du Tropf dein Leben lang!
Du ließest ungenutzt, was ich dir gab?
Kommt her und nehmts ihm schleunigst wieder ab,
gebts dem, der zehnfachen Gewinn errang!
Denn wer da hat, der soll noch mehr erraffen,
und wer da nicht hat, der verliert noch mehr.
Ja, denn ich bin ein ungerechter Herr
und schaffe nicht für die, die selbst nicht schaffen.‹
So ist auch Gott, Johannes, ungerecht.
Er legt nur dem zu, der die Pfunde mehrt.
O sei auch du ihm ein getreuer Knecht!
Selig, wer hört, was ihn sein Herr gelehrt.«

Johannes hört es. In dem tiefen Schweigen,
das nur der Schläfer Träumen unterbrach,
ließ er Gebete auf zum Himmel steigen,
in denen er sich stumm an Gott versprach.
Er hört es und verspürte in der Stille
beklommen seine eigne künftge Fülle. –

Auf einmal drangs von draußen polternd her:
von Angst gejagt treppauf verworrnes Schreiten.
Schon sprang die Tür. Im Dunkeln irgendwer
ließ sich zu Jesu Füßen niedergleiten:
»O Meister, hilf uns doch in unsrer Not!
Mein Töchterchen zu Haus liegt auf den Tod.«
»Still«, herrscht ihn Jesus flüsternd an, »sei still,
damit die Schlafenden hier nicht erwachen!
Wir werden schleunigst auf den Weg uns machen,
ich und Johannes, falls er folgen will.«

Und kaum gesagt, schon trat man aus dem Haus,
trat in den kalten Morgenwind hinaus.

Dort saßen sie noch auf den Stufen nieder,
des Heilands harrend, die geduldgen Armen.
Sie streckten bittend ihre kranken Glieder.
Doch war nicht Zeit, sich ihrer zu erbarmen.
Er bahnt sich eine Gasse, und sie liefen,
von Jammerrufen weithin noch bedrängt,
durch leere Straßen, deren Häuser schliefen,
die müden Fensteraugen dicht verhängt.
Sie liefen, und es lief bei jedem Schritt
nur noch ihr Echo neben ihnen mit.

Schon sahen sie das Haus, schon nahte sich
des Heilands sichre Hilfe seiner Pforte,
da stürzte ihnen, weinend bitterlich,
die Magd entgegen. Die zerrißnen Worte
vom Schluchzen übertönt, rang sie die Hände:
»Es ist zu spät, Herr, ach, es ist zu Ende.«

Und als sies sagte, hörten sie auch schon,
wies aus dem Flur des kleinen Hauses drang,
und wie Gewimmer und der Klageton
der Weiber ihnen schrill entgegensprang.
Sogar der Mann, der doch mit seinem Flehn
den Herrn gerufen, blieb nun mutlos stehn
und sprach, indem er seine Tränen zwang:
»Umsonst, o Herr. So nimm denn meinen Dank.«

Doch Jesus – schweigend schob er ihn beiseite.
Er trat, die Hände faltend, stumm hinein.
Johannes gab ihm staunend das Geleite.
Sogar das Schluchzen hielt ein wenig ein,
die Klageweiber wichen scheu zurück
und musterten ihn nur mit schnellem Blick.

Da lag das Mädchen in dem niedern Saal
auf ihrem Bette. Die gekreuzten, blassen,
geliebten Hände: wie zwei Tauben saßen
sie auf der atemleeren Brust, die schmal,
und eingehüllt in kaltes Linnen lag.

Zwei Kerzen blakten flackernd in den Tag,
der kärglich durch die kleinen Fenster quoll.
O süßes Bild – und doch, wie jammervoll!

Der Herr stand still davor, das Haupt gesenkt:
»Wie lieb ich, o Johannes, diese Seelen,
die unerblühten, sommermorgenhellen,
die uns auf Erden Gott als Hoffnung schenkt.
O Seele, wenn du Gottes Freude bist,
mußt du ein Wunder wie das Senfkorn sein,
das über alle Samenkörner klein,
doch über alle Körner fruchtbar ist.
Wenn seine winzge Schale springt, so sprießt
ein Baum mit großer Krone, dahinein
viel Vögel nisten, die mit tausend Weisen
des Senfkorns Schöpfer unermüdlich preisen:
So wächst auch eine Seele und so quillt
sie auf, bis sie die Welt mit sich erfüllt.«

Dann zu des Kindes Vater hingewandt,
der hinter ihm kaum wagte aufzusehn,
nahm er der Toten kleine, schlaffe Hand
und sprach: »Sie schläft ja nur. Wie schläft sie schön!
Ich wecke sie!« Er schwieg und gleich drauf
befahl er leise: »Mädchen, stehe auf!«

Da plötzlich röten sich die blassen Lider.
Das Mädchen schlägt sie auf. Es setzt sich hoch
und schaut sich um im Saale immer wieder,
ein wenig ängstlich erst und schläfrig noch.
Rings standen alle atemlos, jedoch
dann stürzten sie am Bette schreiend nieder.
Indes kein Weinen und kein Jammern jetzt,
sie schrien vor Staunen, mancher schrie entsetzt.

Der Heiland hatte sich schon abgewandt
und ging. Johannes an der linken Seite.
Und Petrus ging zu seiner rechten Hand,
dahinter alle Jünger im Geleite.
Erschrocken nämlich waren sie erwacht
und hatten sich zu suchen aufgemacht.

Schon wieder standen draußen auf den Stufen
die Kranken, durch die neue Wundertat
in noch viel größrer Zahl herbeigerufen.
Doch wehrte Jesus heftig ab und trat
durch ihr Gedränge und rief immer wieder:
»Ich bin kein Arzt für eure lahmen Glieder!«

Da sah er eine Frau am Wege stehn,
ein Kind auf ihrem Arm, ein andres stand
zu Füßen ihr. Das kleine streckt die Hand
vertraulich zu ihm im Vorübergehn.
Erst zögert er, dann hob ers zu sich her
und sprach: »Ach, laßt die Kinder zu mir kommen!«
Und alsbald herzte, alsbald küßte er,
nachdem er sich das andre noch genommen,
hinknieend auf den Boden, alle zwei.
Da liefen viele Kinder noch herbei,
und er sprach glücklich: »Lernt wie Kinder sein,
die wachstumsseligen und werdefrommen,
so voll Vertrauen und so herzensrein,
nur dann wird Gottes Himmel zu euch kommen! –
Wer eines dieser Kleinen nimmt zu sich,
der hat mich selbst als Gast bei sich empfangen.
Doch wer ihm wehtut, hätte sicherlich
sich besser einen Mühlstein umgehangen
und spräng damit ins tiefe Meer hinein;
sein Schicksal nämlich wird sonst härter sein.«

So sagte er. Doch da war ihm die Menge,
die nach ihm schrie, auch fast schon wieder nah.
Und als er sie von weitem kommen sah,
rief er die Jünger fort von dem Gedränge:
»Ach, laßt uns für den Jammer dieser Zeit
das Herz erst stählen in der Einsamkeit!«

Sie flohen eilends an den See hinab
und in ein Schiff. Dann stießen sie vom Strand,
die Seile lösend, schnell ihr Fahrzeug ab.
Jedoch die Meute, die am Ufer stand,
sah, als die graue Ferne ihn umgab
und als er ihrem durstgen Blick entschwand,

ihm lange nach – bis plötzlich Sturm sich hob
und Wasser sprühend in die Augen stob.

So ward des Heilands und der Jünger Bild
in dichte Schwaden Nebel eingehüllt.

Und hüllt dein Bild der Nebel ein . . .

Und hüllt
dein Bild
der Nebel ein,
und willst du uns entschwinden:
Du wirst uns nie verloren sein,
ich will dich wiederfinden.

Und hält
der Welt
Verworrenheit
auch unsern Sinn verstört:
Die stumme Stimme in mir schreit,
mein taubes Ohr, es hört.

Und macht
uns Nacht
auch blind, wir stehn
von Dunkelheit benommen:
Ich will dich hören, will dich sehn,
und du wirst wiederkommen.

Und droht
uns Tod
hinweg von dir
und dich von uns zu jagen:
Wir sterben. Doch dann werden wir
zu dir emporgetragen.

Seefahrt

Am Morgen, eh der Wind erwacht,
als noch der feuchte Dunst der Nacht
kühl über allen Wassern raucht,
stoßen sie ab.
Der See ein Grab,
ein matter Spiegel, stumpf behaucht.

Doch als man endlich Fahrt gewinnt,
da springt ins Segeltuch der Wind
wie Wild, das seine Beute greift.
Sie drehen Lein
und Ruder ein,
als er auch schon von drüben pfeift.

Der Sturm wälzt wolkenrollend an
und zuckt mit Blitzen um den Kahn,
und Regen flutet düster ein.
Und hochauf bäumt
der See und schäumt
und wirft sich in ihr Boot hinein.

Am Mast der Heiland lag im Schlaf.
Und nicht ein Tropfen, der ihn traf
aus dieser hohen Flutenwand,
die überall
wie Wasserfall
vom Himmel bis zur Erde stand.

Die Jünger starrten angstgequält
hinaus nur in die wüste Welt,
doch stumm, daß man ihn nicht erweckt.
Nun schrein sie laut:
»Herr, hilf, uns graut
vor dieser Hölle, die uns schreckt!«

Da taucht erwachend Jesu Blick
aus Traumestiefen sacht zurück,
und lächelnd wiegt das Haupt und hebt
er seine Hand:

Die graue Wand,
der Sturm und all der Spuk verebbt.

Und wieder ist er mattbehaucht,
der Spiegel, und die Fläche raucht.
Doch auf den Wassern schweigt der Wind.
»Wer, wer ist der,
dem Wind und Meer
auf einen Wink gehorsam sind?«

Das Gesetz

Sie stiegen auf durch Felsen und Gestein.
Das frühlingsgrüne Tal der Welt versank.
Er wollte mit den Jüngern einsam sein
in jenen Höhn, in die kein Lärm mehr drang.
So stiegen sie hoch in den Berg hinein,
wo Sonntagsstille um die Gipfel schwang
wie großer Vögel stummer Flügelschlag.
So stiegen sie den ganzen Vormittag.

Durch Schlüfte und durch schattge Klüfte oft
zog man an steiler Felsenwand entlang,
und doch wars heiß: Kein Bach, der kühlend sprang,
so sehr die Zunge auch auf Labung hofft.
Da endlich, endlich sah man schon von fern
auf einem Felsvorsprung ein Bäumchen stehn.
Ein Feigenbaum wars, zierlich anzusehn,
und für die Darbenden ein Hoffnungsstern.
Sie liefen näher, wühlten in den Raum
des Blätterdachs begierig sich hinein
und bogens da und dorthin forschend ein.
Umsonst. Nicht eine Feige trug der Baum.

Da rief der Herr – auch er stand in der Schar
der Jünger dürstend unter jenen Zweigen –:
»Du sollst verflucht sein, du sollst Tag und Jahr
die Äste keiner Früchte Last mehr neigen!«

Und ging im Zorn davon. Und durstig stiegen
auch seine Jünger weiter auf und schwiegen.

Am Mittag wars, als man am Gipfel stand.
Sie setzten sich auf Steine rings um ihn,
und ihre Blicke flogen weit ins Land,
drauf strahlend klar die Frühlingssonne schien.
Vom Sturme lag noch milchig Gischt am Strand,
doch nicht ein Wölkchen zog im Blau mehr hin.
Von drüben aber blitzten dunstig-schwächer
am Ufer spiegelnd Fenster auf und Dächer.

Der Heiland sprach: »O Gipfelblick, es fließt,
was ärmlich und vereinzelt war, zurück
ins Ganze und Vollkommne, und den Blick
ahnt man, den Gott vom Himmel her genießt.
O Gipfelblick! Wer Einsamkeit erträgt,
die Qual des Abgrunds unterm steilen Grat,
und wen nicht schwindelt auf so schmalem Pfad,
dem ist die Welt zu Füßen hingelegt,
daß er sie schaut mit Maßen, die ihr frommen.
Gleichwie in Träumen wachsen ihm die Flügel,
und seine Liebe, der die Last genommen
des trägen Leibs schwingt über Tal und Hügel.«

Und Petrus sprach: »Du hast uns viel gesagt
und viel auch hast du uns gezeigt, o Herr.
Wir lauschen und wir lernen, und es tagt
in unsres Herzens Dunkel mehr und mehr.
Doch sieh: noch fehlt uns dieser Gipfelblick.
Zu viel war es, zu viel so schwerer Lehren
für unsre Kraft. Das einzle muß zurück
ins Ganze fließen. Laß uns endlich hören:
Was ist die *Summe* des, was Gott verlangt,
daß wir es willig tun und willig lassen?
Gib ein Gesetz, das wir in Einfalt fassen,
damit uns vor der Fülle nicht mehr bangt!«

Der Herr entgegnete: »Ich habe euch
ja ein Gebot, ein höchstes, schon befohlen.
Die Liebe heißt es: Einfach ist und reich
und schlicht und voller Fülle es zugleich.

Was könnt ihr mehr als dieses eine wollen?
Doch bangst du vor der Liebe Fülle, bangst
vor *diesem* Abgrund, ach, dann weißt du nichts
noch von dem Gipfelblick, den du verlangst.
O Petrus, ruhgen Herzens und Gesichts
mußt du einst auch, was schwindeln macht, ertragen
und nicht nach Allerweltsgesetzen fragen.

Hör zu: Es war einmal ein Bauer, der
ging aus, für seinen Weinberg früh am Morgen
um Tagelohn sich Knechte zu besorgen.
Da fand er etliche, die dingte er,
versprach auch einen Groschen als Geding
und schickte sie hinaus in seinen Garten.
Indessen einge Stunden später ging
er auf den Markt, da sah er andre warten
und müßig stehn. Die nahm er gleichfalls an
und sprach: »Was recht ist, werdet ihr bekommen.«
Und so wie er mit diesen es getan,
hat er – fast kam der Abend schon heran –
noch einmal weitre, dritte angenommen,
indem er sprach: ›Wollt ihr mir dienen, wollen
wir um den Lohn schon abends einig werden.‹

Doch als am Abend schließlich mit den Herden
die Knechte kamen, das Geding zu holen,
die ersten und die andern und die dritten,
da zahlt er jedem einen Groschen aus.
Die ersten und die andern aber stritten:
›Was zahlst du jenen gleichen Lohn heraus,
da der und dieser erst zur Arbeit kam,
als wir uns schon bei Sonne Stunden plagten?‹

Da sprach der Herr: ›Ich weiß nur eins: Wir sagten
um einen Groschen zu, als ich euch nahm.
Was geht euch denn der andern Arbeit an?
Ich kenne kein Gesetz, das zu erfüllen
ich mich verpflichtete, als meinen Willen.
Erfüll ich ihn, so ist es wohlgetan.

Ich will: Die Ersten solln die Letzten werden,
indes die Letzten man als Erste zählt.

Berufen ist so mancher, schon auf Erden,
wie wenge aber werden auserwählt!‹

So sprach der Herr auf jener Männer Klagen
um ein Gesetz und um Gerechtigkeit.
Was würdest *du* denn, Petrus, dazu sagen?
Sprich, ob auch ihr so unzufrieden seid!«

Doch Petrus sagte seufzend: »Herr, wir müssen
uns ja bescheiden wohl mit Gottes Spruch.
Doch dürfen wir es niemals sicher wissen:
Jetzt taten wir genug, jetzt nicht genug –
so fürcht ich, daß wir trotz den Lehren allen
vor Angst und Sorge in Verzweiflung fallen.«

Ihm gab der Heiland Antwort: »Sei es drum. –
Ein Pharisäer trat vors Gotteshaus,
sah selbstzufrieden in die Welt hinaus
und sah, da stand vorm reichen Heiligtum
arm und gering ein Zöllner vor der Tür.

Da betete er stolz: ›Wie dank ich dir,
daß du sie mich gelehrt hast, die Gesetze,
o Gott, und daß ich ihrer keins verletze,
nein, alle heilige! Wie dank ich dir,
daß du mich nicht erschufst gleich jener Meute
von Hurern, Mördern, Räubern, kleinen Sündern
und nicht wie jene liederlichen Leute,
die Zöllner, welche unter deinen Kindern
doch so erbärmlich sind! Wie dank ich dir!‹ –

Der Zöllner aber an der Tempeltür,
er wagte nicht, die Augen zu erheben
und seine Blicke himmelwärts zu tragen.
Man sah ihn stumm an seinen Busen schlagen,
denn ratlos zweifelnd prüfte er sein Leben
und murmelte in Sorge und in Not:
›Ach, sei mir Sünder gnädig, guter Gott!‹

Was meinst du, Petrus: Wer ist besser nun,
der Pharisäer oder jener Mann?
Meinst du, daß uns das selbstzufriedne Tun

von Satzung und Gesetz einst retten kann?
Vielleicht daß Gott Gesetze darum meidet,
damit er euch zum Hochmut nicht verleitet.« –

Es war der Herr, eh er geendet hatte,
schon wieder aufgestanden, und sie gingen
die Schlucht bergab zurück, wo eine Matte,
ein Hang mit Schilf und Gräsern sie empfingen.
Da saß ein alter Schäfer an den Weiden,
die eines kleinen Tümpels Ufer zierten.
Zwei Lämmer sprangen ihm zu beiden Seiten.
Er klopfte Weidenflöten für die Hirten
und dreht die Hölzer aus der Rinden Röhren
und bohrte sorgsam Grifflöcher hinein.
Da blieb der Heiland stehn, und im Belehren
und Unterweisen hielt er etwas ein.

Der Schäfer sah ihn hinter sich, und aus
der Kürbisflasche, die im Grase stand,
goß er in seine Schale Wein heraus,
reichts zitternd hin mit altersschwacher Hand.
Der Heiland nahms mit einem Dankesblick
und reichts den Jüngern ebenfalls zurück.

Dann wies er ihnen, schon im Weiterstreifen,
die Flöten: »Ähneln sie nicht Menschenherzen?
Man schnitzt Mensuren, Quinten, Quarten, Terzen,
und muß am Ende doch ganz anders greifen.
Und will der Künstler, der sie formte, sich
an den vollkommnen Harmonien letzen,
muß er hier so, dort so die Finger setzen.
Denn jede dieser Flöten spielt nur sich
und richtet sich nach anderen Gesetzen.«

Der Herr schritt seiner Jünger Schar voran.
Als zweiter folgt ihm Petrus. Petrus führt
die Zahl der andern Elf den Weg sodann
den Felsensteg entlang. Auf einmal spürt
Jakobus sich von Thomas angerührt,
der aber stößt vor sich Andreas an.
Jedoch Andreas tastet Petri Hand
und zeigt hinauf zu jener Felsenwand.

Da stand der Baum, dran keine Früchte waren
und den der Herr verflucht beim Aufwärtssteigen.
Des Herbstes Dürre war in ihn gefahren.
Aus seiner Krone von den kahlen Zweigen
warn rings die Blätter trocken, gelb und rot
den Weg entlang verstreut. Der Baum war tot.

Betroffen blickten sich die Jünger an.
Doch Petrus sprach zum Herrn: »Herr, sieh doch her:
da steht der Baum, der nicht nach Pflicht getan
aus eigenem Gesetz, drum dorrte er.
Er dorrt mit Recht, er brachte nichts, und schon
vollzieht sich sein Geschick. Wer wirds beklagen?
Jedoch ungleichen Mühen *gleichen* Lohn?
O Herr, das Gleichnis macht, daß wir verzagen.
Der Priester bläht sich: Er tut schlecht und recht,
was ihm geboten ist und trägts als Würde
und trägt das Amt, das Gott ihm gab, als Zier.
Den Zöllner quält: Er tut das Rechte schlecht.
Ihm ward kein Amt, nur selbstgewählte Bürde
drückt ihn und doch zerbricht er unter ihr?
Belohnt denn Gott die Seinen ungerecht?
Geschiehts etwa auch uns so, hier, bei dir?
Du willst, daß unsre blinden Augen sehn:
Zerbrechen nun daran vielleicht auch wir?
Auch wir sind unzulänglich. Das Geschehn
der Welt ist unzulänglich: gnadenlos
den Guten, doch den Schlechten gnadenvoll?
O Herr, o Herr, erkläre uns doch bloß
den Sinn, der hinter alldem stecken soll!
Soll unser Herz bei dir nicht Ruhe finden?«

Da sprach der Herr: »Ihr werdet es ergründen,
wenn wir auf diesem Wege weitergehn.
Gemeinsam haben wir ihn jetzt beschritten,
gemeinsam wollen wirs vollendet sehn.
Wenn wir nach allem Schmerz, den wir durchlitten,
auf einmal vor der Schmerzen Ende stehn,
dann braucht ihr um Erkenntnis nicht zu bitten,
nein, nur noch um die Kraft, hindurchzugehn.
Denn dann ist unser Zeichen aufgestellt
und ihr erkennt in ihm den Sinn der Welt.

Jetzt aber habt Geduld, ihr Freunde, schreit
nicht nach den Früchten, die euch noch nicht reifen!
Euch scheints noch viel zu früh, kommt einst die Zeit.
Drum habt Geduld! Ich will den Ton schon greifen
der Melodie, der schönsten, die ihr habt,
womit die Flötenseele euch begabt.

Ihr braucht nur stillzuhalten meinen Händen.
Vertrauen und Geduld, dann kanns nicht fehlen!
Vertrauen und Geduld, ihr Flötenseelen,
so will ich euch des Mundes Atem spenden!
Ihr aber soll dann klingen, sollt dann singen,
die ganze Welt soll eure Weisen hören,
die ganze weite Welt sollt ihr betören,
bis eure Seelen im Gesang zerspringen.

Danach jedoch wird Gott den Engelschören
die Melodie aufgeben, sie zu singen
und sie, sind eure Hüllen gleich zerschlagen,
durch die Äonen fort und fort zu tragen.«

Die Flöte

Ich möchte eine Flöte sein.
Stumm läg in Gottes Händen ich.
Doch blies er mir den Atem ein
und griffen seine Finger mich:
wie säng das Rohr,
wie kläng das Lied,
wie spräng die Melodie hervor –
beseligt, wie die Wolke zieht!

Verzaubert, wie die Welle wühlt,
die ewig kommt und ewig geht,
und einsam, wie der Windhauch spielt,
der in den blauen Höhen weht!
Woher er zieht,
wohin er strebt,
wer weiß es? Doch so strömt das Lied,
das Gott aus meinen Tiefen hebt.

O ströme, Lied, o töne, Klang!
Mein Mund ist stumm, Gott weckt den Schall.
Die ganze Welt lauscht dem Gesang,
es lauscht das ganze, weite All.
Die Weise fliegt.
Im Kreise schwingt
sich leise Mond und Stern, es wiegt
die Sonne sich, wies aus mir klingt.

Doch setzt er mich vom Munde ab,
weil er sie nicht mehr locken will,
die Melodie, die er mir gab,
wird meine Seele wieder still.
Ganz drin jedoch
besinnen sich,
erschrocken bebend immer noch,
die Tiefen, die sein Hauch durchstrich.

Die Pharisäer

Am ersten Tag, als Jesus sprach und heilte,
da war das Land noch tief erschreckt, und nur
ein ängstlichwirres, dumpfes Flüstern eilte
ihm heimlich nach auf seiner Wanderspur.
Am nächsten Tag schon sprach man laut und klar,
daß Gott in seinen Wundertaten sei.
Am dritten Tag indessen ringsum war
um jenen See nur noch ein einzger Schrei,
der pflanzt sich nicht am See nur, nein, nach Nord
und Süd durchs Land mit Sturmesflügeln fort.

Die Pharisäer auch – so hieß mit Namen
ein stolzer, strenger Frömmlerorden – kamen,
als Jesu Ruf und Ruhm so mächtig schwoll,
geheim, um ihre Macht besorgt, zusammen,
sich zu beraten, was geschehen soll.

Da sprach so mancher zornig: »War der Wein
des Volks nicht endlich still und war geklärt?

Nun wirft er wieder Hefe uns hinein,
damit er neu in Wallung kommt und gärt.
Ja, wären wir die Herrn im eignen Reich,
so gings noch an! Doch römscher Herren Waffen
bedrücken uns, und man mißtraut uns gleich,
wenn irgend Menschen sich zusammenraffen.«

Ein andrer sprach, der Nikodemus hieß:
»Was soll hier Rom im Spiel? Sind seine Taten
von Gott – nach so viel Segen scheint mir dies –,
dann wären wir doch wahrlich schlecht beraten,
wenn wir ihm wehrten, Gottes Hand zu sein,
da doch das Volk schon Gottes Segen spürt.«

»Doch wissen wir«, warf da ein dritter ein,
»wohin sein Einfluß uns das Volk entführt?«

»So ist es«, riefen alle. »Nein, wir wissen
noch nichts als nur: Er schmälert unsre Macht.
Und wollen wir sie uns bewahren, müssen
wir handeln, *eh* er uns zu Fall gebracht.«

Und also schickten sie nach einem Mann,
der blind war und durch Jesus war genesen.
Den schrieen sie vor der Versammlung an:
»Bestochen bist du, niemals blind gewesen.
Dein Arzt heilt ohnehin durch Teufelskraft,
da er dich *sonntags* heilt, wo Gott befohlen,
daß jeder fleißig betet, niemand schafft.
So wird denn dich und ihn der Teufel holen.«

Der ehmals Blinde sprach: »Ich kann nur sagen,
war war und was mir dann durch ihn geschah:
Blind von Geburt – laßt meine Eltern fragen –
war ich, bis der Prophet kam und ich sah.«

Da ließen sie die alten Eltern kommen:
»Ist dieser, euer Sohn hier, blind geboren,
und wie ward ihm die Blindheit fortgenommen?
Seid ihr dem Jesus etwa auch verschworen?«

Der Vater stammelte vor Angst: »Er ist
ja alt genug, daß er euch Rede steht.
Und wenn ihr nichts von jenem Manne wißt,
so macht euch selbst doch auf, damit ihr seht!
Er heilt ja nicht bei Nacht, ihr könnt ihn finden.
Vielleicht macht er euch gleichfalls noch aus Blinden
zu seinen Jüngern, wenn ihr zu ihm geht.«

Und auch der Sohn rief: »Ward denn je erhört,
daß uns die Hölle solche Wohltat schafft?
Ihr Blinden, seht ihr gar nicht, daß die Kraft
zu diesen Wundern Gott allein gewährt?«

Da spürten nun die Heuchler, wie ihr Haß
an Jesu Größe wuchs, und warfen alle,
die Eltern und den Sohn, aus ihrer Halle,
drin fürder nur noch Haß als Richter saß.

»Wir müssen uns beim Feinde seinetwegen,
beim römschen Landeshauptmann uns beklagen.
Wenn wir von Aufruhr und Empörung sagen,
wird ihm der Römer schon das Handwerk legen.«

So sprachen sie und schickten einge aus,
verschlagnen Geists, daß sie ihn suchen sollten
und ihn versuchen, weil sie dann daraus
die Klage gegen ihn bereiten wollten.

Sie kamen zu ihm, und sie fanden ihn,
als wiederum ein Kranker bei ihm war,
an Arm und Beinen lahm seit Tag und Jahr.
Man stellte ihn auf seiner Bahre hin.

Er sprach: »O Herr, zehn Jahre lieg ich nun
und hatte lange, lange Zeit zum Sinnen.
Und immer sann ich: Was muß ich beginnen?
Ich will ja, wie man sagt, das Gute tun.
Was aber ist das Gute? Was ich tat
gab mir nicht Ruhe, und ich plagte mich
und wußte mir bis heute keinen Rat.
Da hörte ich von *dir* und sehe dich.
Und wie ich dich nun sehe, wird mir klar,

daß all mein Tun und Sinnen eitel war.
Wie konnte ich denn je das Gute finden,
bevor ich *dich* nicht fand? Du bist, du bist
das Gute ja. Jetzt kann ich auch ergründen,
daß gutes Tun gar nicht so nötig ist,
wie selbst durch deine Hände gut zu werden,
wie du es bist. Drum reut mich nun so tief
die eigne dumme Art, und was auf Erden
an Zeit mir nuztlos durch die Finger lief.
Nun quält statt Sünden mich nur *eine* Sünde,
daß ich nicht anders bin, als ich mich finde.«

Ihm gab der Heiland Antwort: »Freue dich,
o freue dich, daß dir die Gnade ward!
Ein Großes hat dir Gott schon offenbart.
Doch deine Schuld erläßt er dir durch mich.
Drum ziehe guten Mutes wieder hin:
Sie ist bereits vergeben und verziehn.«

So Jesus. Und die Pharisäer hörten
– im Blick ein böses Lauern –, was er sprach,
und flüsterten sich zu, die Haßempörten:
»Er lästert Gott! Er läßt die Sünden nach!
Ist es nicht deutlich, daß es ihm gefällt,
sich selbst an Gottes Stelle zu erheben?
Was wollen wir noch mehr: Er ist gestellt.
Denn Sünden kann nur Gott allein vergeben.«

Da wendet sich Jesus plötzlich um
und blitzt sie an und rief mit stolzer Frage:
»Was lauert ihr und flüstert da herum?
Scheint es euch leichter, wenn ich zu ihm sage
›Steh auf und sei gesund!‹, statt daß ich ihn
belehre, seine Sünde sei verziehn?«

Und zornig streckt er seine Hände aus
und griff das Bett, das ihm zu Füßen stand
und hobs: Den Lahmen schüttet er heraus.
Der rollte kraftlos in den weichen Sand
und rief vor Freude: »Laß die Toren sehn,
wie schmählich sie die Macht des Himmels schmähn!«

Mit diesen Worten sprang der Lahme hoch
und sprang und tanzte voller Glück und stand
und weint und lacht und weinte laut. Jedoch
der Heiland hatte sich schon weggewandt.
Er ging davon und sah mit keinem Blick
zu jenen Männern hinter sich zurück.

Der eine aber, der der Schlauste war,
gab noch das Spiel nicht auf und lief ihm nach.
Es drängte sich die Pharisäerschar
dem Heiland an die Seite, als er sprach.

»O Meister«, sprach der Schlaue, »sicherlich,
das Urteil war zu schnell, es muß erst reifen.
Indessen und gleichwohl: ich bitte dich
auch unsre Lage etwas zu begreifen.
Die Menge ist erregt, die Zeit bedrängt,
der Römer hält das ganze Land besetzt.
Das Volk jedoch, statt es an Frieden denkt,
ist arg zersetzt und vielfach aufgehetzt.
So mancher brave Mann sogar, er lenkt
sein Sinnen nur auf eine Hoffnung jetzt:
auf einen Heiland, den der Himmel doch
versprach, uns zu befrein von unserm Joch.
In diesen schlimmen, aufgeregten Tagen,
da alles stürzt und umwälzt, stehen wir
als jenes Volks berufne Hirten hier,
berufen, die Verantwortung zu tragen
vor Gott und schließlich vor dem Römerheer.
Ists da nicht unsre Pflicht, zu dir zu gehn,
des Wirken wir doch täglich mehr und mehr
erkennen und begrüßen, um zu sehn:
Wer bist du und was kannst du für uns tun
und für und mit dem Volk, das wir doch lieben?
Sieh, klipp und klar stell ich die Frage nun:
Wer bist du und die Kraft, die dich getrieben?
Wenn du uns das erklärst und läßts uns sehn,
bin ich gewiß, wir werden uns verstehn.«

So sprach er klug. Der Heiland blickt ihn an,
ein wenig seitwärts, unverhohlnes Fragen,

er zügelte den Schritt und dann begann
er, langsam sich bedenkend, dies zu sagen:

»Wer in den Schafstall nicht zur Tür eintritt,
nein, steigt zum Fenster oder anders ein,
muß wohl ein Dieb, vielleicht ein Mörder sein.
Der Hirt kommt durch die Türe, und sein Schritt
ist jedem seiner Schafe wohlbekannt,
wie seine Stimme ihnen traulich klingt.
Und wenn er sie beim Namen hat genannt,
wie hurtig und vergnügt ihn das umspringt!
Doch steigt ein Fremder ein auf fremden Wegen,
ihr ›Hirten‹ unsres Volks, dann zittern sie
sich ängstlich drängend, ohne sich zu regen,
und schon das Drohn des Unheils wittern sie.
Und lauschen keinem Schritt und keinem Klang
der Stimme, die sie lockt, und unruhvoll,
in ihrer Lämmerohnmacht stumm und bang,
erwarten sie, was sie wohl treffen soll.
So ists in Zeiten, wie in unsrer Zeit,
ihr Völkerhirten: Durch die Fenster klimmen
die Diebe, die mit ihren süßen Stimmen
die Völker locken voll Verschlagenheit.
Da drängen sich so manche ängstlichstumm
und zittern, weil sie die Gefahr erahnen.
Jedoch die meisten folgen ihren Bahnen,
und jeder Dieb und Mörder bringt sie um.
Wo aber Hirten Herrscher sind, da ziehn.
die Schafe willig, und die Völker blühn.

Nun fragt ihr, wer ich bin. Ich wills euch künden:
Ich bin die Tür zum Stall. Wer durch mich geht,
den wird man einen guten Hirten finden,
der sich auf seiner Schafe Heil versteht.
Und ich bin auch der Hirt. Der gute Hirt
muß für die Schafe auch das Leben lassen,
wenn es, dem Wolf zu wehren, nötig wird.
Wer es erfassen kann, der solls erfassen.
Doch wer es nicht erfaßt, der soll nicht fragen.
Noch bin ich nicht bereit, euch mehr zu sagen.«

Der Pharisäer Schar, die ihn umstand,
verließ der Mut, je länger er so sprach,

bis einer um den andern nach und nach
die Fassung und die Sprache wiederfand.

»Du sprichst uns«, sagte einer, »aus den Seelen.
Es sind die falschen Hirten in der Welt,
nicht jene, welche Gott zum Amt bestellt,
die Tod und Jammer bringen. – Ach, es fehlen
gerade die, die Gottes Gnade hält!
Das ists ja, weshalb wir gekommen waren:
Wir wollten durch dich davon mehr erfahren.
Und deshalb wirst auf eine Frage doch
die Antwort du uns nicht versagen wollen:
ob wir in Rom dem Kaiser immer noch
trotz unsrer Not die Steuer zahlen sollen?«

Er sprach es, und mit harmlosfrechem Witz
blickt er den Heiland an. Dem aber lief
die Ader schwellend plötzlich wie ein Blitz
durch seine Schläfe nieder und er rief:

»Ihr lügnerischen, unverschämten Schlangen,
was haltet ihr von dem, der vor euch steht,
daß ihr gedenkt, ihn also einzufangen?
Zeigt eine unsrer Münzen her und seht:
Wer hat sie denn geprägt? Wen stellt es dar,
das Bildchen, das dies kleine Rund umschließt?
So gebt dem Kaiser, was des Kaisers war,
gebt ihr schon Gott nicht das, was Gottes ist!«

Und holte aus und schleuderte sie ihnen
zu Füßen, daß die Münze klirrend sprang,
und wendete sich um und ging von hinnen,
Verachtung noch im herrisch stolzen Gang.

Erst als der heile Lahme wiederum
so fröhlich ihn umtänzelt wie ein Füllen,
da drehte er sich plötzlich lächelnd um
und sprach: »Du mühst dich, Freund, mir zu enthüllen,
daß es mir nicht vergönnt war, dich zu heilen.
Ich glaubt, ein Lahmer würd gesund, derweilen
hab ich ihn närrisch, wie mir scheint, gemacht.«
Und dem Geheilten sah er zu und lacht,

wie er nur immer Springens selig sprang,
da er der Glieder lang nicht Herr gewesen,
und wie nur immer seine Stimme klang:
»O Dank, o Herr, o Dank« und wie er sang:
»Ich bin genesen, ach, in bin genesen!«

Der Geheilte

Dank, o Herr, ich bin genesen,
tausendfältig Dank!
Ach, wie bin ich krank gewesen:
Tag- und jahrelang
hat, als, ohne mich zu regen,
hilflos hingestreckt,
ich in Ohnmacht dagelegen,
keiner mich geweckt.

Meine Seele, die so gerne
wie im Vogelflug
unterm Himmel durch die Sterne
ihre Schwingen trug,
drückten schwer wie Grabeshügel
Leib und Glieder nieder,
zugeschüttet beide Flügel,
glanzlos das Gefieder.

Und nur meine Augen schickten
Strahlen ringsherum
durch den Raum, und ängstlich blickten
sie nach Hilfe um.
Wenn sie auch gefesselt waren,
blieb ihr Rolln und Gehn
doch in diesen Schreckensjahren
niemals stille stehn.

Bis durch dich sie einmal dann
doch die Ruhe fanden,
als du kamst und nah heran
bist zu mir gestanden

und mit deinem Blick zurück
meine Blicke hieltest
und schon diesen Augenblick
meine Schmerzen stilltest.

Als du aber endlich gar
meine Hand gefaßt,
Herr, ich weiß nicht, was es war:
denn auf einmal hast
du aus deiner Adern Blut
Blut in mich gelenkt,
daß es strömend heiß und gut
meinen Leib durchtränkt.

Diesen Leib, der grabesschwer
lag und abgelebt,
griffs wie Frühlingsatem, der
über Äcker schwebt.
Und die Krume unterm Wehn
keimend lüpft sie sich.
Herr, so ists auch mir geschehn,
und so lebe ich.

Weiß ich gleich nicht, was und wie
treibt in mir so sehr,
denn, o Herr, ich habe nie
noch gelebt bisher,
weiß ich doch: Ich bin genesen,
und zum Fluge schwingt
sich mein Herz, das stumm gewesen,
wieder auf und singt.

Die Ehebrecherin

Am Tag darauf, der Herr saß lehrend nieder,
indessen seine Jünger ihn umstanden,
da kehrten seine Feinde nochmals wieder
mit einem Weib, das sie beim Ehbruch fanden.
Ihr Angesicht, das rote Glut bedeckt,

umflatterten die aufgelösten Haare,
und schon aus ihrem Fieber sprach der klare
Beweis der Tat, mit der sie sich befleckt.
Sie schlug die wasserhellen Augen nieder,
in deren Tränen ihre Scham versank.
Nur einmal blitzten angstvoll sie, bis wieder
der blaue Grund in Silberflut ertrank.

Die Schar der Pharisäer aber stand
bei ihr, dort wo der Heiland hocken blieb
auf einem Stamm und in den weichen Sand
gedankenvoll mit seinem Finger schrieb.
Er schrieb, vertieft und ohne einen Plan.
Doch der das Weib hielt, hastig hub er an:
»Du hast uns angesagt: Es bleibt bestehn,
was Moses Satzung schreibt. Sie schreibt ja wohl,
daß Weiber man, die Ehebruch begehn,
ertappt man sie, mit Steinen töten soll.
Hier ist ein solches Weib, sie hat bekannt,
und Zeugen haben ihre Tat bezeugt.«

Der Heiland schwieg und blickt nicht auf und beugt
sich weiter auf die Zeichen dort im Sand
und schrieb und schrieb. Verlegen stand der Mann,
da seine Hast so gar kein Echo weckt,
bis er die Rede schließlich neu begann:
»Du mußt sie richten, denn sie ist entdeckt.
Sie ist von uns entdeckt. Nun richte sie!«

Der Heiland schwieg und schwieg. Es griff sogar
Verlegenheit schon seine Jünger, die
unruhig wurden, weil er wortlos war.
Er aber schwieg. Und erst als jene Meute
zum dritten Male zu verstehen gab,
was sie begehrt, da winkt der Heiland ab.

Er hob die Augen mit dem Blick ins Weite
durch sie hindurch, so wie ins Licht hinein
ein Blinder blinzt, und sah nicht einen an
und sprach: »Wer keine Sünde hat getan,
der werfe nun auf sie den ersten Stein!«

Das Wort war kaum gesagt, so stands im Raum
wie dröhnenden Entsetzens Stundenschlag,
wie blendend grelles Licht am finstern Tag.
Sogar die Pharisäer wagten kaum
zu atmen. Und erst nach geraumer Weile,
als Jesus schwieg, sich wieder vorwärts neigend,
stahln sie sich fort, erst heimlich, dann in Eile.
Das Weib nur stand noch, tief verwirrt und schweigend.

Der Heiland aber beugt sich vor und schrieb
mit seinem Finger weiter in den Sand,
als säh er gar nicht, daß sie vor ihm stand.
Doch da sie lange unbeweglich blieb,
hob er die Augen zu ihr auf, und heiter
und freundlich fragte er: »Sie haben dich
verdammt?« Und da sie schüttelt, sprach er weiter:
»Sie tatens nicht? Nun gut, so will auch ich
dich nicht verdammen. Zieh in Frieden hin
und siehe zu, dich besser zu bemühn!«

Da wich das Weib. Doch Petrus sprach: »Mich deucht,
daß du der Frau denn doch zu schnell verziehst.
Du sagst, man soll vergeben. Doch so leicht,
so schnell, so viel, auch wenn das Maß erreicht
der Schuld vor Gott und vor den Menschen ist?
Wie oft denn, meinst du, müßte ich verzeihn,
wenn mich mein Bruder immer wieder kränkt?
Wird Nachsicht siebenfach genügend sein?«

Ihm gab der Herr zur Antwort: »Einstens drängt
ein Bauer seinen Knecht, ihn zu bezahlen,
da er ihm tausend Gulden schuldig blieb.
Der Knecht fiel nieder und zu vielen Malen
bat er und bettelte: ›O Herr, vergib
und richte mich nicht vollends noch zugrunde,
laß mir die Schuld noch eine Weile stehn!
Ich habe keinen Pfennig diese Stunde,
und zwingst du mich, dann muß ich betteln gehn,
und Weib und Kinder hungern. Drum Geduld!‹
Der Herr aus Mitleid strich ihm seine Schuld. –
Doch kaum mit seinem Herrn der Knecht gesprochen,
traf er grad auf dem Hofe einen Dritten,

dem er als seinem Mitknecht auf sein Bitten
zehn Gulden lieh vor eingen wengen Wochen.
Den ging er auf der Stelle hastig an,
ihm dieses Geld sofort zurückzuzahlen.
Der Knecht fiel nieder und zu vielen Malen
bat er und bettelte: ›O Freund, ich kann
– sei mir doch gnädig – dirs jetzt nicht begleichen.
Mein Weib lag auf den Tod, mein Kind ist krank,
mein Haus ist abgebrannt, ich bin in Not.
Und gäbs nicht solche Freunde – Gottseidank –
wie du, die helfen, wärn wir wohl schon tot.
So laß, so laß dich doch auch jetzt erweichen!‹ –
So bat er ihn. Der Gläubger aber blieb
erbarmungslos und hieß die Polizei
ihn ins Gefängnis werfen, bis herbei
er ihm die zehn geliehnen Gulden trieb,
und dachte jenes Weibs und jenes Kinds
und auch an seines Herren Gnade nicht. –
Doch da der Herr die Händel des Gesinds
erfuhr, rief er erneut ihn ins Gericht.
›Du Schalksknecht‹, sprach er, ›eine große Schuld
hab ich auf deine Bitte dir gestrichen,
und du hast nicht einmal so viel Geduld,
bis er dir seine kleine Schuld beglichen?‹
Und warf ihn gleichfalls in den Turm, bis er
auf Heller und auf Pfennig Zahlung bot,
und kannte nicht mehr Mitleid seiner Not
und hörte keine seiner Bitten mehr. –
Wird man da, Petrus, nicht empfehlen müssen,
siebzigmal siebenmal bereit zu sein,
statt siebenmal, wie du meinst, zu verzeihn
und Gottes Gnade dabei einzubüßen?«

So sprach der Herr. Und Petrus lauscht den Lehren.
Inzwischen schien es ihm, er könne sehn,
wie seitwärts, um belauernd mitzuhören,
noch immer heimlich Pharisäer stehn.

Doch strömt an diesem Tag seit Stunden schon
das Volk so zahlreich auf dem See heran,
daß jene Mißgelaunten, als sies sahn,
es wohl für besser hielten, daß sie flohn.

Denn wo Begeistrung sich zusammenschart,
da meidet Tücke ihre Gegenwart.

Den Heiland aber, noch des Weibs gedenkend,
das so beschämt war und so voller Reue,
bekümmerts nicht, und er begann aufs neue,
im Gleichnis seines Herzens Reichtum schenkend:

»Vergeßt es nie: Der Himmel hat an allen,
die Reue und Gewissen heimgetrieben,
mehr Freude und weit größres Wohlgefallen
als an den Braven, die daheim geblieben.
Zwei Brüder waren. Davon trat der eine
mit einer Bitte vor den Vater hin:
›Vermache mir schon *vor* der Zeit das Meine,
des Erbe ich dereinst doch einmal bin.‹
Da nahm der Vater Geld auf auf sein Land
und zahlt ihn aus. Der Sohn indes zog fort,
mit leichtem Sinn zog er von Ort zu Ort,
bis ihm so Geld wie Gut im Prassen schwand.
Und als ihn hungerte, da hängte er
sich in des Darbens Not an einen Mann,
an einen armen Gutsbesitzer, der
nahm ihn als Hirten seiner Säue an.
So war er bei den Schweinen nun gesessen
und dachte nach, wie mans daheim doch hat:
Hier mußten sie – wie oft! – die Treber essen,
die sie aus den verschmierten Trögen klaubten,
in denen wühlend ihre Säue schnaubten,
dort wurden viele Tagelöhner satt.

Bald plagt ihn der Gedanke wochenlang.
Erst war der Stolz, so heimzugehn, zu groß.
Dann, da die Not ihn täglich härter zwang,
kämpft er mit diesem Stolz, und endlich rang
er den Entschluß aus seinem Herzen los.
›Ich will‹, sprach er zerknirscht, ›zum Vater ziehn
und will ihm sagen: Meine Sünden brennen
vorm Himmel und vor dir. Ich weiß, ich bin
es nicht mehr wert, mich deinen Sohn zu nennen.
Doch bitt ich dich von Herzen, stell mich hier
nur so wie einen Tagelöhner ein.

Mein Lebtag, lieber Vater, dank ichs dir
und will dir als dein Knecht gehorsam sein!‹

Der Vater sah ihn schon vom Fenster aus
die Straße, die zum Hofe führte, ziehn,
und voller Freude sprang er aus dem Haus
entgegen ihm und herzt und küßte ihn.
Da macht der Sohn sich los: ›Ich weiß, in bin
es nicht mehr wert, mich deinen Sohn zu nennen.
Doch stelle mich als Tagelöhner ein.
Mein Leben lang will ich gehorsam sein
und glücklich, in der Heimat sein zu können.‹

Da schloß der Vater ihm den Mund und rief
ihn küssend nach Musik und nach Gesängen.
Und alles eilte, alles drängt und lief
und bracht ein Festkleid, Schmuck, ihn zu behängen,
kostbare Schuhe, einen Fingerring.
Er ließ das beste Kalb im Stalle schlachten
und rief nur immerfort: ›Welch köstlich Ding!
Es lebt mein Sohn, den wir gestorben dachten,
er ist gefunden, den wir doch verloren!
Gott Lob und Preis, nun habe ich ihn wieder!
Stimmt mit mir in den Jubel und die Lieder
wie an dem Tag, an dem er mir geboren!‹

Doch als sie feierten, da kam nach Haus
vom Feld der ältre Sohn. Er hört den Reigen
und rief von drinnen einen Knecht heraus:
›Was soll‹, sprach er, ›das Singen und das Geigen?
Mein Bruder kam? Ich habe jahrelang
gedient, dem väterlichen Wort getreu,
und mir nicht einmal einen Bock zum Dank
hat man geschlachtet, daß er bei Gesang
und Spiel im Kreis der Freunde Festmahl sei.
Er aber hat sein Erbteil nur verpraßt
mit leichtem Volk – und jubelnd preist man ihn?‹

Da trat der alte Vater vor ihn hin
und sprach: ›Mein Sohn, was ich besitze, hast
auch du, und du warst niemals mir verloren.
Doch ihn schenkt Gott mir wieder durch mein Beten.

Er starb und wurde heute neu geboren.
Und stets ist ja mehr Freude über jeden,
den Reue und Gewissen heimgetrieben,
als über jene, die daheim geblieben.‹«

So sprach der Herr. Stumm hört die Menge ihn.
Aus Petri Brust jedoch schluchzt es herauf:
»Ja, Herr, jetzt weiß ichs: Alles ist verziehn,
nun ändern alle Menschen ihren Sinn
und du machst eine neue Rechnung auf.
Ist jeder nicht des gleichen Vaters Kind?
Wer möchte reuig heim nicht auf die Fahrt,
heim, wo das Fest der Liebe seiner harrt,
verlorne Söhne, wie wir alle sind? –
O einstmals gehen wir, doch nicht mehr lange,
so sagt dein Gleichnis, reuig und der Gnade
gewiß, die uns erwartet, und nicht bange
zurück die trauten, heimatlichen Pfade.
Im Herzen des verlornen Sohnes mischen
sich Kummer in die Freude, doch es freuen
daheim sich an den festlich reichen Tischen
die Liebe und die Huld schon, zu verzeihen. –
So wird durch Gott aus unsrer Schuld ein Fest,
und unsern Abfall weiß er zu verklären.
O selig, wen die Erde bald entläßt,
als ein verlorner Sohn zurückzukehren!«

Der verlorne Sohn

Endlich hab ich mich entschlossen,
ich verlorner Sohn,
meinen Stolz und Trotz zu lassen.
Und nun wandr ich schon,
heimatselig – unverdrossen
die vertrauten Straßen.

Hinter jenem sanften Hügel,
drauf das Korn sich wiegt,
senkt sichs grün zutale wieder,
und im Winde fliegt

ratternd unsrer Mühle Flügel,
und ich steige nieder.

Drunten stehen Hof und Ställe,
drin ich jung gelärmt,
und mein Blick hängt an den Mauern,
meine Sehnsucht schwärmt
über die geliebte Schwelle
voll von Glück und Schauern.

An dem Bache in den Linden
rauscht noch jetzt der Wind
all die süßen alten Lieder,
die mir schon als Kind
in den feuchten, kühlen Gründen
traulich klangen, wieder.

Doch ich kehre schuldbeladen.
Warum ging ich fort?
Wirst du sanft mit mir verfahren,
alter Vater, und dein Wort,
wirds mit Liebe und mit Gnaden
nicht zu ängstlich sparen?

Nur als Knecht an deinem Herde
laß mich, nicht als Sohn,
über unsre Äcker gehen,
und als einzgen Lohn
laß mich die geliebte Erde
täglich wiedersehen!

Ach, wie will ich selig spreisen,
was du an mir tust:
wie der Sprosser im Geranke
nachts aus voller Brust
seine einsam – süßen Weisen
schmettert, Gott zum Danke.

Das Reich

Zerstreut wie Lämmer auf gedehnter Weide,
so standen Segel Tag und Nacht im Meer
und glitten lautlos von der andern Seite
des Sees herüber und zum Heiland her.
Und Tag und Nacht knirscht Kiel um Kiel am Strand,
und tag- und nachtlang strömten auf den Wegen
die Menschen in das bergig-öde Land
um Rat, um Heilung oder einen Segen:
Gesunde, Kranke, Fröhliche, Bedrückte,
Neugierige, Bedürftge nahten; der
kam her, weil ihn ein fremder Auftrag schickte,
der andre trug am eignen Kummer schwer.
Kurz: ihrer jeder brachte Wunsch und Sorgen.

Bunt lagernd auf des Bergs geneigten Hängen
sah man fünftausend Menschen ihn umdrängen,
schon als der Tau noch blitzt in Licht und Morgen.

Doch als die Sonne stieg, da hatten viel
auch kleine Zelte auf der Wiese stehen
und Sonnendächer, farbenfroh zu sehen
wie unruhvoller Fähnchen Flatterspiel.
Wie Kinder munter sprang das Volk dazwischen,
das gerne sich zu Festen rüsten mag.

Nur wo der Heiland lag, bei ein paar Büschen,
gelbflammend wie der Ginster, dort auch lag
die Menge; viele standen oder knieten
und lasen ihm die Worte ab vom Munde,
damit sie deutlicher den Sinn errieten.

So sprach er, und sie lauschten manche Stunde.
Er ließ sich nicht vom Strom der Kranken stören,
der zu ihm stieß; er wollte sie nicht hören,
nicht sehen ihre bittenden Gebärden.
Und dennoch ward so mancher schon geheilt,
wenn nur sein Blick in Jesu Blick verweilt.
Und ledig seiner Schmerzen konnte werden,
wem es auch nur gelang, den Saum zu greifen
und mit der Hand des Heilands Kleid zu streifen.

Am Vormittag warn mit den Pilgerscharen
auch des Johannes Jünger angekommen,
die tief betrübt und sehr verängstigt waren:
Man hatte ihren Meister festgenommen,
weil er der Köngin lasterhaftes Leben
in einer Predigt wagte kundzugeben.

Nun wollten seine Jünger künftighin
bei Jesus bleiben, statt verwaist zu sein.
Nur einer wollte wieder abwärts ziehn,
zurück zum Täufer, daß er nicht allein
in Kerkers Einsamkeit und Elend bliebe.
»Der für dich stritt«, sprach er, »der für dich litt,
ihm tu auch *du* nun endlich eine Liebe
und gibt ihm, bitt ich dich, Gewißheit mit:
Bist dus, der kommen soll, von unserm Leid
uns zu befreien, oder brauchen wir,
um frei von der Befleckung dieser Zeit
zu werden, einen andern noch nach dir?
Johannes hat in seiner Einsamkeit
nun nicht mehr viel vor Augen als den Tod
und weiß, sein Werk ist längst noch nicht getan.
Und darum schreit er in der Ohnmacht Not
verzweifelt Gott um diese Frage an:
Wann kommt das Reich, das dieses Reich verschlingt,
zu dem du uns die Hoffnung hast gegeben?
Denn deinethalb vertat er ja sein Leben.
Bists wirklich du, der uns Erlösung bringt?«

Der Heiland wandte ihm das Antlitz zu:
»Für wen denn hält man mich, wenn du so fragst?
Für wen, mein guter Freund, hältst mich denn du?«

Der Jünger, tapfer ihm entgegen, sagt:
»So manche halten für Elias dich
und andre dich für Mose oder einen
der Seher und Propheten. Aber ich,
ich halte dich, o Herr, für ihrer keinen.
Ich weiß nur eines: Wärst du nicht gekommen,
und wär dein Schatten nicht auf ihn gefallen,
er hätte einen andern Weg genommen,
mein Meister, und erstrahlte über allen.«

»Und er erstrahlt«, sprach Jesus, »nun vielleicht
um meinethalben nicht? So laß dir sagen:
Von den Propheten, die die Welt getragen,
ist keiner, der ihm nur das Wasser reicht.
Und fällt mein Schatten dennoch auf ihn hin, –
vielleicht errätst du daraus, wer ich bin.«

Und sich zu Petrus wendend, fragte er:
»Und ihr, wer, glaubt denn *ihr* wohl, könnt ich sein?«

Und Petrus in Bekennerfreude: »Herr«,
erwidert er, »o Herr, wem fiel es ein
zu zweifeln? Du bist Christus und gesandt
als Gottes Sohn und Retter dieser Zeit!«

Da legt der Herr auf seinen Mund die Hand:
»Noch schweige, Petrus, noch ists nicht so weit,
laut auszuschrein, was jeder Stein schon schreit.«

Und wiederum dem Jünger zugewandt
des Täufers sprach er: »Wirst du zu ihm gehn,
so künde ihm, was rings im Land geschehn:
Die Stummen schrein und singen laut den Namen
des Herrn, die Blinden aber sehn sein Licht,
und eilends zu ihm laufen auch die Lahmen,
die Tauben hörten seinen Ruf und kamen,
und nur die Schlauen sehn und hören nicht.«

Und dreht sich um und rief, es hallte weit
den Berg hinab: »Kehrt alle bei mir ein,
die ihr mühselig und beladen seid,
denn ich will euch erquicken und erfreun.
Wenn einer bittet, so wird ihm gegeben,
wer sucht, der findet, und klopft einer an,
weit wird ihm dann die Türe aufgetan,
und er empfängt aus meiner Hand das Leben.«

So rief er, und ein Jubel ringsum rief
die Antwort durch Gezelt und Lager fort.
Und alle sprangen auf, und alles lief
und schleppt sich näher dem Verheißungswort.
Es warfen ihre Krücken in den Sand

die Lahmen, Herz und Hand flog ihm entgegen
und nahm aus seiner hingestreckten Hand
Labsal den Leibern und den Seelen Segen.

Der Heiland lächelnd blickt in das Gedräng
und freut sich herzlich ihrer Herzensfreude
und spendet reichlicher nach jeder Seite
aus vollen Händen Gabe und Geschenk.
Und schenkend wieder steigert er die Lust,
den Jubel, der sich hoch zum Himmel schwingt.
Denn manche eben noch bedrängte Brust
bedrängt nur noch das Glück, das aus ihr dringt.
Und Saitenspiel erscholl am Bergeshang,
und fröhlich fiedelten der Geigen Lieder,
und Tanz und Kinderfreude pflanzt entlang
dem Tal sich fort, und froher Rundgesang,
und Händeklatschen hallt von ringsum wieder

Doch während so talab die Lieder wogen,
und während drunt im See die Segel stehn,
als wärn sie von den Klängen angezogen,
die mit dem Wind zurück aufs Ufer wehn,
da sahn die Blicke, die hinüberflogen,
ein andres Segel noch bei jenen gehn,
die weiß im Blauen schwammen: Purpur und
ein goldnes Wappen auf dem dunklen Grund.
Am Horizonte wächst es langsam höher,
steigt prächtiger von Stolz und Wind geschwellt
gleichwie ein edles Roß dem Ufer näher,
bis kettenklirrend drunt der Anker fällt
und jene, die mit ihm gesegelt waren,
auf kleinem Kahne durch die Brandung fahren.

Sie steigen auf am schrägen Abhang, licht
der Silberharnisch, und um ihre Lenden
in dunklen Falten Samt, und an den Händen
blitzt Ring und Stein, drin sich die Sonne bricht.
Sie steigen auf zum Heiland – etwa zehn
vornehme Herren, Altersschnee im Haar,
nur einer noch ein Jüngling – und sie gehn
bis da, wo er im Gras gelagert war;
noch immer von dem Jubel laut umsprüht.

Dort halten sie im Schreiten ein und knien
mit großer Geste schweigend vor ihn hin,
indes ein einzelner noch näher tritt.

Der sprach: »O Fürst und Herr, wir huldgen dir,
ich und die Edlen, welche mit mir ziehn.
Und wenn wir uns dir neigen, neigt sich hier
vor dir der ganze Volksstamm Benjamin,
in dessen Auftrag wir heraufgestiegen.«

Als er so sprach, wards plötzlich ringsherum
im Lager totenstill, die Lieder schwiegen,
die Fiedeln brachen ab und wurden stumm.
Und auch der Sprecher spürt: die Worte fliegen
zu vielen Lauschern, und er blickt sich um.
Doch Jesus hieß das Volk zurückzutreten,
und dem Gesandten winkt er, fortzureden.

Der sprach, und weiter lauschts, so spürte man,
drum dämpft den Ton er fast zum Flüstern wieder:
»Du weißt, was uns das Schicksal angetan,
o Herr, denn schwer liegt unser Volk darnieder.
Du kennst die Sorge auch und die Gefahren,
eh uns der Unterdrückung Ende winkt.
Wir aber wissen von der wunderbaren
und wundertätgen Hand, der nichts mißlingt.
Mit ihr nun sollst du *unsre* Hand umfassen,
und Davids Szepter über dieses Land,
wir legens dir hinein, und alle lassen
dir sagen, die mich hier zu knien entsandt:
Die Wendung ist von uns schon eingeleitet,
die Waffen sind schon heimlich ausgegeben,
und jeder, ungeduldig, daß er streitet,
harrt des Signals, mit dir sich zu erheben.
Ein unerwartet schneller Schlag bereitet
dem Feind den Tod, doch deinem Reich das Leben.
Du aber gib, dem wir die Krone reichen,
als unser König das ersehnte Zeichen.
Als erste harren wir hier auf den Stufen
des königlichen Thrones auf dein Rufen,
und wolln als erste, eh wir es noch hören,
dir Liebe, Treue und Gehorsam schwören.«

So sprach er, und ein leises Murmeln ging
als erstes durch der Hörer stummes Lauschen,
als ob in Wipfeln sich ein Wind verfing:
ein Lispeln erst, ein Wiegen, dann ein Rauschen.
Und dann drängts nieder, wird wie Sturm so groß
und reißt an blätterschweren, starken Zweigen,
und faßt die Stämme und fährt wirbelnd los,
ein Wogen und ein Wallen und ein Neigen,
ein Fluten und ein Donnern und ein Dröhnen,
das reißt nicht ab. So hallts von Bergeswänden,
ein einzger Schrei: »Heil dir, denn in dir krönen
wir unsres Volkes lang begrabnes Sehnen
und Hoffen, und nun wird es sich vollenden!«

Doch Jesu hatte sich bereits erhoben.
Er stand mit todesblassem Angesicht,
die Augen hochgeschlagen in das Licht,
und hob den Arm wie zum Befehl nach oben
und öffnete den Mund, als wenn er riefe,
laut riefe. Doch er schwieg. Ihm fiel die Hand,
als er in Blickesmitte, Schweigenstiefe
umstrahlt von so viel Augenpaaren stand.

Dann flüsterte er leise: »Ach, ums Reich,
was wißt denn ihr, ihr Freunde? Ach, bedenkt:
Ihr seht die Blumengärten, das Gesträuch
und Gras und Laub und Frucht, doch eins ist euch
verborgen: wie sich tief die Wurzel senkt.
Mit allen euren Herzensfasern hängt
ihr an der äußern Welt, sie scheint so reich
und blüht so wirklich, wie sie euch geschenkt.
Doch was euch überm Erdgrund in der Zeit
so wirklich scheint, ist nicht die Wirklichkeit.

Die Gotteswirklichkeit ist wie das Grund-
und Wurzelreich, das alle Fruchtbarkeiten
und alles Blühen einschließt aller Zeiten.
Was euch hier reift ist nur ein Teilchen und
ein Tausendtausendstel der Möglichkeiten,
die drinnen jedes Samenkorn umschließt,
die drinnen, wos euch jetzt noch dunkel ist,
in Gottes wahrem Reich sich vorbereiten

und sichtbar werden allen, deren Augen
für solche Gotteswirklichkeiten taugen
und Saat in Saat und Korn in Korn entdecken.
Denn erst die hunderttausendsten verstecken
die Blütengärten ferner Ewigkeiten.

Das ist das innre Reich, ist Gottes Welt,
wie eure Seele Gottes innres Reich
und Wurzel eures Leibes ist zugleich.
Dort bin als Herr und König ich bestellt.
Dort wohne ich seit langem, und es zieht
mich wieder hin, wenn hier das Ende winkt.
Was soll mir da ein Reich, wie ihr es bringt,
und wie es euch um eure Füße blüht?«

Was erst Entzücken war, das wird nun Staunen
und Fragen in den Augen ringsherum.
Und was erst Sturm war, wird nun wieder Raunen,
und auch das Raunen schweigt und es wird stumm.
Sie stehen wortlos, ratlos überall.

Erblassend fragt der Sprecher noch einmal:
»Wahrhaftig, Herr, soll dies die Antwort sein?
Versagst du, was wir bitten, weigerst du,
was wir bedürfen? Reut dich nicht, wozu
die Herzen dieses deines Volkes schrein?
Ich glaub es nicht; du mußt sie wiederholen,
die Nachricht, wenn wir sie begreifen sollen.«

Da sprach der Herr: »Das wahre Gottesreich
sucht es in eurer Brust. Da solls euch werden.
Doch niemals kommts mit äußeren Gebärden,
durch Schwerter- und durch Waffenlärm zu euch.
Sucht aber einer sich sein Reich auf Erden,
so wird ihm nie das andere zugleich:
Das Irdische muß aus dem Ewgen treiben,
in Gott muß seine Wurzel haften bleiben.«

Kaum er so sprach, da griff, der vor ihm stand,
der greise Edle in des Herzens Leid
den Saum aus Purpur, und mit harter Hand
zerriß er über seiner Brust das Kleid –

und wandte leise sich, und dabei rollten
die Tränen ihm auf seine Wangen nieder.
Und auch, die knieten, standen gleichfalls wieder
und wandten sich, und ihre Herzen grollten.

Jedoch der Jüngling dreht sich blitzschnell um
und schrie: »Du hättest Rettung uns gebracht
und willst nun nicht? Soll unser Volk darum
zugrunde gehn in seiner Schicksalsnacht?
Du, der du wähnst, du seist des Volks Prophet,
hast du kein Herz den unerhörten Leiden?«

Da sprach der Herr: »In Gottes Garten geht
der Gärtner auch und muß die Hecken schneiden,
daß sie nicht wild ins Kraut, nein, wurzelstark
ins Innre wachsen, muß die Rinden ritzen,
dann blutet das Kristall aus ihrem Mark.
Doch mitleidlos verstümmelt er die Äste,
daß sie wie Krüppelarme stehen, die Reste,
und selbst den dünnsten schneidet er die Spitzen.
Kann es nicht so auch unserm Volke nützen,
ins Innere die Wurzeln neu zu führen,
selbst wenn wir unser äußres Reich verlieren?«

»Du hast nur Worte«, rief der Jüngling blind
vor Schmerz und Zorn, »und deine Worte höhnen
all jene, die zu dir gekommen sind,
und deren blutge Qualen dich umstöhnen.«
Und zu der Menge schrie er hin: »Ja, geht,
ja, geht nun, ihr Verlassnen! Der Prophet
kennt eure Sorgen nicht und euer Sehnen.«

Da kam Bewegung in das Volk und aus
der Erde rissen sie die bunten Zelte
und das Gezweig in heller Wut heraus.
Und dröhnend schwolls. Und voller Sorgen stellte
sich Petrus vor den Herrn und blickt ihn an,
der lächelnd sprach: »Du siehst, das Wetter fährt,
das erste, aus der Ferne schon heran,
des Blitz mich einst verbrennt, doch auch verklärt.«

Dann standen sie, die Zwölf, um ihren Meister
wie Felsen in dem Toben eng beisammen.
Doch viele gingen, die in Hoffnung kamen:
Wie Wasser teilt der Felsen Geist und Geister. –

Als es indes im Kreise ruhger nun
und stiller ward, da fragt auch Petrus: »Herr,
so sollen wir denn künftig gar nichts mehr
für dieses unser äußres Leben tun,
um unsern Brüdern, die wir darben sehn,
in ihren äußern Nöten beizustehen?«

Ihm sprach der Herr entgegen, – und das Schweigen.
nahm seine Worte auf, und langsam hörten
auch viele von den eben noch Betörten
die reinen Klänge aus dem Mißklang steigen:

»Es zog ein Mann nach Jericho hinaus
und fiel dabei den Räubern in die Hand.
Die schlugen, raubten, zogen ihn dann aus
und ließen ihn todwund am Straßenrand.
Da kam ein Priester, der von ungefähr
dieselbe Straße ging, gedankenvoll,
wie man dem armen Volk, das doch so sehr
bedrückt ist, aus der Knechtschaft helfen soll,
und wie die Priesterschaft, die ihre Macht
verlor, was ihr geziemt, zurückgewönne,
und wie man neu das Reich begründen könne.
Doch als ers so im tiefsten Sinn bedacht,
blieb ihm die Zeit nicht, im Vorübergehn
den Armen dort in seinem Blut zu sehn.

Auch ein Beamter, der am gleichen Tage
desselben Weges wandelt, sah ihn wohl,
doch ungeschickt in einer solchen Lage
und ahnungslos, wie man hier helfen soll,
ließ er ihn liegen trotz der schweren Wunden.

Erst als dann wiederum nach langer Zeit
ein Dritter kam, voll von Barmherzigkeit,
ein Samariter, wurde er gefunden,
mit Wein gelabt, mit mildem Öl geletzt,

mit sanfter Hand und reinem Lein verbunden
und mit Behutsamkeit aufs Pferd gesetzt.
Dann führt der Samariter ihn hinein
ins nächste Dorf und pflegt im Gasthof sein.

Tags drauf erst setzt er seine Reise fort,
nachdem er noch dem Wirt sein ganzes Geld
zurückließ und so manches gute Wort
und sprach: ›Nun pflegt ihn, und wenn etwas fehlt,
so wirst du sehn, das, was du mehr tust, zahle
ich dir gewissenhaft beim nächsten Male.‹

Wer von den dreien, Feunde, tut nun mehr
für seine Brüder, die das Leid bedrückt:
Wer seinen Nächsten rettet oder wer
mit Rettungsplänen in die Zukunft blickt?
O liebet euren Nächsten, liebt ihn gleich
euch selber, und liebt Gott mit ganzer Kraft
und innerstem Gemüt: Nur so erschafft
ihr hier auf Erden schon sein wahres Reich!«

Kaum er so sprach, da beugt, der vor ihm stand,
der Jüngling, seine Kniee und verharrt,
als sei er durch ein Zauberwort erstarrt,
bewegungslos, die Stirne auf dem Sand.
Dann sah er lange kniend zum Herrn hinauf,
aus dessen Blicken er sich Hoffnung sog,
bis ihm der Herr die Hand gab und, ihn auf
die Füße wieder stellend, zu sich zog.

Da sprach er leise: »Meinst du, Herr, ich kann
auch jenes wahre Glück einmal erringen
wie aus Samaria der brave Mann
und mir den Platz in deinem Reich erzwingen?«

»Wenn du dein Gut und alle Kostbarkeiten«,
entgegnet ihm der Herr, »den Armen schenkst
und nur auf dieses eine Ziel noch denkst,
so will ich dir schon solchen Platz bereiten.«

Da stand der Jüngling lange regungslos
und sann in seiner Seele Tiefe, sann

beklommen und voll Angst, bis er sich dann
ganz langsam wendete, ganz langsam bloß.

Doch jeder spürte, der dort stand, wie sehr
die Last ihn drückte. Und ringsum im Kreise
sank auch manch andre Stirne sorgenschwer.
»Ihr Armen!« flüsterte der Heiland leise.

Ihr armen Reichen

Ihr armen Reichen!
Die goldnen Geschmeide
auf samtenem Kleide,
Gott wird sie vergleichen
den blutvoll warmen
Herzen und Sinnen
der reichen Armen
im schlichten Linnen.

Was soll dann geschehen,
wenn er uns entkleidet,
und wenn er entscheidet,
wohin wir gehen –
zur Rechten, zur Linken?
Die Herzen allein
nur werden noch blinken
wie edles Gestein.

Er wird auf der Waage
Schale sie legen
und wird sie wägen,
dann kommt es zutage:
Die Schale der leeren
sie wird dann steigen,
die Schale der schweren
aber sich neigen.

Und Gott wird richten:
die hohlen und tauben
aus fruchtbaren klauben,

und wird sie vernichten.
Nur der wird bestehen,
der all sein Trachten
auf Schätze ließ gehen,
die Herzen befrachten.

Ihr armen Reichen,
doch ihr könnt nicht hören,
wie sie sich mehren,
des Richters Zeichen.
Ist er erst erschienen,
dann gilt sein Erbarmen
allein nur noch ihnen:
den reichen Armen.

Die Fünftausend

Als spät am Nachmittag herein vom Meer
erquickend erste Abendkühle drang,
da scharten die Fünftausend sich am Hang
des Berges wieder enger um ihn her.
Auf einem Fels, der aus der Wiese sprang,
erhöht in ihrer Mitte lehrte er,
der Heiland, und das Gleichnis und das Wort,
bei allen, die ihm lauschten, wirkten fort:

»Es schritt ein Sämann übers Ackerland,
streut weithin schwingend Korn und Samen aus.
Da fiel auch etliches aus seiner Hand,
vom Wind verweht, weit auf den Weg hinaus,
wos hurtig niederflatternd Vögel pickten.
Und etliches fiel in die Dornensamen,
die wild und üppig wuchernd es erstickten.
Und wieder andre seiner Körner kamen
ins Steinige, wos nicht viel Erde gab,
den Wurzeln Heimat mütterlich zu sein;
so wuchsen sie zwar schnell, doch welkten ab
schon unterm ersten heißen Mittagsschein.
Was aber auf dem guten Acker war,

das trieb und reifte, bis der Früchte Tracht
wohl dreißig- oder sechzigfach und gar
auch manchmal hundertfach hereingebracht.

So wird auch Gottes Rufen Früchte tragen.
Die Seele, die dem steingen Lande gleicht,
vernimmts sogar wohl schneller noch vielleicht,
und doch, es kann nicht lange Wurzel schlagen
im Herzen, welches wetterwendisch ist:
Wenn nämlich Trübsal und Verfolgung naht
um Gottes Wort, wie schnell, wie schnell vergißt
dann solch ein Herz die anvertraute Saat!

Und ähnlich Seelen, die wie Wege sind,
durch welche täglich viele Füße gehen
und Vögel fliegen und, gleichwie der Wind,
die Wünsche flattern und Gedanken wehn:
Wo so betriebsam Welt und Wirbel treiben,
kann keine Wurzel lange haften bleiben.

Auch in den Dornenseelen, wo der Zeit
und dieses Daseins Angst und Not es drückt,
und wenn nicht Not, vielleicht die Üppigkeit
des Reichtums und des Prassens es erstickt,
auch in den Dornenseelen trägts nicht Frucht:
So sehr es sich auch müht, das Gotteswort,
und nach der Freiheit, nach dem Lichte sucht,
bald ist es dort erdrosselt und verdorrt.

Drum selig jedes Herz, das fruchtbar war,
und dem von Gott die Gnade widerfährt,
daß sich ihm dreißig-, sechzigfach und gar
auch manchmal hundertfach die Saat vermehrt!

Indessen, eh der Sämann ernten geht,
droht noch ein andres Fährnis seinem Land:
Es naht der Feind, der – auch mit üppger Hand –
das Unkraut unter seinen Weizen sät.
Kornblumen blau und roter Mohn und Winden,
das blinkt in gelber Saat so herrlich bunt:
Und doch verdirbts den Acker und den Grund
der Seelen, drin sich solche Früchte finden.

Da kommt zum Sämann wohl sein Knecht und spricht:
›Soll ich nicht dieses Unkraut jäten gehn?
Wir säten doch so bunte Bosheit nicht.‹ –
›Laß es‹, sagt dann der Sämann, ›ruhig stehn,
bis wir zu unsrer großen Ernte schreiten!
Die Schnitter werdens schon vom Weizen trennen:
Sie sammeln dann die Ähren in die weiten
und hohen Scheuern und auf unsre Tennen,
das Unkraut aber werfen sie beizeiten
auf große Haufen, daß sie es verbrennen.
Doch raufst dus jetzt heraus aus unsern Saaten,
zertrittst du auch das Korn und stiftest Schaden.‹«

Indessen so der Heiland lehrte, blickte
der Abend übern Himmelsrand und kühlte
das satte Blau in Blässe, und er rückte
die Ferne weiter fort, die Niedrung füllte
ein Schleier. Selbst der Bach, der drunten schlich,
das kleine Tal entlang, verhüllte sich.

Da trat Andreas flüsternd ihm zur Seite:
»O Herr, der Tag versinkt. Die Menge nährt
hier keine Nahrung, daß sie sich bereite,
was sie am Mittag vielfach schon entbehrt.
Ich fürchte sehr, du mußt dich von ihr trennen,
daß sie im Dorf noch etwas kaufen können.«

Der Heiland, der die Rede unterbricht,
entgegnete: »Ist denn kein Vorrat mehr?«

»Fünf Brote noch, o Herr, mehr hat man nicht,
so groß die Menge ist hier um dich her,
und noch zwei Fische: Aus der Reuse holte
ein Knabe sie, der sie verkaufen wollte.
Doch nützt uns das bei so viel Hungermägen?
Wir bräuchten tausend Brote, sie zu stillen.
Drum bitt ich, Herr, jetzt um des Himmels willen
Entlassung dieser Massen zu erwägen.«

Da hieß der Herr, sich lagern ringsumher
das ganze Volk und Brot und Fische reichen,

und machte drüber seines Segens Zeichen,
und auf zum Himmel blickend dankte er.

Dann gabs den Jüngern er, daß sies verteilten
und sprach: »Gebt jedermann, soviel er will!«
Und alle aßen, die da bei ihm weilten.
Sie aßen fröhlich, und sie wurden still
und wurden satt. Und als sie nach der Speisung
die Brösel sammelten auf Jesu Weisung,
daß an der Erde nichts verkommen soll,
da wurden noch ein Dutzend Körbe voll.

Das Volk jedoch, das laut den Heiland pries,
sprach: »Solche Taten machen offenbar,
daß *er* es ist, den uns der Herr verhieß,
und daß, wer hier blieb, gut beraten war.«

Doch da der Herr es hörte, währenddessen
auch mancher Kranke wieder nach ihm fragte,
erhob er sich – er war bisher gesessen,
um auch von Brot und Fischen mitzuessen –,
und zornig sprang er unters Volk und sagte:

»Wenn ihrs erkenntet, würdet ihr euch schämen.
Doch wo Erkenntnis fehlt, fehlt auch die Scham.
Ihr preist mich nicht, weil ich herniederkam,
in meine Schule euer Herz zu nehmen,
ihr preist mich auch nicht, weil mich euer Gram
und eure armen, trüben Seelen grämen:
Ihr preist mich um das Schauspiel, das ihr seht,
wenn euch ein Wunder euer Hirn verdreht.

O wüßtet ihr ums Licht, das heller brennt
als Blinden durch mein Wunder widerfährt!
O daß ihr einmal doch das Brot erkennt,
das für den Tag nicht, nein, für ewig nährt!
Ich bin das Brot des Lebens, und ich speise
und sättge euch, lebt ihr von diesem Brot.
Kein Hungernder kommt, den ich von mir weise.
Ich gebe mich, wie Gott es mir gebot
und meinem Erdenwege anbefahl,
an jeden, welcher mich als Speise liebt.

Und jedem, der sich zum Geschenk mir gibt,
will ich mein Leben schenken, wenn einmal
am Jüngsten Tage wir die Toten wecken
und Stein und Erde von den Gräbern decken.

Wer sich mir schenkt – doch wer denn schenkt sich her?
Wen hungert denn? Nach Brot nur hungert euch,
das euch die Bäuche füllt. Und dann sogleich,
schweigt euer Bauch, schreit auch das Herz nicht mehr.
Was soll ich denn mit euch? Nach einem Reich
voll Bürgerglück, Behagen, Wohlstand, der
euch hier auf Erden satten Frieden schafft,
schreit ihr statt nach dem Sieg der Gotteskraft.

Dem einen soll ich seine Glieder beugen,
die krummen, der will gerne mächtig sein
durch meine Macht, und andre wieder schrein,
ich möchte doch für ihre Unschuld zeugen.
Dem soll ich Tote aus dem Schlafe stören,
und jenen soll ich von den Schwären heilen,
damit er schöner sei, und dritte eilen
zu mir, als könnten sie hier Neues hören. –
Wen ekelte nicht manchmal solch Gebaren!
O Freunde, solcherlei Geduld ist schwer.«

Und damit schwieg und damit stockte er,
um dann wie ganz verwandelt fortzufahren:

»Und dennoch, seht euch doch den Jammer an:
Wie voll des Elends manches Angesicht!
An Arbeit fehlts in meinem Weinberg nicht,
an Knechten fehlts mir, daß ich helfen kann.«

Und zu den Jüngern: »Helft mir doch, ihr Lieben!
Nehmt eure guten, starken Hände, segnet
und heilt und rettet, die es hergetrieben
um ihres Leibes Nöte! Und begegnet
ihr einem, der von euch noch mehr verlangt,
gebt meinethalb auch dem, wonach er bangt!

Mich treibt es weiter. Laßt mich kurze Zeit
allein noch einmal sein, daß ich mir Stärke

von meinem Vater bitte und bereit
mich manche meinem schweren *künftgen* Werke.
Ihr aber heilt und rettet, und dann sagt
dem, der um seiner Seele Nahrung fragt:
Ich bin des Lebens Brot. Wer mich verzehrt,
wird niemals sterben, nein, ihm wird das Leben,
das ewige, durch dieses Brot gegeben.
Ich bin das Brot, das eure Seelen nährt!«

Als er so sprach, da kam der Abend auch
hernieder, und er rührt mit stärkren Winden
die Dämmerung um Berg und Baum und Strauch.
Doch Dunkel lag schon in den tiefren Gründen.
Da wandte sich der Herr, um in dem Rauch
des Abendnebels langsam zu entschwinden.
Doch in dem Dunst war es, als hört man leise:
»Des Lebens Brot bin ich und ewge Speise.«

Das Brot

Ich bin das Brot der Ewigkeit.
Kommt her, ich will euch nähren!
O Not und Elend dieser Zeit:
Aus hungerwunden Seelen schreit
die Qual, die in den leeren
Geweiden wie das Feuer brennt,
weil sie nicht Brot des Lebens kennt.

Wozu hat Gott ihn umgepflügt,
den Acker dieser Welt?
Wozu euch Schmerzen zugefügt?
Doch nur, damit ihr Früchte trügt,
bestellt er euer Feld.
Ich ward hineingetan als Korn
in Krume, Steinges oder Dorn.

Nun muß ich Korn den Winter lang
im feuchten Acker bleiben.
Schon schmolz der Schnee, das Wasser drang
in meine Schale, daß sie sprang.

Wie kann ein Korn denn treiben,
eh es zerfällt, eh es verdirbt,
wie trüg es Frucht, eh es erstirbt?

So ward zur Frucht aus Samen ich,
so wird mein Leib zermahlen,
so wälzt der schwere Mühlstein sich,
so knetet man, so brennt man mich
in Glut. Zu wieviel Malen
stirbt meine Seele neuen Tod,
eh sie zu Brot wird, ewges Brot!

Ich bin das Brot, das Korn, ihr seid
der Acker und der Grund.
O nehmt mich auf! Der Acker schreit,
es schreit der Jammer dieser Zeit
nach mir aus Hungermund.
O nehmt mich auf, schlingts hungrig ein!
Mein schönster Tod ist Nahrung sein.

Nikodemus

Nacht ists, und windgehetzt und windzerfetzt
die Wolkenränder vor dem lichten Mond
im dunklen Grund, drin edelsteinbesetzt
und sternbesät die große Stille wohnt.
Darunter aber fährt das Wehen hin:
Es heult und pfeift der Sturm um Fels und Steg,
und knatternd reißts in Strauch und Blatt und in
Gewand und Haar des, der auf dunklem Weg,
sich stemmend schwer und in den Sturm gelehnt
und schrittweis, Fuß um Fuß, nach vorwärts dringt.
Wies auch in seinen Ohren saust und singt
und in der luftgen Höhle heult und höhnt,
er schreitet vor auf schmalem Höhensaum,
das hohe Haupt in Wolke, Stern und Schein.
Und in den durchgewühlten, weiten Raum
ruft er aus keuchendheißer Brust hinein.

Er spricht mit Gott, der aus dem Sturm ihn rief,
des Stimme aus dem Sturm auch Antwort dröhnt –
doch menschlichem Verstande viel zu tief
und Menschenohren fremd und ungewöhnt.

So rufen sie sich zu Gebet und Klage,
der Sturm und Jesu Stimme, Trost und Rat
und Zweifels Antwort und die letzte Frage
und frohe Zuversicht der schweren Tat.

Doch wie sie zur Gewißheit wird, da schiebt
der Mond sich durchs Gewölk und blendet nieder,
füllt silberschimmernd Luft und Schluft und gibt
jedwedem Ding des Schattens Rundung wieder
und friedlicheres Bild. – Und in dem Schein
sieht man: Es ging ein Mann dem Heiland nach.
Verfolgt er ihn? Glaubt er, allein zu sein?
Wollt er erlauschen, was er gottwärts sprach?
Er drängt noch näher zu ihm, holt ihn ein.
Der Heiland sieht ihn sich zur Seite gehen
und wendet sich, und beide bleiben stehen.

Da spricht der Mann: »Ich weiß nicht, kennst du mich?
Als Pharisäer und in diesem Land
als Glied des Hohen Rates amte ich.
Ich war bei denen, die zu dir gesandt,
um dich zu stellen: Davor hüte dich!
Wie sehr sie sich auch freund- und friedlich geben,
sie wollen dir, wenns sein muß, auch ans Leben.
Doch mich trieb eine Stimme in der Brust,
die meint, du mußt den Auftrag Gottes haben.
Wer außer Gott kann dich denn sonst begaben
für solche Dinge, wie du täglich tust?
Nun bin ich insgeheim noch einmal hier.
Doch fühl ich mich verwirrt, ich alter Mann,
und weiß nicht, was ich dir noch sagen kann,
und weiß nicht mehr: Was wollt ich denn von dir?«

Der Herr erwiderte: »Nur die auf Erden,
o Nikodem, inmitten ihres Lebens
durch Gottes Gnade neu geboren werden,
sie warten seines Geistes nicht vergebens.

Da nützt nicht Einsicht, nützt auch nicht Verstand:
Tief drin muß eine Wandlung sich vollziehn.
So wie der Wind weht, niemand weiß wohin
noch weiß woher, so fährt von Gott gesandt
das Neue auch ganz plötzlich aus den Höhlen
des Himmels in die Stille mancher Seelen,
die schon seit langem abgestorben waren
und welche nun auf einmal wieder grünen.«

Der andre sprach: »Ich soll in meinen Jahren,
so dicht vorm Grab das Leben neu beginnen?
Nein, Herr, Gott prägte jeden, wie er will.
Wer kann denn anders sein, als Gott ihn schafft?
Kein Sturm rauscht durch das Herz mehr, das er still
gemacht, und keiner Jugend Feuerkraft.
So muß ich mich denn wohl zufrieden geben,
wie Gott mich schuf; er schenkte mir das Leben.«

Da fuhr der Herr ihm jäh in seine Worte,
und wieder hüllt der Mond sich tiefer ein,
und wieder heult die Nacht aus dunkler Pforte:
»Du willst in Juda Gottgelehrter sein
und weißt nicht: wer da wirklich will, der zwang
selbst Gott noch stets. Und wenn du mir begegnest
wie Jakob, der vorzeiten mit mir rang:
›Ich lasse dich nicht, Herr, eh du mich segnest!‹,
so kämpfe ich, du wirst die Hüfte renken
wie Jakob. Aber hältst du mich dann fest,
erstickst mich lieber, ehe du mich läßt, –
was soll ich tun, als dir den Segen schenken?«

Und hochgerichtet schrie der Heiland laut
und stand im Sturm: »So komm doch her zu mir!
Ich stelle mich ja, Nikodemus, dir,
falls dir vor einem solchen Kampf nicht graut.«

Doch Nikodemus sträubt das Haar, entsetzt
hob er die Hände, als er Gott so sah.
Denn zwischen Felsen stand der Heiland jetzt
als wie ein ungeheurer Felsen da.
Und seine Worte dröhnten so, als brüllte
ein großer Berg, der Menschensprache lernte,

daß er das ganze Tal mit sich erfüllte
und selbst der Sturm sich winselnd weit entfernte.

Dann aber plötzlich stand er wieder licht
und sanft vor ihm in milder Nacht und mild,
und sein verklärtes, helles Angesicht
und sein Gewand war silbereingehüllt,
und seine Stimme schwang wie Harfenton:

»Wer könnte denn an Mut und Kraft ein Held
gleich Jakob sein? Drum sendet Gott den Sohn
um eure Neugeburt ja auf die Welt.
Der wird erhöht im Schmerz und wird verklärt
im Leid, damit für euch, die ihr das Leid
so hoch nicht tragt, weil ihr zu schwächlich seid,
er durch sein Leiden auf zum Himmel fährt.
Und wer sein Zeichen kennt, das er errichtet,
und wer ihm glaubt und hin zum Vater geht
und schlicht und voll Vertrauen zu ihm fleht
und spricht: ›Sieh, Herr, das Leid der Welt vernichtet
selbst Gottes Sohn, drum zieh mich aus dem Leid
durch neues Leben in die Herrlichkeit!‹,
dem kann Gott seine Bitte nicht versagen.
Und aus der Höhe eigner Schmerzen weiter
in Sohnes Höhe wie auf einer Leiter
wird ihn sein Schritt in Gottes Höhe tragen. –
Dankt Gott! Der Sohn kommt wie ein Licht herein
in eure Finsternis. Da flüchten die,
die Böses suchen und das Gute scheun.
Doch alle, die sich an der Wahrheit freun,
von selbst dem Licht entgegen eilen sie,
damit die Wahrheit sie bei Lichte sehen:
So dürft ihr durch den Sohn zum Vater gehen.«

Als er so spricht, da wandelt sich die Nacht
aus Herbst in Frühling, und wie weggefegt
ist das Gewölk. Der Mond steht rund, die Pracht
der fernen Sterne funkelt unbewegt.
Er schreitet aufwärts, langsam und bedacht.
Und wie auf Flügeln lautlos schwebend trägt
es ihn in Höhn, wo keine Uhr mehr schlägt.

O Freiheit monddurchglänzter Frühlingsnächte,
wer uns den Atem deiner Gipfel brächte!

Doch Nikodemus blieb. Ein Frösteln ging
ihm durch den Leib und schüttelte ihn leise.
Er dachte stumm: »Ich bin gleichwie ein Ring,
ein glatter Ring, der endet nicht und fing
nicht an, dreht sich vielleicht im Kreise
ganz langsam nur im eignen Laufe hin.
Doch niemand weiß: vielleicht auch blieb er stehn.
Ich weiß es selber nicht. Warum denn bin
ich nicht imstande, anders mich zu drehn?
Warum denn kannte ich es nie, das Leid
und alles, was auf Erden nicht Gesetze
und Gleichmaß kennt und Richtung in der Zeit?
O käm doch, der die ebne Mäßigkeit
des Ringes einmal sprengte und verletzte! –
Was aber kann ich tun? Es fügen sich,
wie sich in Gottes Plan die Dinge fügen.
Vielleicht, daß er für keins der Werke mich
als Werkzeug braucht, so ließ er mich denn liegen.
Mein Denken kreist nun: Überflüssig Ding!
Nichts als ein glatter, fugenloser Ring!«

Er dacht es ohne Groll, im Innern nur
das Frösteln schüttelt ihn, das durch ihn ging.
Die Zeit stand um ihn still. Die große Uhr
der Sterne, die zu seinen Häupten hing,
lief nicht mehr weiter. Auch der Mond stand groß
und rund und staunend und bewegungslos.

O Bergesfreiheit, Mondnacht, Silberlicht!
Nur wessen Herz ertaubt ist, spürt euch nicht.

Der Wanderer

O Freiheit monddurchglänzter Frühlingsnächte
  auf Bergeshöhn!
Die Gipfel schwimmen auf der düstern Schächte
  und Schluchten Schattenseen.

Wie Schneestaub schimmert um die stolzen Spitzen
ein Silberflirrn.
Und flimmernd aus dem Dunkel drüber blitzen
Gestirn, Gestirn, Gestirn.
Oft wandert Gott in solcher Nächte Klarheit,
will er allein
mit sich und seiner silberkühlen Wahrheit
und will er einsam sein.

Wer ihm auf solcher Wanderschaft begegnet,
der weich ihm aus!
Noch keiner ward, der so ihn traf, gesegnet.
Doch fand er wo ein Haus,
darin die Herzen glühten und ein Licht
im Fenster glomm,
dann trete er herein und zögre nicht
und bete: ›Herr, o komm!
O komme, Herr, um unser Gast zu sein!‹
Dann eilt Gott hin
und kehrt in Haus und Herzen gerne ein
und bleibt und wohnt darin.

Die Jünger

Der Tag war lang und arbeitsreich die Stunden,
seit sie der Herr sich selber überließ.
Sie plagten sich, wie er zu tun sie hieß,
mit vieler Leiber, vieler Seelen Wunden
und führten viele in den See hinein,
die sie um ihre Taufe bitten kamen,
und tauchten sie auf Jesu Wort und Namen
ins Walln und Wogen auf dem Strande ein.
Dann aber, als zur Nacht die Kraft gebrochen
des Sturmes, und die Wasser stille waren,
da stiegen sie, wie mit dem Herrn besprochen,
allein zu Schiff, um wieder heimzufahren.

Das Segel schlafft. In dunkler Wasserfläche
stand wie im Himmel so auch tief im Meer

der Sterne Bild rings um die Bordwand her.
Und daß der schöne Spiegel nicht zerbreche,
der tiefe, nächtge Grund um ihren Kiel,
wenn ihre Ruderschläge ihn zerreißen,
so hielten sie die Riemen schweigend still
und starrten in das Glitzern und das Gleißen –
und träumten wohl, ihr Fahrzeug sei ein Stern,
mit dem sie lautlos durch die Sternenweiten
der nächtlichen Unendlichkeiten gleiten,
des Sonnentages hellen Ufern fern.
Nur manchmal hängte einer seine Hand
ins Feuchte, das sie prickelnd kühl umsäuselt.
Dann splittert das Gestirn im See, ein Band
von Lichtern flirrt und flimmert, eng gekräuselt.

So trieben sie und träumten müde fort.
Matt klatscht das Segel. Unter seinem Zug
murrt dumpf ein Tau. Sanft plätscherts um den Bug.
Johannes endlich sprach das erste Wort:

»Auf welcher Straße mag er nun wohl schreiten?
Wie seltsam das Gefühl: wir sind allein!
Könnt ihr noch denken, ohne ihn zu sein,
das Leben so zu führen wie vorzeiten?
Erinnert ihr euch noch an jenen Tag,
als er uns nahte? Ach, mir ist: es waren
nicht Tage nur, was uns dazwischen lag,
es war wohl schon vor vielen, vielen Jahren.
Als wären wir verzaubert scheints seither.
Die Wege, welche uns zu Füßen liegen,
es sind die gleichen Wege längst nicht mehr.
Oft denke ich, wir schreiten nicht, wir fliegen
darüber hin. Die harten Dinge, die
im Raume hindernd stehn, Haus, Berg und Wald,
sind dabei nicht mehr Hindernis und Halt,
nein, wir durchdringen und durchschweben sie.
Und alles, selig körperlosen Seins,
fließt ineinander und wird mit uns eins.«

Nur Petrus lachte ob des Jünglings Sinnen:
»Johannes liebt zu dichten. Doch ists wahr:
Wir wurden ganz und gar und wunderbar

verwandelt tief in unsern Herzen drinnen.
Ist das die Liebe, die durch ihn uns glüht,
und die er uns zu allen anbefahl?
Ists, daß er unser jedem erst einmal
die Augen aufgetan hat, daß er sieht?
Eins ist gewiß: Wir sind nun nur noch er,
ganz er und werden niemals anders mehr.«

Doch Thomas' Stimme sprach: »Ihr seid verzückt
und scheint mir nicht von dieser Welt zu sein.
Faßt euch indes, ihr zwei: Das Schicksal rückt
uns alle wieder in die Welt hinein!
Vernahmt ihr gestern nicht, wie sie mit Lärmen
schon überall die Feuer um uns schüren?
Bald kommt die Zeit, da heißt es, statt zu schwärmen,
die Schwerter fester um die Hüften schnüren.
Dann könnt ihr zeigen, Freunde, wer ihr seid!«

Philippus sprang vom Sitz, es wippt das Schiff,
daß jeder, Halt zu suchen, um sich griff:
»Ich bin bereit. Ist einer *nicht* bereit?«

Da lachten alle seines Eifers sehr.
Jakobus aber rief: »Nun warte nur,«
und richtete das Ruder, dran er fuhr,
»noch sind wir hier ja mitten auf dem Meer,
und noch ist ja kein Feind uns auf der Spur!
Doch glaub ichs auch, wir werden es erleben:
Gewalt wird gegen ihn die Hand erheben.«

»Was wird dann anders sein«, warf unmutvoll
Andreas ein, »kann denn Gewalt ihm schaden?
Gott sendet ihm, wenn er ihn bittet, wohl
auch Waffen – und auch Engelmyriaden.
Dann werden alle sehn, wie herrlich er
inmitten dieser Engel steht – als Held.
Dann offenbart es sich, auch plötzlich, wer
er ist, vor jedermann und aller Welt.
Dann braucht er keine jener Kronen mehr
zu nehmen und zu weigern, denn es fällt
ihm alles zu: die Macht, die Kraft, das Reich
im Himmel und auf dieser Welt zugleich.«

Da rief auch Judas: »Ob er sie nicht gar
schon längst herbeisehnt, diese große Stunde,
wenn sich der Himmel auftut und die Schar,
das Riesenheer der Engel wunderbar
schwertblitzend niederfährt, mit ihm im Bunde
die Welt in seine Herrlichkeit zu zwingen
und ihr trotz ihres Trotzes Heil zu bringen?
Ja, so wirds sein, so wird es wirklich sein:
Wir werden herrlich ihm zur Seite stehen.
So wird es sein! Und er wird uns verleihn,
wie er verhieß, sein Gottesreich zu sehen.«

Hier fiel mit sanftem Tadel Petrus ein:
»Ziemt es sich denn, Gedanken nachzugehen,
die unser Meister noch vor uns verschloß?
Ruht nicht das alles in der Zukunft Schoß?«

Und wieder schweigen sie, indessen hohl
die Wasser glucksend an die Bordwand pochen.
Nur leise, gleichsam an die Nacht gesprochen,
flüstert Johannes: »Was geschehen soll,
geschieht gewiß. Und sink ich auch ins Grab,
mir tät es nicht um die Gefolgschaft leid,
denn diese kurze Lebensspanne gab
mir mehr als andern Lebensseligkeit.
Und mit dem Alltag um Sekunden handelt
wohl niemand, der zuvor durch Wunder wandelt.« –

Ein Fisch, der sprang?
Sie blickten stumm hinüber.
Es surrt und sang:
Ein Falter flog vorüber.
Die Wolke glitt,
die drunt im Wasser schwamm,
gemächlich mit.
Auf einmal aber kam
laternenhell
der Mond hervor und spannt
sehr schmal und schnell
sich einen Pfad ans Land.
Den Flitterweg,
der schimmernd blitzt und blinkt,

den Lichtersteg,
der hell zum Kahn sich schwingt:
Wer kann ihn gehn?
Es macht den Augen Weh,
ihn nur zu sehn
im Dunkel auf dem See.

Doch da, ganz plötzlich auf dem feuchten Pfade
steht etwas Helles, scheint sich gar zu nahn,
setzt Fuß vor Fuß aufs Wasser und gerade
ihr Boot, ihr kleines, steuerts winkend an.
Wahrhaftig, ja es winkt: ein Wandersmann,
als ob er sie, auf ihn zu warten, lade.
Um seine Füße, ohne einzusinken,
sieht man die Tropfen wie Kristalle blinken.

Sie starren mit verhaltnem Atem hin
und meinen jeden Augenblick, der Grund,
der schwanke, wird sich auftun, und der Schlund,
der dunkle, ihn in seine Tiefe ziehn.
Und allen klemmt die Angst sich in der Brust,
der Schmerz sich zwischen Herz und Kehle ein.
Denn jetzt erst, jetzt erst sind sie sich bewußt:
der draußen geht, kann nur der Heiland sein.

Und polternd dreht Jakobus voller Hast
das Ruder ein im ersten wirren Denken.
Andreas springt ans Segel, das er faßt,
und will das Boot, den Herrn zu retten, lenken.
Ein wildes Drängen hebt im Kahne an.
Und Thomas schiebt schon ein Gestäng heraus.
Doch streckt der Herr die Hand nicht danach aus,
nein, steht nur schweigend, wie er je getan,
und wiegt das Haupt nur lächelnd, als er spricht:

»Von Engelmyriaden hört ich doch
so stolze Hoffnungsworte eben noch.
Und hier, Kleingläubige, hier glaubt ihr nicht,
obgleich ihrs seht, daß mich die Fluten tragen,
und daß sie still mir halten, starr und still!
Wie wird euch erst die Qual des Zweifels plagen,
wenn ich die Engel einst *nicht* rufen will!«

Da standen alle Jünger tief beschämt
und senkten ihre Stirn. Hochaufgericht
stand Petrus nur: »O Herr, wenn er dich grämt,
der Zweifel«, rief er, »Herr, ich zweifle nicht.
Ich glaube, Herr. O laß mich doch hinaus
zu dir aufs Wasser treten, daß ich sehe:
Mein Glaube trägt mich so wie dich, ich stehe
so fest wie du im schwanken Grunde draus.«

Schon sprang er über Bord, und wirklich fand
er auf dem Wasserspiegel festen Halt.
Ganz eben war die Fläche, drauf er stand,
so eben, hart und glatt, als wärs Asphalt.
Er spürts verwundert, und den ersten Schritt
tut er zum Herren, den er lichtumsprüht
im kühlen Dunkel vor sich leuchten sieht.
Er tut den zweiten und den dritten Schritt
noch immer über harten Grund: Da war
auf einmal alles ihm so sonderbar.
Er fühlte, wie im gläsern-dunkeln Schoß
tief unter seinem Fuß das Wasser floß,
und wie der Tang sich wiegte, so wie Haar
im leisen Windhauch hin und her sich wiegt,
und wie so Fisch um Fisch durchs Wasser fliegt,
sich vorwärtsschleudernd mit der Flosse Kraft
durch einen Zwielichtwald von Gras und Stein,
Buntmuscheln, Rudersternen zauberhaft
in nächtger Gruft unheimlich klar und rein:
lebendges Atmen und der Tod zugleich.
Und er erbebte, als er es gedacht,
des Abgrunds tiefes Wunder und die Nacht
der feuchten Schluft. Ihm ward der Boden weich.

Da unter seinem Schuh zerbarst der Grund
und zog ihn nieder. Und er sank und schwamm
und fiel und glitt. Ein Schwall von Wasser kam
ihm schwappend in die Augen und den Mund.

Die Zunge schmeckt den brackig-faulen Brei.
Der Atem stickt darin. Und faltig klebt
das Kleid um Arm und Fuß ihm, die er hebt.
Die Angst schnürt schon im Halse ihm den Schrei.

Und Mond und Sterne über ihm zerflossen
und loschen, als die Fluten ihn umschlossen.

Da griff ihn plötzlich eine feste Hand
und hob ihn. Und es troff ein dichter Strom
ihm aus dem Haar, von Schultern und Gewand,
bis er, nach Atem schnappend, wieder stand.
und über ihm der ferne Sternendom.

Dann zogs ihn, schlotternd noch an Knie und Leibe
mit vielen Händen in den Kahn hinein.
Er sah den Herrn. Ihm spann im Haar der Schein
und hinter seinem Haupt die Mondenscheibe.

Da fuhr die Scham mit doppeltem Gewicht
und auch die Angst in seine Glieder ein.
Und fast gehorchte ihm die Zunge nicht.
Sie bebt und stockt: »Kannst du mir je verzeihn?«

Der Herr jedoch mit fester Stimme sprach:
»Wenn euer Glaube ohne Grenzen wäre
und nicht im innern Kern und Keim noch schwach,
und sprächt zu jenem Berg ihr: ›Komm zum Meere
und stürz hinein!‹, er käm dem Auftrag nach.

Doch eines ist noch mehr: um jene Heere
von Engeln, die uns helfen, nicht zu schrein,
und nicht die Straße der Gewalt zu wählen,
nein, sich der Welt und ihrer Satzung stellen
und ohne Schuld in Schmerzen stumm zu sein.«

Ohne Schuld in Schmerzen . . .

Ohne Schuld in Schmerzen
stille sein und schweigen,
und die Würde zeigen
stolzer, reiner Herzen.
Um die Krone ringen –
seis zu Leidens Lohne
auch die Dornenkrone.

Und das Opfer bringen
als den Preis der Reife,
als den Preis der Fülle,
welchen Gottes Wille
setzt, daß man ihn greife:
Schmach und Not für Ehren,
Angst für Wohlbehagen,
und für Glück Entsagen,
und für Lust Entbehren.

Bis wir endlich sehen,
daß es für uns keinen
Weg als nur den einen
gibt, und wir ihn gehen,
auch wenn wir die weißen
Füße an den spitzen
Steinen blutig ritzen
und sie ganz zerreißen.

Dann zieht Gott am Ende
auf der Schmerzen Schwelle
uns zu sich ins Helle
und greift unsre Hände.
Und wenn wir nicht schreiten,
nicht mehr gehen können,
weil die Sohlen brennen,
schweben wir und gleiten.

Wer zählt die Schritte?

Wer zählt die Schritte wohl und wieviel Male
stieg schon die Sonne aus den fernen blassen
Gewölken, drin sich Gottes Erdenstraßen
verlieren in dem morgendlichen Tale?

Kennt man den Abend schon, wenn in den Gassen
erst schläfriggrau ein Dunst sich unterm Strahle
der kühlen Frühe reckt und deren fahle
Lichtfluten kaum der Dächer Giebel fassen?

O Ungewißheit, große Bangigkeit,
die uns beklommener zu atmen zwingt!

Der Tag wird nicht mehr hell, auch wird die Zeit
der Finsternis nicht dunkel, denn es schlingt

die Nacht das Licht ein, bis sies wieder speit,
und bis es uns den wahren Morgen bringt.

Die Samariterin

Von nun an war der Herr nicht mehr allein.
Die um den Hirten sich zusammenballten,
wie Lämmer ihn umwogten und umwallten,
oft mochtens an die tausend Menschen sein.

Nur wenn am Mittagspunkt die Sonne stand
und alles in der Dörfer Schatten hockte
(auch abends, wenn der warme Hafen lockte),
streift er noch manchmal einsam übers Land.
Die Jünger ließ er ruhn, sie schliefen dann
behaglich unter Buschwerk oder Dach.
Er aber schlendert hügelab und -an.
Ihn hielt die ungetane Arbeit wach.

So trat er einst in einen Ölbaumhain.
Erstickend strömt der dürren Gräser Duft,
durch lichtes Blattwerk sprühte Sonnenschein
und lastend drückte heiß die schwere Luft.
Doch ohrbetäubend zirpten ihre schrillen,
lichtschrillen Lieder Millionen Grillen.

Da stand nun sonnenstumm und traumumsponnen
unterm Gesims der Zweige in dem Glast
– die kühle, irdne Röhre eingefaßt
von runder Mauer – auch ein alter Bronnen.
Der Herr hielt auf der Mauer sitzend Rast
und schaut, wie ihm ins dunkle Rund entrückt
aus feuchtem Grund sein Bild entgegenblickt.

Doch plötzlich blickt ihn aus dem Spiegel drunt
bei seinem noch ein andres Antlitz an.
Ein junges Weib trat katzenschnell heran.
Tief lacht im Brunnenschacht ihr roter Mund.
Und hohle Krüge poltern auf den Rand,
der Eimer an der Windenkette klirrt.
Er gleitet nieder, läutet an der Wand,
klatscht dann aufs Wasser – und das Bild zerflirrt.

Der Herr blickt auf: Der Mund lacht näher nun,
die Augen drüber lachen blitzend mit.
Die schwärzlichen, verwirrten Haare ruhn
auf weißer Schulter, der das Kleid entglitt.
Ihr junger, schöner Arm indessen wand
den Eimer hoch. Doch als das Sprühn und Blinken
sie in die Krüge goß mit sichrer Hand,
lechzte der Herr: »Komm, laß mich gleichfalls trinken!«

Da hielt sie denn nun doch erschrocken still.
»Herr, ist dir nicht bekannt«, rief sie, »ich bin
von jenem Stamme – Samariterin –,
mit dem der eure nicht Gemeinschaft will?
Du irrst, wenn du mich deinesgleichen dachtest.
Sonst tränkst du nicht mit mir, die du verachtest.«

Hell das Gezirpe hing im schwülen Raum.
Der Heiland aber lächelte ihr zu:
»Ich irrte nicht. Doch du, du sprächst wohl kaum
mit mir, so wie du sprachst, kenntest mich *du*.
Dein schöner Mund würde dann durstig sein
nach *meinem* Brunnen und nach *mir* nur flehn:
›Herr, schenk mir lieber *deine* Wasser ein:
lebendge Wasser, die nicht stille stehn
und nie versiegen. Schenke *du* mir ein!‹«

Da lachte sie und zirpte schwatzhaft: »Fließt
dergleichen Wasser wirklich, zeig es mir!
Du ahnst ja nicht, wies jeden Tag von hier
heraufzuschleppen so beschwerlich ist.
Wie viele Mühe könnt ich mir ersparen!«

Der Herr entgegnet voller Heiterkeit:
»Das ist ein Grund, dem muß ich wohl willfahren.
Hol deinen Mann nur her, ich bin bereit,
daß ich den Quell euch beiden zeigen kann!«

Sie wurde rot: »Ich habe keinen Mann.«

»So? Hast du keinen Mann? Ich dächte doch,
du hättest deren sieben mit der Zeit
und einen von den sieben hast du noch,
obwohl ihr beide nicht verehlicht seid?
Freilich, wer so viel liebt, der weiß nur schwer:
Wem gilt die Fülle dieser Liebe grade.
Gutmütig, wie ihr seid, schenkt ihr euch her,
und keine Kostbarkeit ist euch zu schade.
Und eure Herzen, lieber zärtlich hängt
ihr sie an sieben, eh ihr einen kränkt.«

»Herr«, sprach die Frau und lachte nun nicht mehr,
»Herr, ein Prophet mußt du, ein Weiser sein.
Wo käm dir sonst ein solches Wissen her
und sähst so in mein Inneres hinein? –
Doch hat es leicht, wer mich verspotten will:
Ich weiß bloß, was ich lernte, und von dem
verlernte ich inzwischen auch noch viel.
Ich weiß: *Ihr* betet in Jerusalem,
wir beten hier auf diesem Berge an.
Doch niemand sagt uns, wers Gott recht getan.«

Da ward nun Jesus gleichfalls ernst; es ging
sein Blick hinauf in jenen lichten Raum,
darinnen Blätter und Gezweig und Baum,
gesticktes Rankenwerk, am Himmel hing.
Dann sprach er: »Glaube mir, bald kommt der Tag,
da wird man weder hier auf diese Höhn
noch nach Jerusalem zu beten gehn,
nein, wer dann mit dem Vater sprechen mag,
braucht nur zum klaren Himmel aufzusehn.
Wo er auch sei, stets schaut er Gottes Klarheit,
kann er mit reinem Herzen vor ihn treten.
Denn Gott ist Geist. Er will, daß in der Wahrheit
des Geists wir und im Geist der Wahrheit beten.«

Mit offnem Munde staunend sah sie ihn.
Es schimmert ihrer Perlenzähne Streif
aus ihren Lippen, deren Röte schien
wie Frucht, die aufbarst, üppig, voll und reif.
Die Brust, sie atmete ihr tief und schwer,
die Augen spiegelten Beklommenheit.
»Es hieß«, preßt sie heraus, »in kurzer Zeit
käm auch zu uns hier ein Erlöser her,
ein Gottessohn, er würde Christus heißen
und würde uns in allem unterweisen.«

Die Grillen hielten einen Atem lang
im Zirpen ein. Nur das beklommne Schweigen
und jene Glut blieb, die im Laubwerk schwang.
Dann aber plötzlich trillerten die Geigen,
darüber wirbelnd schrill der Bogen sprang,
erneut, um noch erregter anzusteigen.
Der Herr mit unbewegtem Angesicht
griff ihre Hand: »Ich bins, der mit dir spricht.«

Da sah man blitzschnell nun die Frau sich drehn,
sie sprang und lief, so schnell ihr Fuß sie trug,
indes der Saum ihr um die Knöchel schlug.
Sie ließ den Eimer und die Krüge stehn.
Sie lief mit blinder Hast und lief und lief
durch Wiesen, Äcker und ins Dorf hinein
und durch die Straßen, und sie lief und rief:

»Seht hier den Mann – er muß wohl Christus sein –,
der mir auf einmal aus der Seele tief,
was ich nur selber weiß, gelesen hat
und alles, was ich im geheimen tat!«

Das Geheimnis

Alles, was ich im geheimen
tat, liegt deinen Blicken offen.
Du erkennst es schon im Keimen,
siehst das Wünschen, Wähnen, Hoffen.
Jede Tiefe kannst du sehen

und wie in den sonnenhellen
oder dunklen Herzensquellen
Fischen gleich Gedanken stehen
und sich durch die Wasser schnellen.

Siehst die Träume schwer sich senken
und im Boden Wurzeln schlagen,
grüne Schläuche lichtwärts lenken
und am Spiegel Blüten tragen.
Und die Blätterteller schwanken,
die auf blinder Fläche Weiten
ihren blanken Teppich breiten.
Doch in Traum nur und Gedanken
kann der Fuß hinüberschreiten.

Drunter auf dem Grunde gluten
über Steinen weiße Lichter,
schlammumwirbelt in den Fluten
dunkler steht das Moos und dichter.
Du siehst auch durch *sein* Gewebe,
wo sich Wurm und Kröte nähren,
Räuber, die die Stille stören.
Siehst, ob es sich neu belebe,
und ob sich die Wasser klären.

Gib, daß sich der Grund nicht trübe,
daß er lauter sei und heiter!
Gib, o Herr, durch deine Liebe,
daß der helle Brunnen weiter
sprühe, und daß deine Sonne
mich durchscheine und durchwärme,
sorglos gleich der Fische Schwärme
Wunsch drin und Gedanken wohne,
und daß mich kein Trübsinn härme!

Die Freiheit

Dort wo der Weg am steilen Seegestade
durchs Weizen- und durchs Maisfeld abwärts ging,
da wälzte unterm Blau, das drüber hing,
sich eine dichte Wolke auf dem Pfade,
ein Ball aus Staub, von Tausenden von Schuhn
in ausgedörrter Radspur aufgerührt.
Denn von dem Herren und den Zwölf geführt,
wogt fast ein Heereszug nach Süden nun.

Am Mittag lagerten sie sich am Rain.
Die Jünger streiften durch das Feld und brachten
Maiskolben aus dem Dickicht und entfachten
am Weg ein Feuer, taten Mais hinein
und rösteten ihn braun. Herb stieg der Duft
und heiß und würzig durch die stille Luft.
Jakobus holte einen Krug voll Wein.
Sie reichtens müde ihrem Herrn zur Speise.
Der aß und trank. Dann standen alle stumm
und mit sich selbst in tiefem Groll herum.
Der Wind nur wisperte im Maisfeld leise,
und nur der Menge Flüstern drang daher,
die abseits, dicht am Korn, gelagert war.

Der Herr sprach zu den Jüngern: »Sonderbar!
Seit ein paar Tagen kenn ich euch nicht mehr.
Sagt, Freunde, endlich klar, was euch bedrängt!
Wollt ihr auf unsern langen Wandergängen
noch Groll und Gram und Kummer auf euch hängen?
Wer hat euch denn, was hat euch denn gekränkt?«

Doch Petrus hob den trüben Blick herauf:
»Herr, niemand. Wir sind selbst mit uns zerfallen,
seit unsres Glaubens Zweifel, seit wir auf
dem See zu unserm Schiff dich sahen wallen,
und seit wir dich – ach, schon wie viele Mal! –
betrübten durch der Herzen Ärmlichkeit.
Ach, Herr, du trafst mit uns so schlechte Wahl.
Statt Hilfe haben wir dir Last und Leid
und Ärgernis und Schwäche eingebracht.
Erwägen wir, was du uns zugedacht

an Amt und Pflichten, die wir noch kaum fassen:
ists da nicht besser, uns draus zu entlassen?«

Da sprach der Herr: »Ein Sklave ist und Knecht
der Sünde, Petrus, wer in ihr erliegt:
ob er nun ständig zuchtlos, schwach und schlecht
ist oder ob ein einzger Fehl genügt,
nach dem in seiner eitlen Wichtigkeit
er unaufhörlich sich das Herz zermürbt
in Reu und Vorwurf, bis ihm mit der Zeit
die Kraft zu rechter Tätigkeit erstirbt,
und bis ihm gar nichts Gutes mehr gelingt
und er sich um des Lebens Ernte bringt.

Als ob ein Bauer, der den Acker teilt,
hier diese Frucht, dort jene anzusän,
gleich nach der Saat, den Plan verwerfend, weilt
und reuig sieht: es war wohl übereilt,
Korn muß und Kraut auf anderm Boden stehn.
Als ob ein solcher Bauersmann dann spricht:
›Nun ists für dieses Jahr ja doch verquer,
wie es mir reifen könnte, reifts mir nicht,
da tue ich am liebsten gar nichts mehr.
Mag doch die Ernte auf dem Halm verkommen!
Vielleicht im nächsten Jahr pflüg ich sie ein.
Denn da ich nicht die rechte Frucht genommen,
wird jetzt das Ackern nur voll Ärger sein.‹«

Es ging von daher, wo der Heiland stand,
der Blick auf eine abgezäunte Weide,
drin Säue wühlten, offen nach der Seite,
die hin zum See abstürzt mit steiler Wand.
An ihr, wo Strauch und Dickicht wuchsen, waren
im Felsen Gräber. Und den öden Ort
mied jeder, denn es hieß von ihm seit Jahren
beim Volk und überall, es spuke dort.
Da war seit Jahren auch ein Mann bekannt,
in dessen Seele fuhr ein Dämon ein.
Mit wüstem Schreckensschrein rast er durchs Land,
triefäugig, schlangenhaarig, Schaum vorm Mund.
Und fand er wen auf seinem Weg allein,
den fiel er an so wie ein toller Hund.

Drum jagte man ihn auch und fing ihn ein
und legt in Ketten ihn. Doch allzugroß
war seine Wut. Er riß sich immer los.

Als nun der Herr dort mit den Jüngern sprach
– das Volk lag mittagsmüde stumm dabei –,
da heulte plötzlich jaulendes Geschrei
so wie von großen Vögeln und danach
ein ekles Krächzen, und die Säue hetzten,
die Erde trommelnd, auf der Weide her.
Aufsprang die Menge, blickte mit entsetzten
Gesichtern zu dem Schrei hin und zum Meer
und drängte ängstlich rückwärts. Und die letzten
umwimmelten auch schon den Heiland, der,
als alles schreckhaft auseinanderstob,
sich, Umschau haltend, ebenfalls erhob.

Da tauchte unten hinterm Felsenhang
zum Tier entstellt, ein schauervolles Bild,
der Rasende herauf. Sein Heulen drang
noch gellender, mit langen Sätzen sprang
er wie ein geiler Bock und rührte wild
die Arme, und die irren Augen rollten,
als ob sie aus den Höhlen springen wollten.

Ein Lärmen und Gelauf hob nun ringsum,
ein wirres Jagen, Schieben, Fallen an.
Die Feuer stießen sie mit Füßen um,
und hin zum Heiland drängte jedermann
und hinter ihn, um dort geschützt zu sein
vor jenem, der die Zähne fletscht und bleckt.
Und als sich alle hinter ihm versteckt,
da stand der Heiland schließlich ganz allein.
Und vor ihm auf dem Weg der Widerpart
mit angstverquollnen Augen rührt sich nicht.
Nur wie ein Hengst gebäumt und schreckerstarrt,
da er die Gottesgröße dumpf empfand,
hob er verkrampft die Händ vors Gesicht,
als ob er einen Schlag erwartend stand.

Der Heiland drang auf den Besessnen ein.
Der aber warf zu Boden sich und krallt

sich mit den Händen in den Sand hinein,
indes es heiser kreischend aus ihm schallt:
»Du, Jesus, Nazarener, laß mich leben!
Ich tat dir nichts. Soll dieses Leibs ich schonen,
mußt du mir eine andre Wohnung geben.
Laß, wenn du willst, mich in den Säuen wohnen!«

Da streckt der Herr die Hand auf ihn und sprach:
»Seht die Gestalt, wie teuflisch fratzenhaft!
Also gewinnt schnell eine fremde Kraft
in euch Gewalt, gebt ihr nur einmal nach:
Mag es das Böse, die Verzweiflung sein,
der Sündenangst und Reue Übermaß,
das Grübeln und Zermürben – kurz, all das,
was aus euch selber kommt, euch selbst zur Pein.
Und so ist diese ganze trübe Zeit:
Nach Freiheit schreit sie, weil man äußerlich
sie drängt und zwängt, und hat nicht einmal sich
von ihrem eignen innern Zwang befreit. –
Doch was vermag die Zeit, spannt ihr nur weit
die ungebrochnen Schwingen innerlich!
Denn Gott hat, der euch Freiheit gab, gewollt,
daß ihr nur ihm im Herzen dienen sollt.
Drum macht die Herzen flügge und seid frei!
Sorgt, daß nicht eurer Seele reiche Kraft
bei euch gefangen wie im Käfig sei,
nein, daß sie frei an Gottes Werken schafft!
Denn wer die Seele sich in Ketten legt,
dem bricht sie eines Tages schrecklich aus.
Und eh sie duldsam solche Knechtschaft trägt,
zerschlägt sie ihren Kerker und ihr Haus
und rast und tobt und hält nicht fürder ein:
Die ganze Welt muß erst in Trümmern sein.«

Und zum Besessnen trat er, welcher noch
gestreckt in Staub einwühlte das Gesicht,
und rief: »Fahr aus, wohin dichs treibt, jedoch
in deiner alten Hülle bleibst du nicht!«

Da krümmte sich der Irre wie ein Wurm
am Boden und fing laut zu schluchzen an,
vom Krampf durchschüttelt. Und zugleich begann

vielstimmig schrilles Wimmern wie bei Sturm.
Und pfeifend über die zerwühlte Erde
und kreischend wie in Todesangst und -schmerz
rast nunmehr die gescheuchte, wilde Herde
in wüsten, wirren Sprüngen abhangwärts –
und über jenen Abhang blind kopfüber
und stürzt, so wie Geröll, wie Fels und Stein,
schwerfällig in den See, der spritzend über
die steile Küste aufplanscht, sich hinein.
Dann ward mit einem Schlag die Stille wach –
nur der Besessne zuckte schluchzend nach.

Doch Petrus ging und hob ihn auf, mit Wanken
sah man ihn unter Petri Zugriff stehn
und kraftlos tappend ein paar Schritte gehn.
So weckt er niemandem mehr Angstgedanken.
Und viele baten: »Herr, auch uns mach frei,
wie jenen, frei vom Dämon dieser Zeit,
von ratloser Verzweiflung, Raserei
und Angst und Hast, von Gier und Geiz und Neid!«

Da sagte Jesus: »Freunde, eins bedenkt:
Was wäre wohl die Freiheit, und was wären
die Güter, welche wir so sehr begehren,
wenn Gott sie uns ganz ohne Arbeit schenkt?
Hat er euch jetzt manchmal auch ohne Mühen
geschenkt, aus Gebelust und Gnade bloß,
wars *meinet*halb und nicht der Schluß zu ziehen,
es fiele euch nun alles in den Schoß.
Ihr müßt Geduld erbitten, reinen Sinn,
daß ihr in fröhlich-freier Tätigkeit
an eurer Seele schafft, damit ihr drin
nicht arm wie eine dumpfe Kammer seid.
Wie eine hohe Halle müßt ihr werden,
in der die reinen Himmelslüfte schwingen.
Das Himmelreich ist ja nicht fern, auf Erden
schon muß es euch in eure Herzen dringen.
Und muß sie hell und muß sie sonndurchschienen
und immer freier machen, daß sie licht
und Gottes Wohnung sind, und daß sich nicht
der Welt Gerümpel sammeln kann in ihnen.

Und wiedrum gleichet auch das Himmelreich
der Kraft des Sauerteigs: Nur eine Spur
in eure Seele, die dem Brotteig gleicht,
mit Kraft hineingewalkt, ganz wenig nur,
dann geht sie mächtig auf und treibt und quillt,
bis sie die ganze Welt mit sich erfüllt.

Denn sind die Seelen einmal recht durchsäuert,
dann werden selbst sie Sauerteig und bringen
die ganze Welt zum Quellen und Erneuern,
indem sie sie mit Gotteskraft durchdringen.
Die ganze Welt, die tot jetzt in sich ruht
und stickt und stockt, ein Haufen Sand, wird leben
und atmen und sich unterm Atem heben
und brodeln wie der Feuerberge Glut.
Und ringsum wogts und wühlts, so daß bald Grenzen
und Trennung schwinden und sich alles mischt.
Selbst Leib und Seele sterben, um im Gischt
mit Gott vermengt die Schöpfung zu ergänzen.
Zuletzt ist alles Sauerteig und gleich,
und nichts mehr bleibt als nur das Himmelreich.«

Er sprachs, und Petrus trat zu ihm und rief:
»Amen. Ich weiß, o Herr, du selber bist
als Sauerteig bei uns. Und was einst tief
in unsern Seelen reglos lag und schlief,
das lebt nun, bis es nur noch Leben ist.
Ich spür es, Herr, du riegelst und du schließt
den weiten Raum uns auf, den wir ersehnen
und drin sich dann die freien Seelen dehnen!«

»So freut euch denn«, erwidert ihm der Herr,
»so freut euch mit mir, weil bei euch zu sein
mir noch vergönnt ist. Denn nicht lange mehr,
dann kommt die Stunde und ihr bleibt allein.
Indes solang der Bräutigam im Haus
herrscht Glück und Lust darin und Fröhlichkeit,
Sonntagsmusik und Tanz und Festtagsschmaus.
Noch viel zu früh naht dann die Fastenzeit.

Jetzt aber bin ich hier, nun laßt die langen
und heitern Sommertage unsres Festes prangen!«

O sommerliches Fest

O sommerliches Fest,
wie hell und klar:
Blüten und Früchte läßt
mitten im Jahr
du sich begegnen.
Der schwere Himmel deckt
mit blauer Last
die Gärten und erweckt
mit Glut und Glast
zugleich die Nebel, die uns Kühlung regnen.

So wie das Ährenfeld
mit reifer Tracht
ist auch das Haus bestellt.
Wer wird mit Pracht
und Reichtum geizen,
wenn, der so lang gesäumt,
der Bräutigam
erseht, erhofft, erträumt
zur Hochzeit kam
und ihn empfängt die Braut mit Blütenreizen?

Vom Turm Geläute schwingt,
und dröhnend quillts
hernieder, summt und singt
und tönend füllts
der Kuppel Weiten.
Und Kinderlachen girrt
im bunten Kranz
der Gäste, und es schwirrt
Musik und Tanz
und Duft und Ahnung herbstlich reicher Zeiten.

Nain

Der Spiegel jenes Sees lag hinter ihnen.
Nun glänzt es, wo der Weg talabwärts fiel,

weit drunt im Städtchen abendsonnbeschienen
wie Feuersbrunst von roter Gluten Spiel.

Der Herr, und die da mit ihm abwärts wallten,
zog einen schmalen Wiesenweg entlang,
wos silbern aus dem Grün herüberklang
vom Sensendengeln und der Mägde Sang,
drein herb und schwer der Schnitter Bässe schallten.
Doch überall wards im Vorübergehn
des Zugs von Hand und Mündern plötzlich still.
Die Schnitter eilten an den Weg, zu sehn,
was da vor Abend noch zutale will.
Und viele beugten, als den Herrn sie sahn
die Stirn zur Erde und verharrten tief.

Doch war ein Weib, das sich bei seinem Nahn
hoch auf die Kniee richtete und rief:
»Gelobt seist du, denn der verheißen war,
bist du und Gottes Sohn, der uns befreit!
Gebenedeit der Leib, der dich gebar,
die Brust, die dich gesäugt, gebenedeit!
Dir selber, Christus und Erlöser gar
von Ewigkeit in alle Ewigkeit,
sei, so wie Gott, Gebet und Preis und Dank
und Opfer dargebracht und Lobgesang!«

Ein solches Wort ward nie gehört bisher.
Und die da mit ihm gingen, sahn mit Schweigen,
ihn heimlich von der Seite an, ob er
darüber Zorn und Ärger würde zeigen.
Doch blieb er ungerührt. Auch als im Tale
ihn auf der Brücke Steg ein blinder Mann,
der stets dort bettelnd saß, mit einem Male
so wie ein Hündchen ansprang und begann
zu bellen: »Lieber Heiland, geh mir nicht
vorüber! Zahle mir erst Brückenmaut,
und schenk mir mein verlornes Augenlicht,
daß nicht mein Herz nur, auch mein Leib dich schaut!«
und ihm den Weg verstellt, daß selbst die Jünger
unwillig wurden und ihn seitwärts schoben:
da ging der Herr zu ihm und mit dem Finger
rührt er die Augen ihm. Die Lider hoben

sich aufwärts und die stumpfen Augenbälle
gewannen wieder Farbe, Glanz und Helle.

Nun schwoll rings ehrfurchtsvolles Raunen an.
Doch Jesus mahnte alle, still zu sein.
Auch dem bis eben Blinden schärft er ein:
»Sag keinem Menschen was ich dir getan!«

Und bald darauf schon standen sie am Tor
des Städtchens, hier die Nachtzeit zu verbringen.
Indessen konnten sie nicht einwärts dringen:
Von drin kam ihnen schon ein Zug zuvor,
der, wie er da durch Tor und Vorplatz quillt,
das Tor, den Vorplatz und die Straße füllt.

So stand des Heilands Schar denn aufgestaut
und wartete. – Es war ein Leichenzug:
Geschultert auf der Totenbahre trug
man einen Jüngling, ihm mit Klagelaut
da, wo Zypressen an den Gräbern wachen,
sein letztes Erdenbett zurecht zu machen.

Voran mit wallenden Gewändern gingen
die Weiber und die Priester in Gebeten.
Dann Jünglinge mit Harfen und mit Flöten,
dem abgeschiednen Freunde durch ihr Singen
den Weg zu bahnen. Hinter ihnen kam
verhüllt die Mutter und gebeugt vor Gram.

Der Heiland voller Mitleid trat zu ihr
und sprach, indem er ihre Hände nahm:
»Der Tod auf dieser Erde, glaube mir,
ist nur Geburt in eine andre Welt.
Durch einen dunklen Gang nur gehen wir.
Am Ende dieses Ganges aber fällt
das Licht des Herrn wie in ein Tal hernieder,
dort sehn sich alle, die sich liebten, wieder.«

Der Zug hielt ein, als er da vor ihr stand.
Der Heiland wollte gehn, man ließ ihn nicht.
Die alte Mutter hielt ihn an der Hand,
das Volk, das mit ihm kam, umdrängt ihn dicht,

die beiden Ströme, die im Gegenlauf
zusammenstießen, fingen sich jetzt auf
und schlossen ihn, die Frau, die Bahre eng
in ihren Kreis, und keiner konnte weichen.

Da plötzlich eine Stimme im Gedräng:
»Sieh ihre Tränen, Herr, und tu das Zeichen!
Sieh deinen Herrn, o Weib, und kniee nieder!
Nie wieder kannst du Gott wie heute zwingen.
So knie und zwinge ihn: Er soll dir wieder
zurück den toten Sohn ins Leben bringen!«

Da sank die alte Frau vor ihm zu Boden.
Er aber hob sie eilends auf und schlang
den Arm um sie voll Liebe, und er drang
dann emsig rudernd mit ihr zu dem Toten.
Denn immer mehr schloß sie die Menge ein
und stieß und reckte hoch sich auf die Zehen,
und in die Bäume stiegen sie hinein
und auf die Mauern, ja genau zu sehen.
Und rings war tiefe Stille eingezogen,
ein Spähn und Warten atemlos. Er stand,
erhöht das Haupt, in vieler Häupter Wogen.
Dann hob er zu dem Toten seine Hand
und sprach ihn laut, die Schulter rüttelnd, an:
»Erheb dich schnell, noch kam nicht deine Zeit,
und deine Arbeit ist noch nicht getan!
Die Mutter ruft dich, und den Müttern kann
selbst Gott nicht widerstehn in Ewigkeit.«

Er zog ihn hoch von seiner Lagerstatt
und schüttelt ihn aufs neu. Und alle starrten,
noch immer atemlos im Spähn und Warten,
auf alles, was der Herr dem Jüngling tat.
Doch der – ganz langsam führt die Hand zur Schläfe
wie zur Erinnrung, vor die Augen dann,
als ob ein Licht ihn, allzu blendend, träfe.
Erschrocken blickt er ringsum alle an
und wußte nicht, was sich mit ihm begab.
Ein lähmendes Entsetzen, eine Scham
wars wohl, was ihn auf einmal überkam.
Dann fuhr er auf. Und plötzlich sprang herab

mit einem Satz er von der Bahre Höhe.
Und Schreie flackerten wie kleine Flammen.
Er sprang herab, und in des Heilands Nähe
brach kraftlos in sich selber er zusammen.

Nunmehr hob ohrengellend der Tumult
und Lärm und Schreien ohrengellend an.
Es wühlte jeder voller Ungeduld
und sah doch nur den eignen Vordermann.
Ein Knäuel wogte um den Jüngling dicht.
Sie zogen hoch ihn, schleudernd Blick und Fragen
ihm in sein ganz verängstigtes Gesicht,
und drängten, ihnen doch nur gleich zu sagen,
wie denn das Sterben sei. Was war geschehn?
Und ob er schon hinüber konnte sehn
in jenes Tal, in dem die Toten gehn?

Ein andres Knäuel, das den Herrn umschloß,
nicht minder gierig gaffend, schrie in Chören
– wie ein Choral fast war es anzuhören –:
»O Gottessohn! O königlicher Sproß
aus alter Könige, aus Davids Stamm,
der aus den Himmeln auf die Erde kam,
aus *unsres* Vaters, *seines* Vaters Schoß,
vor dem sich selbst der Tod gehorsam beugt!
O Gottessohn, den der Prophet bezeugt!«

Wo waren denn die Jünger? Ganz versprengt
in dem Gewog, drin alles sich verlor.
Nur vorn im Trauerzug die Meute drängt
der Priester wieder dichter sich ans Tor
und an die Stufen. Auch um sie ein Kreis.
Und wütend rief man dort: »Das ist nun er,
durch dessen Zauber und auf das Geheiß
die reiche Herde abgestürzt ins Meer.
Jetzt mischt er sich in eure Trauerzüge
und stört die Feier, die wir euch bereiten,
und läßt die gotteslästerliche Lüge,
daß er der Sohn des Höchsten sei, verbreiten.«

Und einer, als sie auf den Stufen standen,
schrie, daß es über das Gedränge schallt:

»Nehmt euch in acht, sonst macht er euch zuschanden!
Er ist der Belzebub in Menschgestalt,
der Oberteufel, und Betrug und List
nur läßt euch glauben, daß er göttlich ist!«

Kaum warn die Worte, diese unerhörten,
heraus, da ließ das Drängen nach: Es kehrten
sich rückwärts zu den Priestern die Empörten
und setzten auf die Schreier an zum Sturm.
Die Priester sahn sie voll Entsetzen kommen.
Sie warn die Stufen grad hinaufgeklommen
und suchten Zuflucht in dem alten Turm
und schlüpften in die kleine Tür hinein
und schoben schnell von drin die Riegel ein.

Nun standen die Verfolger. Doch die Glut
des Zorns in ihnen war noch nicht gekühlt.
Auch wuchs die Zahl der Menschen noch, die wild
die Tür zum Turm bedrängten voller Wut.
Als sich gar droben auf des Turmes Zinnen
die Priester sehen ließen, schien es fast,
als wankt der Turm im Schwall, der ihn umrast.
Andreas und Philippus unter ihnen.

Wie lange wohl die kleine Türe hält,
eh die empörten Fäuste sie zerspalten
und eh sie splitternd auseinanderfällt?
Nach Stunden wär das Leben nicht gezählt
mehr jener Priester, welche ihn geschmält,
hätt Jesus selbst den Sturm nicht aufgehalten.

Auf einmal stand, von Drohenden umgeben,
er in der Pforte drohender noch da.
Und drohend hörten sie die Stimme beben,
mit der er rief: »Ihr Toren, jeder sah
deutlich genug, daß nicht der Hölle Kraft,
daß Gottes Kraft den Sohn der Mutter schenkte.
Ich sage euch: Wer Gottes Eigenschaft,
den Geist, satanisch nennt und wer ihn kränkte:
auch Gottes Sohn verdammt für ewig ihn.
Auch Gottes Sohn, der ihm verhängtes Leid

und ihm verhängte Kränkung stets verzeiht:
Am Geist die Sünden werden nicht verziehn.

Doch ihr seid nicht berufen, hier zu richten.
Berufen ist nur einer, nämlich der,
den Gott berief, der Sohn. Einst sammelt er
bei seiner Waage Maßen und Gewichten
ringsum die Völker, und er selbst erscheint,
die Engel um den Richterthron vereint,
die Zagenden zu wägen und zu sichten.

Wenn er die Böcke dann von Schafen scheidet,
und diese rechts, die links gesondert stellt,
ruft er die Rechten zu sich: ›Kommt, es hält
Gott euer Erbteil längst schon vorbereitet!
Ihr sollt es nun empfangen, euer Reich.
Ich kenn euch, ihr bekanntet euch zu mir:
Denn wenn ich Hunger litt, habt ihr sogleich
mir Brot gereicht, und litt ich Durst habt ihr
den Durst gestillt. Ihr habt mich aufgenommen
trat ich als Gast in eure Wohnung ein.
Nackt bin ich, krank, verfolgt zu euch gekommen,
ihr gabt mir Kleidern, gabt mir Arzenein.
Und warfen sie mich wo in Kerkers Nacht,
habt ihr mich aufgesucht und Trost gebracht.‹

Wenn so der Sohn spricht, fragen wohl die Frommen:
›Herr, wann – wir können uns des nicht entsinnen –
wann haben wir dich jemals aufgenommen,
wann dich getränkt, gekleidet dich mit Linnen?‹

Der Sohn wird dann den Fragenden erwidern:
›Ich war, ihr guten Freunde, oft bei euch:
Was ihr den Ärmsten unter meinen Brüdern
getan habt, tatet ihr auch mir zugleich.‹
Und wird den andern, ihm zur Linken, sagen:
›Hinweg von mir, ihr habt mich nie gewollt!
Das Feuer eurer Herzen brannte nicht,
so wie in jenen, als der Liebe Licht,
es brannte Haß und Glut, die euch verkohlt.
Ihr habt mich nicht gespeist, und meine Klagen
um meines Durstes Qual vernahmt ihr nicht.

Ihr habt, was ich gelitten, nie gesehn,
und ließt trotz Bitten mich am Wege stehn.

Denn was ihr an dem ärmsten meiner Brüder
gefehlt habt, habt ihr auch an mir gefehlt.
Ihr ließt sie nicht nur darben, nein, gequält,
geschmäht, gekränkt habt ihr sie immer wieder
und habt, als ich dann schließlich auf die Welt
selbst eine kurze Spanne kam hernieder,
auch mich mit Schande, Schmach und Tod begleitet.
Und nicht nur mich: den Geist, der mich geleitet.

Aus euerm Geiste der Vermessenheit,
der nur zerstören kann, habt ihr verschmäht,
was schöpferisch durch diese Schöpfung geht
als Gottesgeist, als Liebe, Paraklet,
und was allein ihr ihren Atem leiht.
Nur was von Gott kommt und zu Gott hingeht,
ist Schöpfergeist, und nur durch ihn besteht
von Ewigkeit in alle Ewigkeit,
was Leben heißt. Ihr Toten aber hebt
euch fort von mir, denn ihr habt nie gelebt!‹

So spricht der Sohn. Drum hört und laßt allein
nur tätge Liebe die Vergeltungskraft
selbst gegen eurer Feinde Bosheit sein!
Gibt einem Böses wieder Böses ein,
vermehrt er es. Wer aber Gutes schafft,
macht, daß des Todes Reich in nichts zerfällt
und Gott sich mehrt und wächst in dieser Welt.«

Die Gottesfrucht

Gott muß auf Erden
wachsen und schwellen,
keimen und quellen:
Siehe, wir werden
bald wie die Mütter in Hoffnung gehn.

Uns sich vermählen
in Vaters Namen,
heilgen Samen
in unsrer Seelen
früchtesüchtige Schöße sän

wollte mit Schmerzen
der Gottessohn:
Spürst du nicht schon
unter dem Herzen
neues, keimendes Leben sich regen?

Mächtiger schlagen
Pulse und Blut:
Köstliches Gut
dürfen wir tragen
Gottes Gefäße, trächtig von Segen.

Gott muß auf Erden
keimen und quellen,
wachsen und schwellen:
Siehe wir werden
in uns lauschend wie Mütter stehn.

Bald kommt die Stunde,
da wir gebären,
da unterm schweren
Kreißen die wunde
Hülle die Frucht in die Freiheit läßt gehn.

Wir werden schreien.
Doch in den Nöten,
wenn sie uns töten
noch benedeien
wir jene Qualen, die uns durchschauern.

Singen und kreischen:
Mags uns zerreißen!
Mag uns das Kreißen
den Leib zerfleischen!
Unsere Frucht, sie wird leben und dauern.

Die Erwählten

Und weiter ging die große Wanderung
des Herrn durch Sommer, Herbst und Winterszeit.
Der Wald trug grünes und trug braunes Kleid
und wurde nackt und kahl und wieder jung.
Die Felder wurden reif und unterm Schwung
der Sensen wieder muntern Winden weit.
Und unter frohem Lärmen und Gesängen
las man die süßen Trauben von den Hängen.

Und Regen kam. Sie hockten unter Dach
und Baum und Höhle, um ihn abzuwarten,
der Herr und seine Freunde. Und im Garten
schwolln rot und goldne Früchte allgemach.
Und rot und blaue Anemonen drängten
durchs Wiesengrün. Die Bäche sprangen wieder.
Dann wehten federleicht die Flocken nieder
und schmolzen auf der Erde, die sie tränkten.

Und immer ging die große Wandrung fort
durch Berg und Tal, am Fluß und auf den Höhn,
durch Stadt und Dörfer, über Land und Seen.
Und mit ihm zogen sie von Ort zu Ort
in großer Zahl, die Treuen, ihn zu hören
und ihre Seelen mit ihm zu erfüllen,
mit ihm und seines Mundes heilgen Lehren
und seiner Augen Licht, draus wie aus stillen
und dunklen Wassern hell der Himmel strahlt,
und seiner Rede stürmische Gewalt
und schmeichlerisches Säuseln mit Verlangen
in wahrheitsdurstgen Herzen aufzufangen
und seiner Hände Wohltat zu genießen
und seiner Liebe reiches Überfließen.

Und immer wieder spendet er die Gnade
des Wortes und der großen Segensgabe.
Und kein Bedürftger ging von seinem Pfade
hinweg, er trüg denn Hilfe, Trost und Labe.

»Gott, den ihr sucht, ist nicht der Rache Gott«,
so sprach er immer wieder. »Er regiert

uns nicht wie seine Sklaven ein Despot,
nein, wie ein Vater seine Kinder führt
mit Liebe und Geduld. Denn er versteht
der Kinder Herz und Sinn, die Kinder ihn,
und er verzeiht, wenn eins ins Irre geht,
was er den Sklaven hätte nie verziehn.

Gott ist die Liebe. Liebt ihn als die Kinder
mit ganzer Kraft aus Herzen und Gemüte,
so wie er euch in seiner Vatergüte,
und eure Erdenbrüder liebt nicht minder
als wie euch selber! Die an sich nur denken,
und wie sie sich ihr Leben nicht gefährden,
verlierens bald, indes gewinnen werden
es alle jene, die es gern verschenken.

Die wahre Liebe wirft das Leben fort
für ihre Brüder. Ach, was ist erreicht,
wenn einer sich die ganze Welt vielleicht
gewinnt und wenn die Seele ihm verdorrt.

Spräch ich mit Menschen- und mit Engelszungen
und hätte diese wahre Liebe nicht,
ich wär wie eine Glocke, die zerbricht,
noch eh sie einmal nur ihr Lied gesungen.
Wär ich voll höchster Sehereigenschaft
und wär geheimes Wissen mir zu eigen
und Berge zu versetzen Glaubenskraft,
doch nicht die Liebe, die da wirkt und schafft,
ich müßte schweigen.

Und opfert ich gleich auf, was ich besitze,
und böte meinen Leib den Flammen dar
und wäre dabei doch der Liebe bar,
was wär ich nütze?

Voll Langmut ist die Liebe und Geduld,
selbstlos, nicht Eigensucht und Eigensinn.
Sie rechtet nicht um Vorteil und Gewinn
und nicht um Schulden oder auch um Schuld.
Denn schon dem kindlich-herzlichen Bemühn,
nicht der Vollendung erst, schenkt sie die Huld.

Und ewig, unaufhörlich ewig glutet
ihr Feuer, das die ganze Welt durchflutet.

Wenn Worte längst verhallten und verklangen,
und wenn trotz allem Planen, Mühn und Streben
der Menschenweisheit, die nur Stückwerk geben,
einst unvollendet bleibt, was angefangen:
dann wird die Liebe erst sich strahlend heben
und wird dem Werke, drum wir redlich rangen,
Vollendung schenken und Bestand und Leben.

Jetzt sind es erst noch kindliche Gedanken
und Kinderspiel: Wir schauen wie im Spiegel
die Wahrheit und versiegelt durch das Siegel
der Heimlichkeit und durch des Rätsels Riegel.
Dann aber fallen alle jene Schranken,
und ungeblendet schauen wir das Licht
des Geists von Angesicht zu Angesicht.

Doch jetzt auch, wenn das Dreigestirn nicht bliebe
aus jenen Sternen, den drei silberweißen,
was sollte in der Nacht uns Trost verheißen?
Nur jene, die selbst durchs Gewölk noch schienen
als Glaube und als Hoffnung und als Liebe.
Die aber ist die größte unter ihnen.«

So sprach er täglich Lehre und Gebot.
Und ohne seine Sendung zu verschweigen,
fuhr er dann fort: »Wer mir sein Herz zu eigen
und wer mir Glauben schenkt, der schenkt sie Gott.
Ich und der Vater, wir sind beide eins,
und niemand kommt zu ihm mehr denn durch mich.
Doch wer mir nachfolgt, der verleugne sich
und nehm sein Kreuz auf sich, so wie ich meins!

Die Mächtgen dieser Welt, wir lassen ihnen
den Stolz, daß sie sich ihre Herren nennen:
Wir wollen nichts als nur den Brüdern dienen
und tragen, was sie selbst nicht tragen können.«

Und seine Hände hebend sprach er dann
und blickte auf zum Himmel, Gott zu preisen:

»Wie dank ich dir, o Herr: du hasts den Weisen
verhüllt, den Schlichten aber kundgetan!«
und rief: »Wohl euren Augen, daß sie sehen,
was ihr schon saht. Denn Könge und Propheten,
die vor euch waren, o wie gerne hätten
so manche das erblickt, was euch geschehen,
und hätten gern gehört, was ihr vernommen,
und wären gern geweilt, wo ihr schon gingt,
und nähmen gern, was ihr so oft bekommen:
Wie mehr die Gaben, die die Zukunft bringt!«

Doch manchmal auch, wenn er die Vielen sah,
die immer noch sich mehrend bei ihm waren,
dann wars, als wollt ein Zürnen in ihn fahren,
und sie mit Blicken prüfend stand er da.

Wohl wenn ein Weg von seinem Wege zweigte,
der mit bequemer Spur ins Tal sich senkt,
wo drunt sich schattig Laub und Krone neigte,
von gelblichen Limonen dicht behängt –

Vielleicht auch wenn am steilen Felsenhang
sich vor dem Hagelschlag die Menge schützte,
im Feld das Eis die Erde trommelnd sprang
und auf- und niedertänzelnd sprühend spritzte,
und wenns in Bergen grell und grollend blitzte
und jeder troff und fror, das Haar verwirrt,
angstvoller Augen Blick in Wolken irrt –

Vielleicht auch wenn die Nacht sie überfiel,
und wenn kein Haus am weiten Wege lag,
nur Steingeröll, sie saßen stumm und still
und harrten fröstelnd auf den jungen Tag –

– dann sprach der Heiland wohl: »Wenn ihr bedacht
zur rechten Zeit und gut erwogen hättet,
um was durch mich ein jeglicher gebracht,
so mancher wäre sanfter jetzt gebettet.

Wer zu mir kommt und nicht von Herzen spricht:
›Haus, Eltern, Weib und Kind sind mir verhaßt,

mein eignes Leben ist mir eine Last!‹,
der wird in Wahrheit auch mein Jünger nicht.

Wer bauen will, der läßt sich ja vorher
auch wohl den Meister kommen, um zu fragen,
wie hoch die Kosten dazu anzuschlagen.
Sonst reichen plötzlich nicht die Mittel mehr,
sein Bau liegt still, und jeder wird, daß er
armselig und ein Tropf sei, von ihm sagen.

Sind unter euch dergleichen Toren, mögen
sie wenigstens bei mir sich nicht beklagen,
vielmehr noch auf der Stelle meinetwegen
ihr Bündel schnüren und nach Hause tragen!

Ich bin kein Bauernfänger, der mit List
und kindischer Musik nach Narren pfeift.
Ich habe stets gemahnt, daß ihr begreift,
wie schwer und mühsam mir zu folgen ist.

Geht also, geht! Ich werde keinen halten
und keinen anflehn, mir getreu zu sein.
Weit besser ist es doch, ich bin allein,
als plage mich mit Lauen und mit Kalten.

Denn dazu kam ich, um in Brunst und Brand
die Welt zu setzen: Wenn sie doch schon brennte!
Wer sich und mich belügend nur bekannt,
weit besser wärs, wenn er sich nie bekennte.
Weit besser ists, wenn einer vorher geht,
eh noch der Hausknecht ihm die Türe weist.
Geht also, geht von selber, wenn ihr seht,
daß ihr erwählt nicht und geladen heißt!«

Und seine Stimme sänftgend fuhr er fort:
»Laßt euch ein Gleichnis zur Ermahnung sein:
Ein Herr lud einst zu einem Gastmahl ein
und sandte seinen Knecht von Ort zu Ort
zu den Geladenen und ließ ihn sagen:
›Kommt, alles ist bereit, euch zu behagen!‹

Da fingen alle nacheinander an
sich bei ihm zu entschuldgen: ›Welch Verdruß!
Ich kauft ein Feld, das ich bestellen muß.
Verzeihe mir, wenn ich nicht kommen kann!‹
Ein andrer sagte: ›O, es tut mir leid,
daß ich euch heute so enttäuschen soll.
Doch eben gestern habe ich gefreit.
Wenn ich nun zögre, ihr begreift es wohl?‹
Ein dritter aber: ›Seht, ich kaufte eben
grad fünf Joch Ochsen ein beim Handelsmann.
Die muß ich nun zu holen mich begeben.
Verzeihe mir, wenn ich nicht kommen kann!‹

Der Hausherr sprach im Grimm, als ers vernahm:
›Geh schnell auf alle Gassen, alle Straßen,
da keiner der Geladenen mir kam,
und lade ein, die blind und siech und lahm
und arm dort bettelnd an den Zäunen saßen!‹

Da kam viel Volks, das wollte sich zumal
an reichgedeckter Tafel gütlich tun.
Und dicht gedrängt und hungrig füllte nun
die Menge ihm das Haus, den Hof, den Saal.

So seid auch ihr gekommen: Seht, ich habe
dabei an Freundschaft nicht und Glanz gedacht.
Zwar lud Gott ein; für die, die seine Gabe
verschmähn indes, sind andre eingebracht.
Wenn sie nicht wollen, was verschlägts ihm wohl?
Er wählt die Gäste von den Zäunen aus.
Viel Wohnungen sind in des Vaters Haus,
und dennoch werden alle, alle voll.

Als nun die Tafel also war gefüllt,
macht sich der Hausherr auf, zu Tisch zu gehn,
um selbst zu speisen und das bunte Bild
so vielfach bunter Gästeschar zu sehn:
Da waren manche derer, die erschienen,
geschmückt nach Möglichkeit und angetan
mit Reinlichkeit und festlich frohen Mienen.
Die sah er freudig und mit Güte an.

Doch andre ungekämmt und das Gesicht
voll Schmutz und mißvergnügt, mit bösem Sinn –

– da rief er: ›Glaubt ihr denn, ihr müßt mich nicht
als Gäste ehren, gütig wie ich bin?‹
Und rief die Knechte: ›Bindet sie in Ketten
und werft sie in die Finsternis hinaus,
sie haben mich beleidigt und mein Haus,
und kein Gewinsel soll sie vor mir retten!
Zwar die sich nicht in meine Nähe drängen,
seh ich vielleicht mit Großmut; sie genügen
und tauchen unter in der Menschen Mengen.
Wer aber nicht am Zaun bleibt, muß sich fügen.
Drum schmückt sich der, der zu mir kommt, beizeiten
und müht sich, seine Seele zu bereiten.‹«

So sprach der Herr auf seiner Wanderschaft
auch durch der Weisheit wegeweites Land,
darüber hell in ihrer Gotteskraft
die Sonne seines Lichtes leuchtend stand.
Und die in solche tiefen Fernen blickten,
sahn keine Finsternis mehr um sich her,
und die von solcher Feuersglut Verzückten,
sie spürten keines Winters Kälte mehr.

Und Regen strömte, und das Land versank
in graue Schleier, und die Berge hingen
in dichten Wolken: Doch die mit ihm gingen,
sie alle spürten nur noch Glück und Dank.
Und spürten keinen Hunger, schrieen nicht
nach Labung, die die Durstigen erfrische.
Sie saßen ja als Gast, dem nichts gebricht,
an ihres Heilands reichgedecktem Tische.

Das königliche Mahl

Zu deinem Tische kommen
die Gläubigen und Frommen
mit Sehnsucht und Begier.
Du hast sie aufgerufen.

Nun stehn sie an den Stufen
und harrn und hungern nur allein nach dir.

Sie zeigen ihre reinen
Herzen und Hände deinen
bestellten Dienern her
und dürfen in die Halle,
wo schon gedeckt zum Mahle
die Tafel prangt, von süßen Speisen schwer.

Da warten deine Gäste,
bis daß auch du zum Feste,
sein König, trittst herein.
Wo zwei in deinem Namen
und Geist zusammenkamen,
versprachst du, willst auch du zugegen sein.

Laß sie nicht unnütz hoffen!
Schon stehn die Pforten offen,
die Herzen sind schon weit.
Sie fasteten schon lange
bei herbem Bittgesange
und trugen lange schon das Trauerkleid.

Wie wir den Frühling spüren,
wenn Windhauch durch die Türen
und Fenster duftend quillt,
so komm auch du und senke
den Geist zum Gastgeschenke
in ihren Geist, daß er ihn ganz erfüllt!

Du bist es! Ja, sie fühlen
schon, wie es in der kühlen
und hohen Halle weht,
und sinken in die Knie.
Nun tritt herzu und ziehe
sie an den Tisch, der schon bereitet steht!

Nazareth

Im Frühjahr wars. Der Herr sprach, ihn gelüste
noch einmal wieder Nazareth zu sehn,
die Heimatstadt. Und er brach auf, zur Küste
die Straße vom Gebirg herab zu gehn,
und sagte: »Nur noch eine kleine Weile
bin ich bei euch, ihr Freunde, und dann trennt
der Wille uns des Vaters und ich eile
dahin, wohin ihr noch nicht folgen könnt:

Gott will den Sohn in Menschenhände geben.
Sie solln als Preis für jenes Mal und Zeichen,
das ungeheuer groß und ohnegleichen
sich sichtbar aller Welt einst soll erheben,
ihn töten. Und er selber will sein Leben
dem Vater als willkommnes Opfer reichen.
Und auch den Menschen, daß sie lernen sollen:
Gott setzt als Preis für die, die zu ihm drängen
und sich nicht in der irdischen und engen
und kargen Tage Last erschöpfen wollen,
das Leid. Und alle, die zum Quell gelangen,
das Wasser der Erkenntnis zu empfangen,
sie seien auch bereit, am Kreuz zu hängen. –

Wie solln die Schuldigen die Schuld ertragen,
wenn sie die Unschuld vor Gericht nicht schleifen
und nicht verklagen und sie nicht erschlagen?
Wie sollen denn die Reinen und die Reifen
sonst Zeugen werden, müßten sie nicht wagen,
ihr Wort dem Tod ins Angesicht zu sagen?
Wie sollten sonst die Schuldgen je begreifen?

Nein, Freunde, ich will nun hinuntergehn
und in Jerusalem das Fest bereiten,
das ich mit allen Heilgen aller Zeiten
zu feiern war von Gott einst ausersehn,
bei dem mit meinem Fleisch und Blut auf Erden
sie ihren Durst und Hunger stillen werden.
Doch vorher will mein irdisch Vaterhaus
ich einmal sehen noch: Dort zog ich aus.«

So sagte er und drängte talhinab.
Und schon von Schritt zu Schritte freute er
der Nähe seiner Kinderzeit sich mehr.
Und schon mit jedem seiner Schritte gab
das Bild sich ihm vertrauter jener Höhen
und Straßen, die durch Paß und Senke gehen,
und sanfter Hügel, die sich drunter wiegen,
wo laubberankte Rebenhänge lehnen
und Dorf und Häuschen ins Gewog sich schmiegen,
um die sich talwärts lichte Wiesen dehnen.

O Gottes Kinderland, o Nazareth!
Wie bist du doch vor aller Welt begnadet!
Wie lieblich rauscht der Bach im Kieselbett!
Und kühle Brunnen stehn ringsum. Es ladet
Johannisbrot und Mandelbaum im Hain,
die nun schon blühn, zu süßer Ruhe ein.

Dort blieb der Herr verweilend stehn und ließ
die Menge näherkommen. Und dann hieß
er sie sich lagern, weil er ganz allein
und nicht ein Gottesmann und ein Prophet
und König, nur ein Pilger wollte sein,
ein Kind nur, das sein Herz zur Mutter trägt,
vertrauensvoll, wenn Kummer es bewegt.
Und auch die Jünger hieß er, bei den andern
noch vor dem Städtchen harren, und begann
dann ganz allein den Weg zurückzuwandern,
ein feierabendfroher Wandersmann.

Schon trat er ein. Die ersten Häuschen grüßten
und Gärten ihn wie kindliche Gespielen,
die ihn erwarten. Und ihm war, als müßten
die Straßen sich auch gleich mit Kindern füllen,
und aus der Schule müßten Schellenklingen
und kindliches Gebet und frohes Singen
von engelhellen Kinderstimmen dringen.
Und siehe! aus der kleinen Türe springen
auch schon die ersten, deren lautem Lärmen
viel andre folgen mit den kleinen Ranzen,

darauf am Bändchen Schwamm und Griffel tanzen,
indes sie wie der Wind vorüberschwärmen.

Doch die Gesichter kennt er nicht, sie scheinen
ihm seltsam fremd. Nur manche von den Alten,
die ihm vorübergehen, stehn und halten
den Blick voll Staunen eingesenkt in seinen, –
um gleich davonzueilen und beizeiten
des Wundermannes Ankunft zu verbreiten.

Er aber weilt in längstvergangnen Tagen,
nicht in der Gegenwart. Am Friedhof blüht
der Flieder noch. Er atmet mit Behagen
den Duft, der über welke Gräber zieht,
und der verdorrten bräunlichen Gewinde
und Kränze Duft, die dort im Efeu liegen.
Und auch am kleinen Markt noch steht die Linde,
drin frühlingsselig sich die Winde wiegen.
Und auch die Störche nisten auf den Scheunen
noch wichtig klappernd und die Schnäbel spreizend.
Aus großen Öfen, wo die Brote bräunen,
qualmt noch der Kienrauch, Aug und Lunge beizend.

O Duft der Heimat! Ja, da steht das Haus,
drans im Gerank von blauen Dolden quillt,
Glycinien. Und aus der Werkstatt schrillt
der Säge Kreischen voller Fleiß heraus.
Zwar werkt ein andrer Meister jetzt darin,
nicht mehr der alte Vater wie zuvor.
Und doch klingts trauliche Musik dem Ohr,
wenn Hobel raspelnd Spanspiralen ziehn.
Zwar ists nicht mehr die Mutter liebevoll,
die das Geranium am Fenster gießt,
ihr ward das Haus zu groß und lange wohl
schon zog sie fort, wo es nun enger ist.

So kehrt, ein Fremder, er ins Fremde ein.
Indes an äußern Gütern sich zu laben,
kam er ja nicht, denn uns gehört allein
doch nur das Gut, das wir im Herzen haben.

Noch gackern Hühner fröhlichen Gesang,
mißtrauisch an der Kette blinzt der Hund,
die Gänse machen ihre Hälse lang
und Enten watscheln schnatternd federbunt.

Die Tenne träumt im Morgensonnenschein.
Ob wohl die Leiter an der Luke steht?
Er steigt hinauf und in das Heu hinein,
daraus ein süßlichherbes Strömen geht.
Hier trieb er Höhlen ins Gebirge ein
und Gänge. Und ein Katzenparadies
war hier im Heu. Ob wieder Junge sind?
Da liegen sie ja: Mauzend, feucht und blind
wühln frierend sie sich tief in ihr Verlies.

Er steigt hinab und in den Garten nieder.
Der Nußbaum steht noch, den der Vater zog,
die Himbeerhecke. Und der Wein rankt wieder,
der wilde, um den alten Brunnentrog,
drauf Hälmchen treiben und drauf Mücken hocken.
Dort ist jetzt Lauch und Kerbel angesät,
dort buschig Bohnen und dort Artischocken.
Der Kürbis rankt im krumigschwarzen Beet
und überspannt mit großem, samtnem Blatt
die Wege um die Stallung. Und dazwischen
steigts auf von Sonnenblumen kerzengrad.
Und raschelnd jagt der Igel in den Büschen.

Er setzt sich auf die Bank am Kirschbaum dort,
vom Gras umwuchert, lehnt sich an den Stamm.
Und wuchernd trägt ihn der Gedanke fort
in jene andre Welt, aus der er kam,
und weiter noch in einen andern Garten,
der immer blüht, darin ein Gärtner geht,
der eine beßre Gartenkunst versteht,
und wo sie nun schon seiner Heimkehr warten.

Da stehn die Seelenblumen auf den Wiesen
und träumen, hochgereckt das Angesicht
mit großen offnen Kelchen in das Licht.
Sie sehns von Gottes Haupt und Händen fließen
und wachsen ihm entgegen und genießen

den ewgen Sonnentag und welken nicht,
nein, atmen nur in Duft und Glanz und Fülle
und halten ihres Gärtners Hände stille. –

So saß er träumend, bis die Glocke rief,
vom Turm zum Mittag rief. Da hob er sich
und schritt den Weg zurück gedankentief,
noch immer träumend und bedächtiglich.
Vergessen war, was erst ihm so vertraut
und was er voller Rührung angeschaut.
Verloren streift sein Blick den Buchsbaumrand
am Gartenweg, verträumt schritt er durchs Tor,
noch einmal wieder durch die Scheune vor,
bis er im kleinen Hofe wieder stand.

Da kam er wieder zu sich, denn dort waren
inzwischen eine ziemlich große Zahl
von Menschen eingeströmt, und auf einmal
hört er ein Murrn und Murmeln in sie fahren,
als er sich nahte. Er erhob den Blick.
Da wichen sie wie auf Befehl zurück
vor denen, die in ihrer Mitte standen
und nun sich Jesus gegenüber fanden:

Es waren aus der Schule Pharisäer
von Nazareth, die dort mit jenen Scharen
Mißgünstiger im Hof versammelt waren
und auf ihn lauerten. Sie traten näher,
da er alleine war, mit drohnder Miene.
Auch er hielt an der Scheunenmauer inne.

Der erste sprach ihn frech und höhnisch an:
»Du wähntest dich, wenn dich die Unsern sahn,
geschützt stets durch die Menge, die du trogst,
indem du sie auf deine Fährte zogst.
Allein hättst du wohl kaum so groß getan.
Nun stehst du endlich ganz alleine hier
und Ausflucht oder Großtun gilt nicht mehr,
denn du entgehst uns nicht. Drum rat ich dir,
sprich klipp und klar: Was treibt dich zu uns her?
Was willst du und wer bist du?, daß wir wissen,
wie wir dir weiterhin begegnen müssen.«

Der Herr erwiderte, das Haupt erhoben:
»Was fragt ihr, wer ich bin? Spürt ihr nicht, weil,
wenn ihr mich seht, euch Wut und Haß durchtoben,
ich bin in allem euer Gegenteil?
So braucht ihr also, um genau zu sehn,
nur, wer ihr selber seid, noch zu verstehn.«

»Hochmut gibt sich als Mut. Das kennt man schon«,
rief nun ein andrer, »doch du wirsts bereun.
Es ist erwiesen, daß du Gottes Sohn
vorgabst und Heiland dieser Welt zu sein.«

Da lachten alle: »Seine Lüge kann
hier nicht gedeihen, man erkennt ihn wieder.
Sein Vater Josef war hier Zimmermann,
Jakobus, Joses, Simon seine Brüder,
und seine Mutter zog vor kurzer Zeit
erst fort aus dieser Stadt, hinaus aufs Land.«

Da sprach der Herr: »Wie weise ihr doch seid!
Was ich im Fleisch bin, habt ihr gleich erkannt,
indes im Geist habt ihr mich nicht begriffen.
Ihr seid nicht scharf, nein, schartig zugeschliffen.«

Der Pharisäer rief voll Zorn: »Genug,
wenn wir dich nur im Fleische recht verstehn.
Für deines Geistes Lüge und Betrug
wird ja trotzdem dein Fleisch zu Markte gehn.
So ist es nun einmal auf dieser Welt:
Das Fleisch bezahlt, was unser Geist verfehlt.«

»Vor Gott jedoch«, sprach Jesus, »zahlt hernach
der Geist, was unser Fleisch zuvor verbrach.
Darum ja wird der Sohn das Fleisch nicht schonen
und läßt es bald durch eure Hand erhöhn,
daß alle Menschen, die auf Erden wohnen,
daß selbst die fernsten Zeiten noch verstehn:
Trägt um den Geist das Fleisch nicht irdisch Leid,
trägts um das Fleisch der Geist in Ewigkeit.«

»Wir wissen«, sprach sein Feind, »im Wortespiel
bist du geübt – so gut wie jedermann,
der hinter Worten sich verbergen will.«

»Und meine Taten, welche ich getan«,
fiel Jesus ihm in seine Worte ein,
»davon so gut wie jedermann ihr wißt?
Wenn Menschen schweigen, werden Steine schrein,
wer dessen, der sie tat, der Vater ist.
Ihr aber wachst als Waisen gottverlassen
und vaterlos und elternlos heran
wie Gassenjungen im Gewühl der Gassen,
da man nur Arg und Bosheit lernen kann,
und schmäht nun alle, denen ihr es neidet,
daß sie des Vaters Hand und Pflege leitet.«

Kaum hörten ihn die Juden also sprechen,
da heulten sie vor Wut. Und viele glaubten
die Stunde nun gekommen, sich zu rächen,
und bückten sich blitzschnell hinab und klaubten
sich Steine aus der harten Heimaterde.
So standen sie, morddrohend die Gebärde, –
jedoch der Herr mit unbewegter Miene.

Er sah sie ohne Angst und Vorwurf an
und sprach: »Für welches Werk, das ich getan,
für welches Wort, das ich gesagt, verdiene
ich denn den Tod, den ihr mir zugedacht?
Wem von euch ließ ich Böses angedeihn?
Wem von euch hab ich Kummer je gemacht?
Wer von euch kann mich einer Sünde zeihn?
Nicht ich, die Wahrheit, die ich euch gebracht,
scheint euch das große Ärgernis zu sein.
Der Lüge Kinder wollen sie nicht hören.
Ich aber kam von Gott und muß sie lehren.«

Der Pharisäer rief: »Die Worte reichen
schon lange aus, die wir von dir vernahmen.
Du lehnst dich auf, wie alle deinesgleichen,
die Gott verlästern und zugleich den Samen
des Vaters Abraham und seinen Namen,

den gottgesegneten, den wir bekennen,
indem wir stolz uns seine Kinder nennen.«

Der Herr fiel ihm ins Wort: »Wenn ihr die wärt,
die ihr euch rühmt, und kämt von Abraham,
ihr hättet euch nicht wider mich gekehrt
und jene Lehre, welche ich gelehrt,
und die, wie ich, aus Gottes Wahrheit kam.
Denn Abraham hat, als er mich vernahm,
mich selig in der Seligkeit gehört,
frohlockend und mit dankbaren Gebeten
wie alle jene Väter und Propheten.«

»Genug, genug, genug der Lästerung!«
schrie einer zorngerötet, wutentbrannt.
»Noch gingen keine dreißig Jahr ins Land,
seit er hier Kind war – seht ihn doch, wie jung! –
und tut, als hätt er Abraham gekannt!«

Doch Jesus frei und stolz und herrlich wich
nicht aus. Er ließ sie ihre Steine heben
und klar und deutlich sprach er: »Eh ins Leben
noch Abram kam, ward es schon *mir* gegeben.
Wahrlich, noch ehe Abram war, war ich.
Denn tausend Jahre sind vor Gottes Thron
ja nur ein Tag. Und ich bin Gottes Sohn.«

Da holte jeder aus, der vor ihm stand,
durch das vermeßne Wort vom Haß getrieben,
und schleuderte den Stein. Und prasselnd hieben
und hagelten sie an die Scheunenwand.
Und von der Mauer barst der Mörtel ab
und rieselt dampfend von den harten Schlägen,
und kollernd rollte Stein um Stein herab,
und immer hagelt tödlich noch der Regen.

Doch plötzlich hielt man ein, und jeder lenkte
– und wieder wars wie auf ein einzges Wort –
den Blick zur Wand, wo sich der Kalkstaub senkte.
Indes der Herr stand längst schon nicht mehr dort.
Sie bohrten den erschrocknen Blick hinein –
steinhart, so wie ihr Zorn sich eingebohrt:

Leer war der Platz, nur rings besät mit Stein
und Kalkgeröll der düstre Racheort.

So starrten sie mit ihren blutlos blassen
Gesichtern sich bloß gegenseitig an.
Dann packte sich mit Kreischen und mit Rasen
tollwütig jeder seinen Nebenmann.

Der Heiland aber, wie auf Flügeln nun
eilt er den Weg zurück und ohne Rast
und schüttelte den Staub von seinen Schuhn,
vom Herzen des Erinnerns Glück und Last.
Und tiefer atmend, so wie süßen Wein,
schlürft er die Luft der höchsten Freiheit ein.

Selig

Selig ist, wer sich befreit:
Schüttle von den Wanderschuhen
ab den grauen Staub der Zeit
und laß die Vergangenheit
endlich ruhen!

Selig, wer sich dienend schickt,
seiner Brüder Last zu tragen,
wer in Gottes Zukunft blickt
und sich in sein Joch gebückt
ohne Klagen.

Selig ist, wer überwand,
wer die Schwelle überschritten
und die Straße wiederfand
wer den Weg ins freie Land
sich erstritten.

Dreimal selig, wer, im Lauf
aufgehalten, kämpfend fiel:
Gott tut ihm die Pforte auf.
Engel tragen ihn hinauf
bis ans Ziel.

Die Verklärung

Sie warteten auf ihn im Hain. Ihn trug
sein Fuß mit Eile, und er rief im Schreiten
bereits: »Mir ward ein Zeichen, daß die Zeiten
erfüllt sind, Freunde, und die Stunde schlug.
Nun heißt es, ohne Säumen und Verzug
zur letzten Wanderung sich vorbereiten.
Der Auftrag ward zum Plan und zum Entschluß,
denn wer Gott liebt, der will auch, was er muß.«

Und da sie sich erhoben hatten, trat
er unter sie und sah sie wägend an
und wählte siebzig aus, und dann begann
er also und gab Weisung und gab Rat:

»Auf meinen Weg voraus, auf dem ich gehe,
will ich als meine Herolde euch senden.
In jeder Stadt, in jedem Flecken, ehe
ich komme, sollt ihr es an allen Enden,
daß ich mich ihnen nahen will, verkünden,
und daß ich auf zum Tempel steigen werde.
Dort will vorm Osterfest ich meine Herde
rings aus dem ganzen Land versammelt finden.
Und alle solln bezeugen, wenn sie sehn,
wie ich um ihrethalb das Werk vollende:
daß wir den Weg hinauf in Gottes Hände
durch Leid und Tod von Menschenhänden gehn.

Drum eilt euch ohne Ängste und Bedenken,
ob ich gleich Lämmer unter Wölfe sende,
eilt ohne Last und Rast! Um eure Lende
braucht ihr nicht Tasche euch noch Beutel henken.
Auch keinen Schwertgurt. Kommt ihr in ein Haus,
so bietet drin des Friedens Gruß und Wort.
Bleibt man drauf stumm, geht wieder stumm hinaus.
Gibt man von Herzen Antwort, nächtigt dort
und bittet Trank und Speise. Müh und Fleiß
sind so geringen Lohnes reichlich wert.
Und denkt auch nicht viel nach um Dank und Preis.
Gott wird es lohnen, Gott ja hats beschert.

Seid ihr so unterwegs in einer Stadt,
drin man euch freundlich aufnimmt, eßt und trinkt
und müht euch um die Kranken, die man bringt,
und predigt, daß sich Gottes Reich nun naht.
Und wartet gleichfalls nicht auf Lohn dafür,
er wird euch schon nach Billigkeit und Recht.
Doch weist man euch in einer Stadt die Tür,
so schüttelt eure Füße ab und sprecht:
›Sogar den Staub, der an den Schuhen klebt,
wolln wir nicht mit auf unsern Wegen schleifen.‹
Doch weh der Stadt! Denn wenn der Tag anhebt
des Gottesreiches, wird sie es begreifen,
daß es ihr ärger noch als Sodom geht.
Nur kommt ihr diese Einsicht dann zu spät.

Wer nämlich euch hört, der hört mich, und wer
leichtsinnig euch verworfen und den Geist,
verwarf auch mich und auch den Vater, der
mich nun den schweren Weg zu gehen heißt.

Weh jenen Städten, die da boshaft waren
und ganz verhärtet! Weh dir Nazareth!
Obwohl dein Name groß in Wolken steht,
wirst du doch einst zur Hölle niederfahren.
Und gleichermaßen wirds all denen gehn,
die euch ihr Herz und ihre Tür zuschlagen:
Kein Gottesbote mehr wird dahin gehn
und wird sein Gastgeschenk zu ihnen tragen.
Dann werden ihre Herzen wohl zuletzt
in eigner Einsamkeiten Wüstenein
verschmachten, und sie werden hart wie Stein
und wie ein ausgedörrter Acker sein,
den keines Himmels Wasser tränkt und netzt.«

So sprach der Herr und hieß sie südwärts eilen,
die siebzig Auserwählten. Und die andern
hieß er den gleichen Weg gemächlich wandern.
Nur drei der Jünger hieß er bei sich weilen,
nur Simon Petrus und die beiden Brüder
Jakobus und Johannes nahm er mit,
als er vorm letzten Weg noch einmal wieder
den Weg hinauf in seine Berge schritt.

Er ging und sprach kein Wort an ihrer Seite –
erst durch den Wald, am Steinbruch, durch die Halde
mit Krüppelholz bestellt, auf kahler Weide
der Ziegen dann, drauf licht der Nebel wallte
und windzerfetzte Schwaden rollend ballte
wie Dampf und Rauch, der aus der Erde drang
und feucht und schwer den Atem träge machte.
Dann stieg er weiter, und der Nebel sank,
im blauen Wolkenriß die Sonne lachte.
Dann aber schob der Wind die Wolkenwände
schon wieder zu, nur noch die Kälte wehte
durch ihr Gewand, das sich, obs auch die Hände
zusammenhielten, dennoch bauchig blähte.

Doch als die letzte Wolke wie ein Segel
dicht über ihren Köpfen hing, darein
mit leichten, dunklen Schwingen gleitend Vögel,
Blauschwalben, tauchten, hielt der Heiland ein,
schon nahe unterm Gipfel, und er sprach:
»Laßt mich nun auf dem kurzen Weg allein
durch jene Wolke gehn und folgt nicht nach,
nein, wartet, ob euch Gott das Wunder zeige.
Wenn nicht, bis daß ich wieder niedersteige.«

So ging er gipfelan. Bald hüllts ihn ein.
Sie standen stumm im Kreis und hockten dann
in eine Grube fröstelnd sich hinein
und drängten eng an ihren Nebenmann.

Nun träumten sie, daß auf der Bergeshöhe
und hinter jener dünnen Wolkenschicht
aus Silberstrahlen eine Leiter stehe,
die ersten Sprossen greifbar, dann im Licht
sich langsam lösend und im Silberblau
des Himmels so wie Glas in Glas versinkend.
Doch selbst hoch oben sahn sie noch genau
die Flügelleiber niedergleiten, blinkend
auf ihren Fittichen den Himmelstau,
und leise flügelschlagend-flügelwinkend
zu jenen grüßen, die wie hochgezogen
entgegen ihnen in die Sonne flogen.

Am Fuße dieser Leiter aber stand
der Herr. Ihm klaffte seitwärts blutigrot
ein wunder Riß, er hielt in seiner Hand
ein Kelchglas von Rubin, drins flammend loht,
und fing sein eignes Blut, das sprüht und tropfte
und sprudelte und so wie Herzschlag klopfte.

Doch jeder Engel trug wie eine Blüte
solch einen roten Kelch und bracht ihn wieder
und glitt zur Sonne auf und wieder nieder
aus ihrer Glut, die schon wie Blut erglühte.

Der Herr indes erblaßte und ward heller
so wie der Mond in lichter Frühlingsnacht.
Und sprudelnd ging sein Herzschlag immer schneller,
und eiliger ward Kelch um Kelch gebracht.

Da fuhren sie, so wie von einem Schrei,
auf einmal auf und blickten hoch und sprangen
schlaftrunken auf die Füße alle drei
und stürmten alle, noch vom Schlaf befangen,
empor durch jene Wolke in der Höhe.
Und als um sie der Dunst zerriß, da fanden
sie sich schon in des Heilands nächster Nähe
und sahen, daß bei ihm zwei Männer standen.
Doch diesmal wars nicht silberüberschienen
nur Nebeldunst und Traum, nein, wirklich wahr:
Sie hörten deren Stimmen nüchtern-klar
und seine Stimme klangvoll unter ihnen,
die sprach: in Kürze seis nun offenbar,
er wolle selbst als Lamm und Opfer dienen,
das dieser Erde Leid und Schwäche trage,
und kehre heim am ersten Ostertage.

Da rieb die Augen Petrus sich und sah
auf einmal deutlich, wer die Männer waren,
und wußte dennoch nicht, wie ihm geschah,
so war der Schrecken ihm ins Herz gefahren.
Doch rief er trunknen Mundes jubelnd aus,
verwirrt und willenlos: »Herr, hier ists schön!
Hier müßte jeglichem von euch ein Haus,
dir, Mose und Elia eines, stehn,

damit ihr euch an jedem Tag begegnet
in dieser Klarheit, und daß wir euch schaun,
von eurer Weisheit, eurem Licht gesegnet.
Herr, hier ists schön! Hier laß uns Hütten baun!«

Doch kaum er so gerufen, fuhr ein Strahl
vom blauen Himmel blitzend wie ein Schwert.
Und er fiel auf sein Angesicht und hört
nur noch die Stimme Gottes, die durchs Tal
und von der fernen Felswand wiederkehrt,
eh ihm die Sinne schwanden auf einmal:

»Mein Sohn, steig nun hernieder und vollende
mit deinem Blut die Schöpfung meiner Hände!«

Als er erwachte, dröhnte es ihm noch
in seinen Ohren und in seinem Hirn.
Er wollte sich erheben: da jedoch
spürt eine Hand er sanft auf seiner Stirn.
Und es durchrieselt ihn ein tiefes Glück,
in dem sein Sinn die Ruhe wiederfand.
Geschloßnen Auges lehnt er sich zurück
und spürte nichts als nur des Heilands Hand.

Als sie dann von ihm ging, da setzte er
sich auf und suchte stumm noch und beschämt
die andern zwei. Sie lagen wie gelähmt,
und auch um sie bemühte sich der Herr.

Sonst war am Gipfel niemand mehr zu sehn,
kein Mose, kein Elia. Weiß bedeckte
der Wolken- und der Nebelschwaden Wehn
den Himmel, der sich ganz darin versteckte.
Und nur der Wind fuhr wieder scharf und kalt
um jener leeren, schrägen Berge Flächen.
Und wieder, ohne nur ein Wort zu sprechen,
stiegen sie ab – durch Weide, Holz und Wald.
Der hüllt sie schließlich wie ein warmes Kleid
und mütterlich in seine Arme ein.

Da hub der Herr zu sprechen an: »Ihr seid
noch immer schwach. Bald müßt ihr stärker sein.

Wer andrer Schwäche mit dem eignen Leid
bezahlen will, dem kann man nicht verzeihn,
wenn ihm die Knie wanken: Er muß stehn
und ungeblendet Gottes Auge sehn.«

Gottes Auge

Gottes Auge: helles Glänzen
eines Sees in dunklen Räumen
tiefer Wälder, die ihn kränzen,
schilfger Ufer, die ihn säumen.

Will ein Wind die Fläche kräuseln,
fängt der Wimper Grün ihn ein,
und wenn rings die Wipfel säuseln,
bleibt der Spiegel klar und rein.

Nur der Sonne Strahlenbild
sprüht im Grunde, in dem feuchten,
und in jedem Tropfen spielt
ungezählter Sonnen Leuchten.

Und nichts stört das große Schweigen:
nicht die Tiere, die mit stummen
Augen sich zum Spiegel neigen,
noch der Mücken süßes Summen.

Doch die Ruhe schmerzt die Seelen,
die sonst selbstgepeinigt lärmen.
Tag und Licht und Sonne quälen
alle, die nur nächtens schwärmen.

Wem das Herz nicht stark und wahr ist,
kann die Stille nicht ertragen.
Wessen Blick nicht licht und klar ist,
wird verzweifelt schrein und klagen.

Doch der Wälder Einsamkeit
hüllt sein Schweigen gnädig ein.
Weiter reift die Ewigkeit
zwischen Baum und Gras und Stein.

Weiter reift die Mittagsglut,
die in Gottes Auge blinkt.
Das Gestirn, es kreist und ruht,
und es schweigt der Wald und singt.

Lazarus

Am Jordan holten sie die andern ein,
die vorgegangen waren, und sie zogen,
geführt vom Schäumen neben sich und Wogen
des Wassers, talwärts durch Geröll und Stein.
Und wie die Bäche von den Bergen sprangen
von allen Seiten und zum Jordan drangen,
so drängten auch zu ihnen viele hin
rings von den Höhen aus dem weiten Land,
dahin er seine Herolde gesandt,
um mit dem großen Zug hinabzuziehn.

Der Heiland ging voran, und rastlos eilte
sein Fuß im Ufersand, und erst im Tale,
wo einst Johannes taufespendend weilte,
da lagerten sie sich zum ersten Male.
Und Jesus sagte: »Nach des Vaters Willen
sind sein Geschick und meines eng verschlungen:
Hier ist, eh ich noch rief, sein Ruf erklungen,
nun wird er noch vor mir sein Werk erfüllen.
Doch wenn er einen Augenblick verweilt,
dann werden wir vor Gott gemeinsam stehn
und er, war unser Weg bis nun geteilt,
wird niemals mehr von meiner Seite gehn.«

Als er so sprach, da kam ein Bote an
von Süden her, der dringend nach ihm fragte.
Und seine Jünger führten ihn heran,
wo er vor Hast und Ehrfurcht stotternd sagte:

»Ich weiß nicht, Herr, ob du nach soviel Jahren
des Lazarus noch denkst und jener beiden,
Marie und Martha, welche dir vorzeiten

als Kinder Nachbarn und Gespielen waren.
Damit sie deine Macht erkannten, ist
nicht erst dein Ruhm im Lande not gewesen.
Sie haben dich seit damals nie vergessen
und wußten immer, daß du göttlich bist.
Nun drang auch nach Bethanien das Gerücht,
bis in ihr Haus: Du willst zum Tempel gehn.
Da zögerten die drei Geschwister nicht,
sie wollten zu dir eilen, dich zu sehn.
Indessen grad im Aufbruch fiel ein Fieber
verzehrend über ihren Bruder her
und streckt ihn hin. Nun bitten sie dich sehr:
Komm du auf deinem Weg bei ihm vorüber!
Doch es ist Zeit, du müßtest eilig kommen,
die Ärzte geben keine Hoffnung mehr,
und er spricht schon im Wahn und ruft beklommen
bei jedem Glockenschlag: ›Herr, sei willkommen!‹
Und ganz Bethanien weint um ihn, o Herr.«

Der Herr entgegnet: »Meiner Freunde Gruß
und ihr Gedenken hat mir wohlgetan.
Laßt ihn nur schlafen, meinen Lazarus,
daß ich – ich komme bald – ihn wecken kann!«

Erwiderte ein Jünger: »Wenn er schliefe,
so wär es gut. Wer schläft, der wird gesunden.«

Der Herr jedoch: »Aus solchen Schlafes Tiefe
hat noch kein Schläfer je zurückgefunden.
Er schläft den ewgen Schlaf, denn er ist tot,
schon gestern schied er hin. Allein, ich preise
ihn darum, denn er starb, damit euch Gott
noch einmal seine Herrlichkeit erweise.
Gott wünscht zum letzten Male kundzutun,
daß ich die Macht aus Ohnmacht nicht verschmähe.
Drum braucht es keine Eile: Laßt ihn ruhn,
bis seine Zeit kommt und ich zu ihm gehe!«

So zogen sie denn fort, drei Tage lang,
die Straße nach Jerusalem hinab.
Und überall in jedem Flecken gab
es neuen Aufruhr, denn von ringsum drang

aus Dorf und Stadt auf allen seinen Wegen
zu seiner Schar noch neue Pilgerschar.
Und wie die Flut schwillt, rauscht der Frühlingsregen,
so schwoll der Menschenstrom, der um ihn war.
Am dritten Tage traten dann die Höhen
zurück, und tot und öd war in der Wüste
als matter Streif das Tote Meer zu sehen.
Kein Leben regte sich an seiner Küste.

Da nahte sich dem Herren demutvoll
ein junges Weib, das dunkle Kleid bedeckt
mit Wanderstaub, blond um die Stirne quoll
die Locke, die das Kopftuch nicht versteckt.
Doch über ihren blutdurchwebten Wangen
die schönen Augen blickten trüb und leer
und ganz verschleiert aus der Wimpern langen
traurigen Schatten – trüb wie jenes Meer.
Und schluchzend sprach sie: »Er ist heimgegangen,
schon vor vier Tagen. Doch wärst du, o Herr,
zu jener Stunde unter uns gewesen,
ich glaube es gewiß: er wär genesen.«

Der Herr mit Freuden, als er sie gesehn,
nahm ihre Hand in seine beiden Hände.
Sie ließ es müde, mutlos, stumm geschehn.
Er aber rief: »Sie naht ja nun, die Wende,
dein Bruder, Martha, soll ja auferstehn!«

»Wohl, auferstehn«, entgegnet sie mit Beben,
»am Jüngsten Tag, wenn sich die Toten heben.«

Da nahm der Heiland sanft ihr Kinn und richtet
ihr trauervoll gesenktes Haupt empor.
Sie schlug die dunklen Wimpern auf, es lichtet
der Schatten sich, drin sich ihr Blick verlor,
und ganz an seine Blicke hingegeben,
traf sie bis in die Seele tief das Wort:

»Ich bin die Auferstehung und das Leben.
Wer an mich glaubt und stirbt, lebt dennoch fort,
und wer im Glauben an mich stirbt, der ist
unsterblich bis in alle Ewigkeit.«

»Ja«, fiel sie leise ein, »ja, Herr, du bist
der Gottessohn, der uns vom Tod befreit.
Ich glaube dir.« Und stand noch lang versunken
und reglos und von seinen Blicken trunken.

Doch traf der Herr nicht Anstalt mitzugehn.
So schluchzt sie plötzlich auf und lief davon.

Maria, ihre Schwester, die sie schon
vom Hause, das sie hütete, gesehn,
lief ihr entgegen, riß die Schürze ab,
warf sie der Schwester weiterlaufend hin:
»Ich laß ihn nicht, ich hol ihn an sein Grab!«
und lief, und aufgelöst trat sie vor ihn:
»Wo bleibst du, Herr, wärst eher du gekommen,
kein Tod hätt unsern Bruder uns genommen!«

Da bahnte sich der Heiland eine Gasse
durch sein Gefolge, rief auch Martha wieder,
und mit den Frauen, hinter ihm die Masse,
stieg paßhinab er nach Bethanien nieder.

An einen Abhang schräge angelehnt,
der in das Städtchen sacht hinuntergleitet,
lag dort der Gottesacker ausgebreitet
um ein Kapellchen, kuppeldachgekrönt.
Bei Sonne wob die Zeit hier Tag für Tag
ihr dichtes, graues Spinnetz in den Zweigen.
Tief unterm Fächerdach der Büsche lag
in süßer Trauer der Vollendung Schweigen.
Nur Efeu und Zypressen drüberhin,
so stolz wie Fahnen. Doch darunter scharten
sich Hügel neben Hügeln, Grün in Grün,
die jeder ein verstummtes Herz verwahrten.

Auf einmal aber brandet Stimmenwogen.
Schon knirscht der Kies von tausendfüßgen Scharen.
Durch der berankten Pforte Rosenbogen
trat er herein und die, die mit ihm waren.
An ungezählten Kleidern rupft der Dorn.
Noch immer strömt es ungezählt herein.
Der Heiland und die beiden Frauen vorn,

nun standen sie schon vor dem blanken Stein,
dem Marmor, der die frische Gruft bedeckt.
Sein Auge blickte nieder in den Grund,
als sei er offen, und es zuckt sein Mund
als spräche er schon mit dem Toten drunt,
der reglos seine starren Glieder streckt.

Bald war der Garten Kopf an Kopf gefüllt.
Schon glosts von draußen durch den Zaun herein,
schon hings wie Trauben selbst an Mal und Stein
der Gräber, die das Rankwerk dicht verhüllt,
doch dichter jetzt Gerank aus Fleisch und Bein.

Da hob er das Gesicht und sprach das Wort,
das ungeheure: »Hebt den Mamor fort!«

Nun hörte man ein Murren unter vielen:
»Will er dem Toten seine Ruhe stören?
Das Fleisch zerfiel bereits, und Würmer wühlen
sich ihren Weg durch seiner Adern Röhren.«
Und Martha hört man gleichfalls schreiend bitten:
»Vier Tage liegt er nun schon in der Gruft.
O Herr, wir haben doch genug gelitten.
Erspar uns der Verwesung Moderduft!«

Der Herr: »Was ist? Auf einmal zweifelt ihr?
Wer glaubt, der wird mit mir den Tod besiegen.
Fehlt euch der Glaube, laßt den Stein nur liegen!«

Da schrie es aus dem Volk: »Wir glauben dir!«
Und viele Hände packten aus dem Hauf
neugierger Eiferer den Stein und hoben
ihn ächzend in die Höhe und sie schoben
ihn seitwärts, und die Höhlung tat sich auf,
und Stille rings, die wie ein Abgrund war.

Er aber hob die Hände vor die Brust:
»Ich danke dir, mein Vater, wunderbar
erhörst du mich, ich habe es gewußt.
Das Volk jedoch, das zweifelnd um mich steht,
willst heute du zum letztenmal belehren,

daß ich dein Sohn bin und du mein Gebet,
was ich auch bitte, allzeit wirst erhören.«

Und höher noch hob er die Stimme auf,
so daß sie hammerhell und stählern klang
und zu den Lebenden und Toten drang:
»Nun, mein Freund Lazarus, nun komm herauf!«

Da aus der Erde Tiefen weither kam,
als wollte ein Vulkan gebären, Grollen
und fernes Dröhnen. Und die Töne schwollen.
Und jeder wurde bleich, der es vernahm.
Und mancher wollte fliehn; doch festgezwängt
in dichter Menge reglos mußt er stehen.
Der Klöppel seines Herzens dröhnt und sprengt
die Brust ihm, vor den Augen aber senkt
ein Schleier sich. Was ist es, was sie sehen?
Nur Rauch, der aus der offnen Grube drängt?
Wild sieht man das Gebüsch darüber wehen.
Dann plötzlich schrillt ein Schrei. Es klirrt die Gruft,
als splittere wie Glas ringsum die Luft.

Nun schwebt, emporgetragen, so als dringe
nur wieder Rauch hoch, ganz in Lein gehüllt
und Tücher, dicht verworrenes Geschlinge,
drin nur die Augen brennen angsterfüllt,
der Tote stumm empor. Fest eingeschnürt
das Kinn und seine Arme, reglos fest.
Er steht am Rande der Grube, schüttelnd rührt
er seine Schultern, bis er endlich spürt,
daß ihm sein Wühlen keine Freiheit läßt.

Rings voll Entsetzen wich vor ihm die Menge.
Ohnmächtig fielen manche zwischen sie,
und Leib an Leibern wankte im Gedränge
und Füße traten drüber. Und es schrie
von allen Seiten vieler Weiber Schrein
und dunkle Männerstimmen zwischendrein.

Marie und Martha aber stand der Schrecken
im offnen Mund, in todesblassen Mienen.
Unfähig, ihre Hände auszustrecken

zu ihrem Bruder, der so dicht vor ihnen
so hilflos war. Sie konnten nicht einmal
die Füße rühren, um zu ihm zu gehen
und ihm in seinen Nöten beizustehen
und ihn zu lösen von der Fesseln Qual.

Da trat der Herr entschlossen vor ihn hin
und riß das Leinband von der Schulter ihm
und riß die Binde ihm von seinem Kinn
und zog ihn an die Brust mit Ungestüm.
Der Jüngling aber fiel vor seine Füße
und seine Zunge sang mit hellem Laut:

»Wo bin ich, Herr? Vom Glanz geblendet grüße
ich hier das Licht, das ich im Grab geschaut,
doch ganz von ferne, jenes helle Licht,
auf einmal nah: in deinem Angesicht!«

Und auch Maria und auch Martha sanken
dicht neben ihm zu Boden und umschlangen
des Heilands Fuß, und Tränenbäche sprangen
aus ihren Augen, die die Gräber tranken.
Und alle, die nicht vorher Angst und Grauen
davongejagt, sah in die Knie man fallen.

Der Herr hob einsam ragend über allen
die Segenshand. Jedoch im Niederschauen
auf seine Freunde und ihr selges Weinen
begann auch ihm das Auge hell zu fließen,
und eine Träne sah man ihn vergießen
im süßen Schmerz des Glückes auf die Seinen.

Ihr selgen Tränen . . .

Ihr selgen Tränen,
wie hell ihr blinkt!
Schmerz wird und Sehnen,
wo ihr entspringt,
am Quell tief innen,
Lust und Gewinnen.

Und Lust und Freude
wird, wo ihr stürzt,
mit Schmerz und Leide
innig gewürzt,
daß keins der zwei
uns fade sei.

Wie nahe rücken
durch eure Kraft
nun, was Entzücken,
was Qualen schafft!
Sie finden sich
gutnachbarlich.

Und so wie Regen,
der niederfällt,
tränkt euer Segen
die süchtige Welt.
Die flüchtige Zeit
nährt immerwährende Fruchtbarkeit.

Die Begegnung

O Glück des Wiederfindens, Heimatfrieden:
Zum letztenmal in jenem stillen Hause
des Lazarus dem Heiland nun beschieden,
vorm letzten Wanderweg die letzte Pause.

Behaglich in den Lehnstuhl eingeschmiegt
sitzt er im tiefen Raum, indes der Freund
zur Seite ihm auf seinem Lager liegt
und um den Tisch der Jünger Kreis sich eint.
Doch ihm zu Füßen auf dem Teppich kauert
Maria, und aus ihrem Innern springt
noch Schluchzen manchmal, das jedoch nicht dauert,
da sies mit Lächeln tapfer niederzwingt.

Ein Sonnenstreifen blitzt und das Geflirr
von Stäubchen tanzt wie Mückenschwarm im Strahl.
Ein schläfrig Klirrn und Klingeln von Geschirr

dringt aus der Küche her, wo nun das Mahl
mit Sorgfalt richtend Marthas Fleiß sich regt.

So wäre Feiertag im ganzen Haus,
klängs nicht wie Drängen, fast wie Drohn von draus.
Auch auf dem Flure, auf der Treppe schallt
mit Ungeduld das Wühlen schon der Menge,
die nach ihm ruft. Doch bietet dem Gedränge
noch Petri mächtige Gestalt ein Halt.
Andreas neben ihm. Wie Wächter, die
des Paradieses heilge Pforte hüten
mit Flammenschwertern, – also hüten sie
nun ihres Heilands, ihres Meisters Frieden.
Die allzu stürmisch Eifernden vertreiben
sie voller Eifer. Nur die Stilln und Frommen,
die voller Demut harren, dürfen bleiben.
Die Kranken aber, welche gläubig kommen,
und denen sie die Hand auflegen, heilen
sie durch den Namen Jesu wunderbar.
Und manchen, der noch eben bresthaft war,
sieht man mit Freudensprüngen heimwärts eilen.

So schwirrt ein Gehn und Kommen ungeheuer
und ein Gewirr von Menschenstimmen dort,
und dröhnend hallen Schritte, Ruf und Wort
vom hohen, engen, steinernen Gemäuer.
Doch unbestechlich stehn und widerstehen
die beiden allem Toben vor der Schwelle,
und alles Fordern bringt und alles Flehen
sie nicht von ihrer selbstgewählten Stelle.

Die hinter jener Türe merktens kaum
und freuten sich einander an der Stille
und ihrer Nähe. Und der kleine Raum,
er atmete des Gottesfriedens Fülle.

»Nur einen Augenblick, vier Tage nur
ging deine Seele außer dem Gehege
des Erdenleibs. Sie war erst auf dem Wege
und ahnte kaum noch, was ihr widerfuhr«,
so sprach der Herr. Und Lazarus hob an:
»Sie ging zuerst wie durch ein Wiesental,

Margritten rings im Gras und Enzian.
Die weite Fläche und der Himmelsplan
schien wie ein ungeheuer großer Saal.
In dessen Mitte, einem Turm gleich, stand
ein einzger, kluftenreicher Felsenstein,
durchstieß den Grasgrund und die Schleierwand
des schneeigen Gewölks ins Blau hinein.
Am Gipfel aber glühte wie der Brand
der Firnen trotz des hellen Tags ein Schein,
weißglimmend unaufhörlich, sonnenschön.
Und jeder Weg schien dorthinan zu gehn.

Auch unser Weg. Denn sieh: Ich überschritt
selbzweit die Grenze oder auch selbdritt.
(Man kann die Seelen schwer dort unterscheiden.)
Erst stieg der Pfad gemächlich, und die beiden,
sie stiegen fröhlich singend anfangs mit.
Doch dann ward Stille und dann ward Gestöhn.
Dann blieb der erste schon am Wege stehn.

Mich aber zogs, die Blicke festgebannt,
zu jenem Glänzen auf den Gipfelhöhn,
auch als der zweite abfiel und entschwand.
Ich mußte unaufhörlich weitergehn.

Mir war das Herz vor Höhensehnsucht krank,
wenn auch die Füße wegemüd geworden.
An manchem steilen Fels stieg ich entlang,
und manche Schluft wars, die ich übersprang.
Und viele überholt ich allerorten,
die ächzend sich bemühten aufzuklimmen,
weil wohl auch sie das Licht nach oben hob.
Ich sah sie nicht, doch hört ich ihre Stimmen
und ihren Fuß, der durchs Geröll sich schob.

Da traf mich dein Befehl zur Wiederkehr,
und vogelgleich schwang meine Seele her.

Ein Rätsel blieb, das ich nicht deuten kann:
Ich wähnte Ruhe dort und Seligkeit
und sah doch nichts als Mühe weit und breit,
ein mühevolles Drängen gipfelan.«

Da sprach der Herr: »Wer seine Seele hier
schon übt, zu Gottes Licht sich zu erheben,
erleichtert ihr den Weg im andern Leben
und einen höhern Platz gewinnt er ihr.
Denn dort drängt jede neben ihresgleichen
an jenen Lichtkreis Gottes sich heran,
zu dem die Kraft ihr und die Freiheit reichen,
die sie in Leid und Mühsal hier gewann,
und harrt dann ganz beseligt, weil sie spürt,
daß sie in Gottes Nähe weiter reift,
und daß die Ungeduld, die sie ergreift,
sich mit der Zeit auf ihrem Weg verliert.

O Glanz der Ewigkeit, o Seligkeiten
des niemals Wandelbaren voller Gnaden!
Ihr zarten Lüfte, drin die Augen baden
und sich die Lungen tiefer atmend weiten!
O Lichtflut, die aus keiner Flamme quillt,
o unbegreifliche, o schlichte Wahrheit,
die kein Gedanke schmälert und kein Bild:
Bald ist auch meine Brust von euch erfüllt,
bald schlürft mein Auge auch von eurer Klarheit!
Nur eines Schrittes noch bedarf es mir,
mein Vater, und dann bin ich neben dir.«

Er stand, gebreitet seiner Arme Zweige,
im Sonnenstrahl. Sie sahn ihn staunend an,
und keiner ahnte, welcher Schritt getan
noch würde, wenn er auf zum Vater steige.

Da blickte Martha durch die Tür herein.
Die Hände rieb sie an der Schürze trocken
und rief: »Nun richt ich alles ganz allein.
Muß denn Maria müßig bei euch hocken?«
Dann aber zaghafter und leiser noch,
von vieler Blick befremdet und beirrt:
»Herr, ihr wollt essen. So befiehl ihr doch
mit aufzuwarten, daß es schneller wird!«

Der Heiland senkt die Arme, und verloren
noch sprach und lächelte er vor sich nieder:
»Maria hat den bessren Teil erkoren,

ich seh es wohl, den nimmt ihr niemand wieder.
Wer seinen Weg gewählt hat, muß ihn gehn,
nicht hinter sich und nicht zur Seite sehn.«

Verlegen stand die Frau, da alle schwiegen.
Nur in der Küche brodelten und klappten
die Töpfe, und es surrten ein paar Fliegen,
die lichtblind an die Fensterscheiben tappten.

Ganz plötzlich aber brach mit Lärm und Toben
die andre Türe auf. Und wie das Branden
der Flut die Dämme reißt, so wirbelnd stoben
die Massen wild herein, die draußen standen.
Andreas, Petrus suchten noch mit Schrein
eng eingeschlossen diesem Strom zu wehren.
Doch ihre Stimme war kaum mehr zu hören.
Die Woge brauste unaufhaltsam ein:
Ein Bitten, Klagen, Wünschen, Flehn und Fragen
im wüsten Strudel durch die Luft getragen.

Erst als der Aufruhr etwas Ruhe fand
(die meisten knieten stumm, die Kinder lallten,
dem Heiland von den Frauen hingehalten),
da sah man: Mitten in dem Wühlen stand,
dem Herren gegenüber, abgesenkt
die schmerzlich ahnungsvollen Augenlider,
die Mutter ihm und bei ihr seine Brüder,
rings von den fremden Knieenden bedrängt.

Ganz plötzlich war auch nicht ein Laut umher,
der ehrfurchtslos die Stille unterbrach.
Doch jedes Wort fiel wie ein Lot so schwer
ins Herz, das sie voll Demut leise sprach:

»Du zogst an uns vorbei, wir kamen nach.
Kennst du, mein Sohn, die Mutter denn nicht mehr?
Hob dich das Schicksal schon in jene Höhen,
draus Blicke nicht mehr zu uns niedergehen?
So laß dir sagen: Eine Mutter neidet
dir selbst den Ruhm nicht, welcher dich ihr nahm,
und beugt sich ohne Bitterkeit und Scham
auch vor der Macht, die von dem Sohn sie scheidet.«

Sie sprachs und ließ den Scheitel, den es hell
und silbern schon durchspann, vornüber gleiten.
Er aber sprang hinzu und zog sie schnell
an seine Brust und hielt sie noch beizeiten.
Dann aber fuhr es über sein Gesicht
wie Wolkenschatten durch ein Sonnenland,
und seine Augen dunkelten, es schwand
von seiner hellen Stirne ihm das Licht.
Und seinen Blick ließ er noch einmal wieder
ringsum, den Kreis der Jünger tastend, schweifen,
bevor er sprach: »O könntest dus begreifen!
Sieh: diese sind jetzt Mutter mir und Brüder –
bis zu dem Tag, da ich vollenden werde,
und dem mich jede Stunde näher treibt.
Doch wenn mir dann ein Augenblick noch bleibt
(denn sonst gehört mir nichts auf dieser Erde,
wird mir nicht *dieser* Augenblick geschenkt),
dann ist er nicht mehr mein, dann ist er dein,
und was mein Herz an Wunsch und Dank umschränkt,
soll unumschränkt dann dir zu eigen sein.«

So standen sie umschlungen lange Zeit.
Dann wandte sich die Mutter stumm zum Gehen.
Die Menge wich, sie ließen es geschehen.
Des Heilands Blick nur gab ihr noch Geleit.

Doch als sie ihm entschwand, da trugen ihn
und seinen Schmerz die Füße länger nicht.
Er warf sich schluchzend in den Sessel hin
und barg in seine Arme das Gesicht
und schrie: »Was mir geschehn muß, soll geschehen.
Lädtst du mir doppelt auf, ich will es tragen.
Nur sie, nur sie kann ich nicht leiden sehen,
gerechter Gott, in diesen letzten Tagen!
Und wenn sie mich an Kreuzes Balken schlagen,
soll nur nicht sie, nicht sie darunter stehen!«

Und schrie und rief allein das *eine* Wort
in seines Herzens Qualen immerfort.

Bis alle, die es hörten, sich entsetzten,
und einer nach dem andern wandte sich

und zwängte sich zur Türe und entwich.
Nur seine Freunde blieben nach den letzten,
doch zitternd und in Todesangst auch sie:
Wo ward ein solches Schreien je vernommen?
Das war kein Schrei, wie sie von Menschen kommen.
Gott selbst in seiner Seele Jammer schrie.

Gewißheit

Gottes Seele schreit vor Schmerzen
über diese Welt voll Qualen.
Ach, die edelsten der Herzen
müssen doppelt Leid bezahlen:

Endlos gehn in Trauerzügen,
die vor Durst und Hunger schmachten,
oder jene, die mit Lügen
Schuldge sich zu Schuldnern machten,

oder die, die sich verschenkten,
um der Brüder Not zu stillen,
die versklavten und bedrängten
Dulder um des Glaubens willen,

oder die nach Wahrheit trachten,
oder die die Krone drückte,
oder die das Feuer brachten,
das uns wärmte und erquickte,

oder die, die Welt zu retten,
Tod und Opfer nicht verschmähen:
Alle müssen sie in Ketten
elend in das Elend gehen.

Selbst die ahnungslosen, schwachen
Kinder, die sich nie verfehlten,
deren Mütter sie mit Lachen
wollusttoll zu Tode quälten,

selbst die Krüppel und die Siechen,
die auf Krücken mühsam stelzen

und die Leidschuld längst beglichen,
müssen sich im Staube wälzen,

und die Mütter und die Frauen,
die den eignen Schmerz kaum tragen,
zwingt man, voller Hohn, zu schauen,
wie den Sohn ans Kreuz sie schlagen.

Nur die Falschen und die Feigen,
und die Knechte triumphieren,
und nur die Verräter steigen
auf die Throne und regieren.

Nur die Argen und Gemeinen
gehn in goldenen Brokaten.
Und Gott läßt die Sonne scheinen
über gut und böse Taten?

Wie denn soll ers je begleichen
an Beleidigten und Armen,
gibt er uns nicht Mal und Zeichen,
daß wir uns auch sein erbarmen?

Steigt er nicht vom Himmel nieder,
alle Leiden mitzutragen?
Läßt als Bruder für die Brüder
er sich selbst ans Kreuz nicht schlagen? –

Doch er kommt: Man soll ihn höhnen
und ihn zu den Mördern setzen,
und die Stirn mit Dorn ihm krönen,
und an seinem Blut sich letzen.

Ja, er wird das Werk vollenden
und gleich jenen Überwindern
als ihr höchster selbst sich spenden,
eigner Sohn den eignen Kindern!

Wen kann dann noch Zweifel quälen,
wird er schließlich auferstehen,
daß wir durch das Leid die Seelen
alle einst zu ihm erhöhen!

Amen

Amen!
So soll es in Wahrheit geschehn:
Der uns erschuf, da er sagte: Es werde!,
will nicht, daß wir zugrunde gehn
auf der erbärmlichen,
elenden, ärmlichen,
leidenden Erde.

Amen!
So soll es in Wahrheit geschehn:
Daß uns die Schmerzen zu Boden nicht neigen,
lehrt er uns das Geheimnis verstehn,
lehrt uns zum ragenden,
Gott selber tragenden
Kreuze zu steigen.

Amen!
So soll es in Wahrheit geschehn:
Da er einst selber hinauf ist gestiegen,
half er uns, die seinen Sieg gesehn,
alles zu zwingen
und zu vollbringen,
half er uns siegen.

Dritter Teil: DIE VOLLENDUNG

Der Tod des Johannes

Die Flöten tönen,
die Zimbeln klingen,
die Becken dröhnen,
die Geigen singen:
Herodes, der König, lud Freunde und Gäste,
und Gold prangt und Purpur zu lärmendem Feste.
Es flimmert Geschmeide,
es schimmert von Lichtern
auf Silber, auf Seide,
in eitlen Gesichtern.
Und eilig springen
die Diener von dannen,
die Schüsseln bringen
und klappernde Kannen,
üppige Speisen und blutroten Wein.
Sie schenkens den lallenden Lippen ein.
Da weben und wirren
Gespräche und girren
Gelächter mit schrillem, flackerndem Klang
am Tische entlang.
Es braust in den Ohren, es saust in den Hirnen.
Mit sprühenden Augen und glühenden Stirnen
rufen sie nur noch nach Tanz und Gesang.

Der König mit Schwanken
vom Throne erhob sich.
Die Stimmen versanken,
das Lachen zerstob sich.
Und alle lauschen. Er klatscht in die Hände
und ruft seine Tochter. Sie naht sich behende
und neigt sich
und biegt sich
und beugt sich
und wiegt sich
und harrt und erstarrt in Erwartung am Ende.

»Salome, komm und tanze vor mir!
Was du begehrst, das schenke ich dir:
Glitzern und Gleißen
und flimmerndes Flirren:
Was soll an weißen
Füßen dir klirren,
wenn sie auf weichen
Teppichen fliegen,
wie in Gesträuchen
Täubchen sich wiegen?
Fahle Opale mit grünen Rubinen,
solln sie den Brüsten zur Brustwehr dir dienen?
Sollen mit marmornem, schneeigen Glänzen
Perlen den Schoß und die Hüften dir kränzen?
Willst du nur tanzen, so gilt es mir gleich –
seis auch mein halbes Königreich!«

Salome neigt sich
und Salome biegt sich,
Salome beugt sich,
und Salome wiegt sich
und mit Lächeln, das tödlich betört,
blitzen die Blicke, zur Mutter gekehrt.
Die aber winkt ihr mit hämischem Munde:
»Salome, jetzt ist die rechte Stunde!
Denkst du daran,
was jener Mann,
was uns Johannes angetan?
Denkst du daran,
was wir uns beide damals geschworen,
als er die Mutter dir verschrie
und sie blutiger Sünden zieh,
draus du geboren?«

Und die Tochter, sie blinzt ihr zurück.
Und Herodes begreift den Blick.
Und er erblaßt
eh er sich faßt:
Königsversprechen
ist Königsverbrechen,
Königsversprechen ist Menschengeschick.
Und schon durchfliegt der Befehl den Palast.

Und nun schleichen in dunklen Verliesen
Richter, die finster das Urteil verhängen,
Henker, die Ketten lösen und schließen,
Priester mit plärrenden Trauergesängen –
und ein Jüngling, bleich und verzehrt,
der sich durch modrige Stollen bückt,
wo man den schweren Richtblock ihm rückt,
wo er zum letzten Gange sich kehrt.
Nur am Fenster, verschattet von Spinnen,
liegt ein armseliger Lichtstrahl herinnen.
Aber nicht lange, und er blinkt
einmal im Schwert auf, das niedersinkt.
Aber nicht lange, und es verhüllt
Nacht und Dunkel das Schreckensbild.

Flöten tönen,
Zimbeln klingen,
Becken dröhnen,
Geigen singen:
Salome neigt sich,
Salome biegt sich,
Salome beugt sich,
Salome wiegt sich.
Ihre schmalen Hüften sind
biegsamen Birken gleich im Wind.
Ihre flinken Füße schnellen,
ihre kleinen Brüste schwellen,
ihre nackten Arme wehen,
weißen Wimpeln gleich am Mast,
die im Glast
gleitend wie weiche Fittiche stehen.

Doch bei dem geilen Starren und Spüren
öffnen sich plötzlich des Saales Türen.
Und Lakaien, ernst und gemessen,
schreiten herein in Litzen und Tressen,
und sie tragen das blutige, fahle
Haupt des Jünglings auf goldener Schale,
und sie reichen
mit schweigenden, bleichen
Mienen es Salome mitten im Saale.

Und sie will es tänzelnd halten.
Doch die Gäste starrn im kalten
Grauen nur auf dieses Bild.
Auch Herodes sitzt – umdunkelt
sein Gesicht, sein Auge funkelt
ahnungsstumm und angsterfüllt.

Und sie will sich wieder neigen,
und sie will sich wieder wiegen,
und sie will sich wieder beugen
und das Knie zum Danke biegen
für die Gabe, die sie trägt:
als das Angesicht des Toten
plötzlich seine lichtdurchlohten
Augen auf zum König schlägt.

Und auf jener blutgen Schale
sieht man sich die Lippen regen.
Und nun scheint sich auch der schmale
Mund zu Worten zu bewegen.
Ja, er spricht, und alle hören
diese Worte durch das Schweigen:

»Ich muß fallen, er muß steigen,
ich mich mindern, er sich mehren.
Wehe denen, die es wagen,
gegen Gott die Hand zu heben!
Mich noch konntet ihr erschlagen,
er wird erst getötet leben.«

Klirrend fiel die goldne Schale
aus den Händen, die sie faßten.
Kreischend sprangen auf vom Mahle
alle, die im Saale praßten,
flohen kreischend. Polternd stießen
sie die schweren Tische um.
Doch das tote Haupt lag stumm
zu den königlichen Füßen.

Und Herodes auf dem Throne,
während laut die Weiber schrien,

nahm vom Haupte seine Krone
und zerbrach sie auf den Knien.

Passionszeit

Du Zeit aus Licht und Finsternissen,
wie bist du süß und herb und schwer!
Das Herz wird hin und her gerissen
von Glück und Jammer, hin und her.

Bald steigen unter Jubelklängen
die bunten Fahnen masthinauf,
bei lichtem Grün und Lerchensängen
tut sich das Tor des Frühlings auf,

und bald hüllt sich in schwarze Schleier
der Spiegel blinkendes Metall,
bald wehen auf der Totenfeier
die Trauerkerzen überall.

Bald schwillt ein Lachen, quillt ein Weinen
aus offnen Türen ringsumher,
bald strahlt der Horizont, bald scheinen
den Nächten keine Sterne mehr.

Ja, weint ihr Seelen! Was bestehet,
es muß in Tränen untergehn.
Frohlockt, ihr Kehlen! Was vergehet,
muß tausendfältig auferstehn.

Wies schauernd fährt durch Wald und Fluren,
wenn im Gebirg ein Wetter hängt,
so sind die ersten leisen Spuren
der Frucht, die ihre Hülle sprengt.

Sie sprengt die Hülle und befreien
wird sie die Welt aus ihrer Haft.
Und unter Tränen benedeien
wir dann des Todes Schöpferkraft.

Palmsonntag

Als erste Dämmerung ins Zimmer kam,
ein grauer Dunst, der um die Dinge schwamm
und sie zugleich in Schimmer hüllt und Flor,
und als der Amseln Morgenlied begann,
da fing der Heiland sich zu regen an.
Auf seinem Lager setzt er sich empor
und blickte um sich her, wie noch ringsum
die Jünger auf dem Boden liegend schliefen
und unter ihren Lidern in den Tiefen
die Träume huschten, bilderreich und stumm.

Leis schlich er aus dem Hause in den Hof,
wo kühl durchs Rohr die Quelle murmelnd troff
so Tag wie Nacht im Selbstgespräch allein,
und wusch sich dort die Stirn und Schläfen ab
und trank Erquickung, die der Born ihm gab,
und ging dann wieder morgenfrisch hinein.
Und durch der Schläfer Reihen wandelnd, nahm
er jeden an der Schulter, rüttelt ihn
und rief: »Steh auf, mein Freund, der Morgen kam,
wir müssen unsre Straße weiterziehn!«

Sie rieben sich die Augen, tauchten sacht
aus jener fernen Welt voll Nacht und Traum.
Doch bald war ihrer jeder hell erwacht,
und alles wimmelte im Dämmerraum
und wusch sich schnell und aß sein Brot in Eile
und staubte sich den Mantel wieder aus.
Denn auf der Straße draußen vor dem Haus
da wartete der Herr schon eine Weile.

Er nahm den Weg nach Westen, und es hallten
die Schritte klappernd durch die Gassen hin.
Und viele, noch verschlafene Gestalten
sahn sie, am Fenster spähend, weiterziehn
und sprangen auf, sich eilig zu bereiten,
den Herrn auf seinem Zuge zu begleiten.

Die Straße stieg gemächlich berghinauf.
In ihrem Rücken aus dem Nebelmeer

taucht tief im Grund die Sonne strahlend auf
und warf die Schatten lang vor ihnen her.
Sie sprachen kaum, doch als sie auf die Höhen
des Bergwalls kamen, den der Weg durchschnitt,
da zügelte der Heiland seinen Schritt
und blieb, der Jünger harrend, schließlich stehen.
Weit vorn war nun im Tal die Stadt zu sehen,
darüber noch der Berge Schatten glitt.
Nur auf den höchsten goldnen Tempelspitzen
sah man das Morgenlicht wie Sterne blitzen.

Der Heiland sprach: »Seit ich euch damals lehrt,
daß Beutel nicht und Tasche nötig ist
auf unserm Zug, habt ihr sie da vermißt?
Nun aber, nun hat sich die Zeit verkehrt.
Jetzt sag ich euch, daß nun die Tage reifen,
da wir uns unsre Lenden gürten sollen.
Nicht Tasche nur und nur den Beutel wollen
wir nehmen, auch zur Waffe gilts zu greifen:
zum Panzer unsrer Wahrheit, an den Füßen
die Schuhe der Bereitschaft zu bestehen,
dazu des Glaubens Schild hindurchzugehen,
wo wir der Bosheit Pfeile fürchten müssen,
zuletzt den Helm des Siegs aufs Haupt gedrückt
und festgefaßt am Knauf des Geistes Schwert,
des Klinge – Gottes Wort – herniederfährt
gleichwie ein Blitz, den ihr aus Wolken zückt.

Ists Not, daß ich es noch im Gleichnis sage?
Ward euch nicht endlich zu begreifen Kraft?
Vorbei des Lehrens und des Lernens Tage!
Vorbei die Zeit des Worts trotz aller Klage!
Nun gilt es, daß die Tat zum Wort sich wage:
Hier endet meine große Wanderschaft.

Die Welt wird uns verfolgen und uns jagen,
weil sie es spürt: Wir sind nicht ihresgleichen.
Ihr werdet ihr für diesmal noch entweichen,
mich greift man jetzt, um mich ans Kreuz zu schlagen.
Zwar soll ich dann am dritten Tag erstehen.
Doch erst muß ich am Kreuz in Feindeshänden
mit Niedrigkeit und Tod und Leiden enden,

erst müßt ihr mich am Balken hängen sehen.
Da drunt die Stadt, die mich nun krönen will
mit blutgen Diademen, ist mein Ziel.«

Und düster blickt er in das Tal hinein,
das ihm da harmlos still entgegenblinkt.
Erschüttert standen alle. Petrus springt
jedoch vor seinen Weg: »Wie kann das sein?
Herr, sieh: wir werden Gott für dich bestürmen.
Du hast uns ja zu aller Zeit gelehrt,
daß er die Bitten der Verzweiflung hört.
Er muß dich uns bewahren und beschirmen.«

Der Heiland blickt hinab in Stadt und Tal,
dann wechselt er zu Petrus seinen Blick,
dann wiederum voll Zorn ins Tal zurück.
Dann packt er Petri Brust mit einemmal,
als sucht er eigener Verzweiflung Halt,
und rüttelt ihn am Kleide mit Gewalt
und rief: »Versucher, wardst du nicht zuschanden,
als wir dort auf der Tempelzinne standen?
Was kommst du noch einmal in *der* Gestalt?
Muß ich dich immer wieder überwinden,
Verlockung aus der Seele Dunkelheit?
Gibst du mir noch im Sterben das Geleit?
Läßt du mich noch am Kreuz nicht Ruhe finden?«

Und stieß ihn fort und ließ ihn grollend fahren
und wandte sich und ging entschlossen-stumm
allein den Weg und sah sich nicht mehr um.
Doch Petrus stand mit angstgesträubten Haaren.
Und alle Jünger standen lange Zeit
von Angst und Schreck gepeinigt und erblichen,
bis sie sich langsam voll Beklommenheit
dem Heiland nach die Straße abwärts schlichen. –

Nun kamen aus Bethanien auch die andern,
die ihn beim Auszug dort am Morgen sahen.
Auch viele Pilger kamen, um zum nahen,
ersehnten Osterfest hinabzuwandern.
Auf einmal wimmelte es weit vorauf
und hinter ihm wie aus dem Grund geschossen.

Als ob im Garten junge Gräser sprossen,
so weckt die Morgensonne Menschen auf:
Neugierge warns und frohe Wanderscharen,
Jünglinge, Mädchen plauderten und sangen
mit bunten Kleidern, Bändern in den Haaren,
und Mütter, deren Kinder sie umsprangen,
und Männer in Gesprächen voll Behagen,
wie sie die Sonntagsmuße freundlich lockt.

Doch als der Heiland erst entdeckt war, stockt
das Springen und das Singen und das Sagen.
Und alle blickten voller Scheu ihn an
und voller Neugier oder voller Dank.
Und immer mehr in seine Nähe drang
die Menge auf dem Weg zu ihm heran.

Inzwischen wuchs die Stadt vor ihnen auf,
die ersten Häuser kamen schon herbei.
Da rief der Herr von seinen Jüngern zwei
und sprach: »Geht diese Straße hier hinauf!
Da werdet ihr an eines Gartens Zaun
ein Füllen mit dem Zaum geknotet finden.
Wenn ihr euch anschickt, es dort loszubinden,
dann wird ein Mann aus seinem Fenster schaun
und wird euch mahnen: Ihm gehört das Tier.
Belehrt den Mann ihr, ich bedürfe sein,
so wird er euch das Füllen gerne leihn.
Dann nehmt es bei der Hand und bringt es mir!
Es soll mich nach der Kundschaft alter Sagen
friedfertig-stolz hinauf zum Tempel tragen.«

So wards getan, und die Gesandtschaft lief
voraus und fand es ganz wie vorgesehn:
das spiegelblanke Tier am Zaune stehn
und auch den Mann, der aus dem Fenster rief.
Und tänzelnd sprang das Tier an ihrer Hand
den Weg zurück, bis wo die andern waren,
an zweier Straßen Kreuzung, wo in Scharen
von Gaffern eingezwängt der Heiland stand.

»Seht da«, so raunten sie, »der Wundermann,
des Hände Blinde wieder sehend machen,

und dessen Ruf Dämonen zwingen kann
und Tote, aus den Gräbern aufzuwachen!
Ein Heiliger ist er und ein Prophet,
vielleicht ein König oder Gottes Sohn,
von welchem unsre frühen Seher schon
geweissagt, daß er unter uns ersteht.«

Und als nun durch das Wimmeln und das Drängen
die beiden Jünger mit dem Füllen kamen
und ihre Mäntel von den Schultern nahmen,
um sie dem Tier als Sattel aufzuhängen,
und als sie ihren Meister nun nach oben,
daß er sie alle überragte, hoben,
und als der Zug zur Stadt hinein begann,
da fing ein ungeheurer Jubel an.
Und Blütenzweige rissen sie und Palmen
von Bäumen und Gebüsch am Straßenrand.
Und gleich als zögen Wälder durch das Land,
umschwenkten sie den Zug und sangen Psalmen:

»Dem Herrn sei Lob und Preis,
der dich uns blühen läßt!
Du königliches Reis,
zieh ein zum Fest!
Denn er hat dich gesandt,
des Reiches Saat.
Nun jauchze, Volk und Land!
Gesegnet, der sich naht!«

Und breiteten die Mäntel vor ihm aus
auf seinen Weg, darauf das Füllen schritt.
Auch aus den Häusern stürmten sie heraus
und liefen in dem großen Zuge mit.
Und ihn, der hochauf thronte über allen,
umsprang, umsang, umtanzt der dichte Hauf,
ließ Frühlingslieder durch die Gassen schallen,
die Stadt von seinem Ruhme wiederhallen:
So stiegen sie mit ihm zum Tempel auf. –

Es stand beim Tempel vor dem Tore drauß
ein Maulbeerbaum und reckt die grünen Wogen
der Blätterkrone in den Weg hinaus,

darauf der Heiland und die Jünger zogen.
Und wo sie fast sich auf die Scheitel bogen,
da schauten aus dem grünen Blätterhaus
wie Eulenaugen plötzlich, greifbar dicht
herabgebeugt zu Jesu Angesicht,
zwei Lichter dunkelsprühend nach ihm aus.

Der Heiland blieb darunter lachend stehn:
»Welch seltne Frucht am Baum!« rief er empor.
»Dich muß ich kosten, ob du süß und schön,
ob bitter bist. So mach dich nur hervor!«

Da beugt sichs scheu herab zu Jesu Ohr
und flüsterte: »Ich wollte dich doch sehn!
Ich bin zu klein von Wuchs, die zu erreichen,
die schon den ganzen Weg nicht von dir weichen.«

Und hurtig sprang es aus dem Blätterdach
und stand, ein winzger alter Mann, gebückt
und krumm vor ihm, und blickte ganz verzückt
aus seiner Tiefe auf. Der Heiland sprach:
»Zachäus, bist du von Gestalt auch klein,
dein Herz ist groß und für das Glück bestellt,
denn morgen, wenn das Licht aus Mittag fällt,
will ich als Gast in deinem Hause sein.«

Er klopft des Fohlens Hals und trabt hinein
zum Tempelhofe, wo er wieder hält,
und läßt sich da vom Sattel niedergleiten,
zur Treppe, auf zum Innenhof zu schreiten. –

Beim Tempel hinterm Marmorgitter war
ein wüstes buntes Treiben. Denn dort stellten
auf Ständen und in Buden oder Zelten
die Händler wie zum Markt die Waren dar:
Geflügel, Tauben, allerlei Getier,
Geruch von Leder drang daher und Fischen,
Geldwechsler standen ebenfalls dazwischen.
Und mit Gekreisch und Eifer pries man hier,
was man zum Kauf anbot auf Bank und Tischen.

Der Herr hielt ein, es fiel sein ernster Blick
auf diesen wilden Jahrmarkt. Und inmitten
des Weges griff er plötzlich einen Strick,
der an der Mauer hing, und sprang zurück,
in das Gewühl hinein, mit großen Schritten,
und stieß der Wechsler Bänke um – es rollte
hellklimpernd Gold und Kupfer auf den Stein –
und rief, vom Zorn erregt: »Ein Bethaus sollte
der Tempel Gottes der Gemeinde sein.
Ihr aber machtet ihn zur Räuberhöhle
und lügt und trügt und feilscht darin herum,
und ohne Scham in Gottes Heiligtum
verschachert ihr dem Mammon eure Seele.
Gesindel, das ihr seid, hinaus, hinaus!
Hinweg aus diesen heiligen Gehegen!
Ich will das Unkraut von der Tenne fegen.
Hinweg aus Gottes, meines Vaters, Haus!«

Er riefs, und mit dem Stricke wütig fährt
er in der Feilscher und der Käufer Mengen,
daß sie erschrocken auseinanderdrängen,
und Schaf und Ferkel an der Kette zerrt,
um sie in ihrer Todesangst zu sprengen.
Und Hühner fliegen auf, es blökt und quärrt.
Und Kälber, ihre Fesseln schleifend, jagen
mit Tisch und Stützbock in die fliehnden Haufen,
um in das Stoßen, Stürzen, Schrein und Laufen
nur mehr Verwirrung noch hineinzutragen.
Die Buden stürzen ein, die Stützen fallen,
die Tiere brüllen. Doch der Herr steht hoch,
die Geißel in den nervgen Händen noch
und einsam zwischen jenen Trümmern allen.

Da stürmt die Menge wiederum heran,
die mit ihm kam, und ein erneutes Rufen
und Jubeln hob sich, wie die heilgen Stufen
des Tempels es zuvor noch niemals sahn.
Er aber sprach: »Man liebt den Eifer, der,
was es auch sei, zerstört. Doch aufzubaun,
was Fleiß und Schweiß braucht, liebt man nicht so sehr.
Ihr werdet euch noch satt an Trümmern schaun!

Ich weiß, es werden viele auch an meinen
Gebeinen einmal jubeln statt zu weinen.«

Und da der Lärm kein Ende nehmen will,
das Beifallsrasen nicht und das Lobsingen,
ließ er sich einen von den Schemeln bringen
und stieg hinauf. Da ward es endlich still.

Er rief: »Man müßte euch wie Kinder fragen,
die schmolln: Ich spielte doch, was tanzt ihr nicht
und steht gekränkt? Und sing ich Trauerklagen,
was schweigt ihr dann mit hämischem Gesicht?«

Und er fuhr fort: »Ich kam, als Arzt zu heilen,
denn wund sind eure Seelen und sind krank.
Wie viele sah ich voller Sehnsucht eilen,
wie viele schlürften gierig meinen Trank!
Jedoch auch viele, ja die meisten, kamen,
die ihn nur zweifelnd auf die Zungen nahmen
und ihn, da er den Gaumen bitter schien,
verstohlen wieder auf die Erde spien.
Die dritten aber – wehe diesen dritten! –
sie dünken selbst sich Arzt genug zu sein.
Sie kommen nicht, um meine Arzenein
und meine Sorgfalt für sich zu erbitten:
Erschlagen wolln sie mich in ihrer Wut
und mir den Heilstrank aus den Händen renken.
Die Toren! Ahnten sie: Gott wird mein Blut
der Welt nun als noch größren Heilstrank schenken!
Sie wissen nicht: die jetzt frohlocken, müssen
bald schon im Abgrund der Verzweiflung hocken,
und deren Tränen nun wie Bäche fließen,
sie werden bald schon meinethalb frohlocken.
Was soll ich dazu sagen? Soll ich beten:
Vernichte meine Feinde hier auf Erden?
Nein, Vater, laß sie kommen und mich töten!
Dein Name soll durch mich verherrlicht werden.«

»Mein Name soll durch dich verherrlicht sein«,
hallt eine ferne Echostimme wieder,
und aus der Himmelshöhle in den Stein-
und Marmorgrund des Tempels rollt sie nieder.

Doch hier, als fürcht man, Gott zu unterbrechen,
stehn alle starr und schaun hinauf mit Bangen
zum Turm, als sei der Blitz hineingegangen,
und keiner wagt auch nur, ein Wort zu sprechen.

Der Heiland aber: »Eure Richter schrein
nach zweier Zeugen Mund, erst das bringt Klarheit.
Nun hört ihr es: Ich zeuge nicht allein,
mein Vater zeugt für mich. Sucht ihr noch Wahrheit,
hört diesen zweiten Zeugen und erblaßt,
die ihr das Unfaßbare noch nicht faßt!
In mir läßt Gott sich jetzt ans Kreuz erhöhn,
dort drunt im Tal sollt ihr ihn hängen sehn.«

Er wandte sich und schritt durch ihre Reihn
die Stufen aufwärts und zum Tempel ein.

Geleit

Der Heiland steigt zum Tempel auf
und zieht in seine Wohnung ein,
der Frühling gibt ihm das Geleit.
Auch unser Herz steigt mit hinauf
und jauchzt vor Glück und Seligkeit
und will ihm Palmenzweige weihn.

An allen Bäumen quillt und springt
es knospend und die Weiden blühn
und streuen Goldstaub in den Wind.
In allen Ästen summts und singt
von Bienen, die voll Eifer sind
und ihren ersten Honig ziehn.

O singe, Herz, auch du dein Lied
und sammle voller Eifer ein
und streue Gold, wenn Leid dich schlägt!
Die Blume, die am Kreuze blüht,
welkt, doch der Honig, den sie trägt,
soll aller Welt Erquickung sein.

Karmontag

So war es täglich: Aus Bethanien kam
der Herr zur Stadt herab am Morgen früh
und stieg hinauf zum Tempel, und dort nahm
er sich der Kranken an und heilte sie
zu vielen Hunderten. Doch seine Kraft
schlug Tausende und Tausende in Bann.
Denn ihrer nahm er sich belehrend an
und predigte von Gottes Vaterschaft
und unsrer Kindschaft und von Gottes Reich
und von der Liebe, welche brüderlich
die Brüder eint: Ein jeder opfre sich
und was er hat dem Vater und zugleich
den Freunden, und er fürchte keinen Schmerz
und keinen Tod; er weiß ja, daß, wer stirbt,
im Tode erst das Leben sich erwirbt.
So sind wir frei. Es gibt das eigne Herz
uns die Gesetze, die wir zu erfüllen
verpflichtet sind um unsrer Freiheit willen.
Dann zieht uns Gottes Gnade himmelwärts.

So lehrte er. Des Mittags Glut und Brand
trieb ihn als Gast dann zu den Freunden nieder
ins Häusermeer. Am Abend aber stand
er predigend im Hof des Tempels wieder.
Und fast die ganze Stadt umdrängt ihn dort,
erbat sich Hilfe, lauschte seinem Wort
und jubelte und sang ihm Psalm und Lieder –
bis er, bei Mondlicht erst und erst zur Nacht,
sich auf den Heimweg nach Bethanien macht.

Am zweiten Tage war zur Mittagszeit
Zachäus' Haus zur Rast ihm ausersehn.
Man sah den Alten schon am Tore stehn
und voller Sorge auf und nieder gehn,
und alles harrte zum Empfang bereit:
Auf der Terrasse war der Tisch gerichtet,
aus dunkler Erde dort in Kübeln schoß
das Rankwerk üppig, das zum Dach sich schloß,
und das den Vorplatz schattig kühlend dichtet,
darin troff Wasser rieselnd in den Zweigen,

das Diener aus den bauchgen Krügen schwenkten,
und blitzend sah man ein Fontänchen steigen,
des Tropfen prasselnd das Gesträuch besprengten.

Kaum kam der Herr von fern den Weg entlang,
von seinen Jüngern und dem Volk umschart,
als ihm Zachäus schon entgegensprang
und ihm des Herzens Sorge offenbart:

»O Herr«, rief er, »du darfst nicht in mein Haus,
eh du nicht alles weißt, was uns geschehn:
Vom Hohen Rat kam einer hier heraus
mit ein paar Pharisäern, um zu spähn.
Doch sie entdeckten nichts, wenn nicht, daß wir
die Tafel richteten vorm Haus im Garten.
Da kamen sie neugierig an die Tür
und fragten nach, wen wir denn hier erwarten.
Mein Diener sprach, daß *du* dich uns verhießest.
Sie nickten hämisch grinsend: ›Ja, das paßt.
Bei Straßenräubern und bei Zöllnern ist
der sogenannte Gottessohn zu Gast.‹
Sie meinten mich, Herr. Wie die Dinge liegen,
dient ich beim Straßenzoll in jüngern Tagen.
Das hab ich gestern in der Hast verschwiegen.
Nun treibt mich mein Gewissen, es zu sagen.
Auch bin ich reich, o Herr, und manche glauben,
das Geld soll ungerecht erworben sein.
Man meint wohl, wer ein Zöllner ist, muß rauben.
Doch hielt ich meine Hände leidlich rein.
Indessen, Herr, man sagt ja, der Verdacht
beflecke schon. Drum laß mich herzlich flehen,
eh dir mein Umgang ernsthaft Schaden macht:
Bleib fern, so gerne ich dich auch gesehen!
Komm nicht zu mir, ich will mich schon zu dir
an deine Fährte wie ein Hündchen hängen!
Nur bitt ich – ich bin klein –, erlaube mir,
mich durch die Großen etwas vorzudrängen!«

Der Herr zu ihm hinab mit Lächeln spricht:
»Zachäus, komm und laß uns endlich gehn!
Gott, der ins Herz hineinsieht, braucht dir nicht
auch in die Hände noch hineinzusehn.

Glaubst du, ich hätte gestern dich erlesen,
wärst du vor mir nicht klar wie Glas gewesen?«

Da fiel Zachäus schluchzend vor ihn hin
und zitternd sprach er, in den Staub gekehrt:
»O Herr mein Gott, das bin ich ja nicht wert,
o hilf mir, daß ich besser würdig bin!
Die Hälfte gebe ich von meiner Habe
zum Dank für diesen Tag als Freudengabe.
Und hab ich wen geschmälert und gekränkt:
vierfach, nein, zehnfach seis ihm dann geschenkt!«

Der Herr legt ihm die Hand aufs Haupt und schickt
zum Gehn sich an, da springt Zachäus auf:
»Und dennoch, Herr, komm nicht ins Haus hinauf!
Denn eine Angst und eine Ahnung drückt
mich so, als ob, die vorhin nach dir fragten,
nur spähten, ob wir auch alleine blieben,
weil sie dich niemals anzugreifen wagten,
wärst du bei jenen vielen, die dich lieben.«

»Mach dir, Zachäus, keine Sorge«, spricht
der Herr, »die Zukunft liegt mir sonnenklar
und unverhüllt vor meinem Angesicht.
Der Vater macht mir alles offenbar:
Die Stunde meiner Leiden schlug noch nicht,
noch krümmt uns keiner hier bei dir ein Haar.
Drei Tage noch sind euch und mir geschenkt,
bevor das Licht verlischt und Nacht sich senkt.«
Er nimmt ihn bei der Hand und geht hinauf.
Zachäus stößt die Pforte vor ihm auf.

Sie setzen sich zu Tische und beginnen,
die Hände nach den Speisen auszustrecken,
indes die Tropfen, die durchs Laubwerk rinnen
mit ihrem Sprühn und Trommeln Kühlung wecken.
So sind sie bald gesättigt und erquickt.
Und schnell vergessen sie, was sie bedrückt.

Der Herr spricht lächelnd: »Wie die Feinde sagen,
so ist es nun, wir sitzen hier und prassen
und schlemmen voller Eifer und Behagen.

Doch sollen wir uns darum tadeln lassen?
Wir wissen, was auf Erden blüht und reift,
hat Gott gesegnet, denn was lebt, ist sein.
Und wer es rein an Herz und Mund ergreift,
wie wär es nicht auch seiner Zunge rein?
Gott lehrte niemals, daß wir weinen sollen,
wenn Sonne scheint, und jubeln, weil sichs trübt.
Nein, wenn wir ihn von Herzen preisen wollen,
so auch in seinen Gaben, die er gibt.
Was uns zum Munde *eingeht*, ist nicht schlecht.
Dankt ihm, der es uns schenkte voller Gnaden!
Nur was zum Mund *heraus*fährt, was ihr sprecht,
gebt ihr nicht acht, bringts tausendfachen Schaden.
Zwar ist die Zunge nur ein winzig Ding,
doch wie wir selbst die größten Schiffe richten
am Ruder, das doch klein ist und gering,
so kann sie Welten segnen und vernichten:
Sie tötet, führt die Bosheit sie am Zügel,
sie segnet, leiht ihr Gott des Geistes Flügel.
Drum bittet Gott, daß er euch Rede leiht,
die Durstende als Born der Wahrheit stillt,
und daß ihr Lehrer seid und Mehrer seid
der Schöpferkraft, daraus das Leben quillt.
Doch ist euch diese Gabe nicht geschenkt,
im Wort die Wahrheit und das Licht zu zeigen,
so rührt das Ruder nicht, das Welten lenkt!
Lernt Gott gehorchen, tätig sein und schweigen.«

Als er so sprach, da trat ein Weib heraus,
sorgsam ein volles Glas in ihrer Hand.
Es spiegelt glitzernd drin des Himmelsblaus,
der Sonne Licht, die grüne Blätterwand.
Und als sie hinter seinem Haupte stand,
auf seinen Scheitel träufelt sie es aus,
und allsogleich spürt man den herben Duft
des würzgen Öls belebend in der Luft.

Da fuhr der Jünger einer – Judas – drein:
»Was soll denn dieser Unfug? Sie vergießt
das Öl, das unnütz und das kostbar ist.
Zehn Arme kann man um den Preis erfreuen!«
Und alle nickten Beifall: »Wer ermißt,

wie kindisch solch ein Tun, den muß es reuen.
Noch herrschen Leid und Not an allen Enden.
Wozu das Geld dann hier um nichts verschwenden?«

Der Herr erwiderte: »Was kränkt ihr sie?
Sie hat ein gutes Werk an mir vollbracht.
An Armen, liebe Freunde, fehlts euch nie,
damit ihr ihrer Not ein Ende macht.
Indessen meine Erdentage schreiten
dem Ziele zu, das ich erreichen soll.
Drum will sie mir durch ihre Salbung wohl
den müden Leib zum Grabe vorbereiten.
Ich sage euch: Man wird zu allen Zeiten,
wo man von Gottes Sohn spricht, liebevoll
auch ihrer Tat Gerechtigkeit erweisen
und sie um meinetwegen glücklich preisen.« –

Als sie am Nachmittag zum Tempel kamen
– es zogen Wolken auf, die Sonne blich –,
naht heimlich ihm ein Pharisäer sich
und flüsterte: »Gib acht in Gottes Namen!
Der Hohe Rat tagt nun seit Stunden schon
um deinet- und der Menge willen hier,
die du erregst, als seist du Gottes Sohn.
Gib acht, zu viel des Eifers schadet dir!«

Er sprachs und stahl sich schleunigst ins Gedränge.
Denn aus dem Tempeltore tretend nahten
der Hohepriester selber sich der Menge
und neben ihm zwei römische Soldaten.
Sie bahnten sich die Gasse durch die Enge,
darin erschrocken alle seitwärts traten,
bis sie inmitten sich der Menschen fanden,
die ihn und seine Jüngerschar umstanden.

Der Hohepriester blickt ihn stechend an,
ein falsches Lächeln stand ihm im Gesicht.
Er fragte heuchelnd: »So, bist du der Mann,
der als Erlöser sich dem Volk verspricht?
Gereut dich nicht, mein Sohn, das Lästerwort?
Setzt du dein Tun sogar im Tempel fort?«

Der Heiland sprach: »Als obs von weither riefe,
so täuscht mich eine Stimme aus der Ferne –
als käm sie schmeichelnd aus dem Raum der Sterne,
und ist doch bloß ein Erdgeist aus der Tiefe.
Ich geb ihm keine Antwort, denn mir ward
kein Auftrag, die Verschlagnen zu bekehren.
Was sollte sie von mir denn Neues hören?
Sie weiß ja, was sie wissen will, die Art.«

Die Lippe biß der Priester sich zuschanden
und schoß den Blick noch düstrer durch die Brauen,
um dann nach den Soldaten rückzuschauen,
die reglos blieben, da sie nichts verstanden,
und zu erwidern: »Da du es nicht schätzt,
das väterliche, wohlgemeinte Wort,
so fahre ich – gezwungen – anders fort
und frage dich als Herr des Tempels jetzt:
Wer gab dir Recht, die Händler zu verscheuchen?
Wer setzte dich in jene Ämter ein,
darin du ein Berufener zu sein
dir anmaßt? Wo sind deiner Vollmacht Zeichen?«

Da zu den Scharen um sich rief der Herr:
»Der Herr des Tempels ist mir wohlbekannt.
Der Herr des Tempels aber ist nicht der,
der vor mir steht, nein, der, der mich gesandt.
Er hat mich zum Gehorsam angenommen,
für ihn allein soll Eifer mich verbrennen.
Ich fürchte nicht, die da in Waffen kommen,
und die doch nur die Leiber töten können.
Er gab mir auch die Zeichen, die erweisen,
wer ich denn bin: Reißt diesen Tempel ein
– auch meines Leibes Haus könnt ihr zerreißen! –,
drei Tage drauf wird es erneuert sein.«

Der Heiland sprach es, und des Priesters Blick
sah man sich immer grollender verwandeln.
Er wandte zu den Römern sich zurück,
in ihrer Sprache hastig zu verhandeln.
Und auch die Menge stand in Angst und Groll
und harrte sorgenvoll, was nun geschah,

da sie kein Wort verstand. Und jeder sah
von einem zu dem andern unruhvoll.

Auf die Soldaten sprach der Priester ein,
die seine Rede achselzuckend hörten.
Man sah, daß sie sich köpfeschüttelnd wehrten,
dem Wunsch aus Priestermund zudienst zu sein.
Sie trotzten und verharrten reglos dort,
er aber mühte sich und sprach und sprach,
bis er die Rede zornig unterbrach.
Die Hand durchschnitt mit Ungestüm das Wort,
und ohne weitern Blick noch ging er fort,
und die Soldaten schritten klirrend nach.
Nur eine große Stille blieb nach ihnen.
Sogar zu atmen wagte man nur leise.
Der Heiland aber sprach in seiner Weise
und ohne Hast und Angst in seinen Mienen:

»Ein Herr, sein reiches Gut zu mehren, legte
sich einen Kelter, einen Weinberg an,
den er mit einem hohen Zaun umhegte,
und baute einen schönen Turm daran.
Kaum war er fertig, ward der Herr versetzt
und mußte dienstlich außer Landes gehen.
Er, kurzerhand, verpachtet alles jetzt
an ein paar Winzer, daß sie es versehen,
und ließ mit schwerem Herzen, schwerem Sinn
die Heimat, um ins fremde Land zu ziehn.
Doch als der Rebenlese Tage waren,
entsandt er einen Knecht, nach den Verträgen
den Anteil, der ihm zukam, einzufahren.
Die Pächter packten ihn bei seinen Haaren
und sie traktierten ihn voll Zorn mit Schlägen
und warfen ihn halbtot mit leeren Händen
von seines Herren Grund und aus dem Garten.
Der Herr beschloß, nicht lange zuzuwarten
und einen zweiten, stärkeren zu senden.
Dem lauerten sie schon am Tore auf,
um ihn von hinterrücks zu überfallen.
Da schickt er einen weiteren hinauf,
den sie gar töteten. Und so gings *allen.*
Nur einen *Sohn* besaß nun noch der Herr,

der war ihm seines Herzens ganze Freude.
Ihn sandte er zuletzt, denn, meinte er,
ihn schonen sie, ihm tun sie nichts zuleide.
Allein die Mörder sprachen ohne Scheu:
›Nun machen wir dem Erben auch ein Ende.
Ist er beseitigt, ist es ganz vorbei,
dann fällt das Erbgut ganz in unsre Hände.‹
Und sie ergriffen und sie quälten ihn
und metzelten ihn ohne Gnade nieder
und warfen schließlich die entseelten Glieder
vom eignen Acker auf die Straße hin. –
Was glaubt ihr, wird der Herr den Winzern tun?
Wird er nicht kommen, sie vom Acker treiben?
Wird sein gekränktes Herz wohl eher ruhn,
eh auch die Mörder auf der Strecke bleiben?

Weh euch, ihr Pharisäer, ihr gelehrten!
Weh eurem heuchlerischen Tun und Lassen!
Ihr schreitet mit zum Himmel aufgekehrten
und gottergebnen Augen durch die Straßen,
und eure Lippen plappern auf den Plätzen,
wo euch die Menschen sehen, Litanein.
Doch blickte einer nur in euch hinein,
vor so viel Unrat würd er sich entsetzen.
Ihr berstet fast vor lauter Eitelkeit.
Die heilgen Bücher und das Skapulier,
als eures Hochmuts Zeichen tragt es ihr,
obschon es nur der Demut Kraft verleiht.

Ihr sagt, daß ihr am Blute jener Richter
und Könige und Weisen und Propheten,
die Gott gesandt, und die die Väter schmähten,
unschuldig seid? Erbärmliches Gelichter,
Gott prüfte eure Herzen oft ja schon:
Wo blieb der Täufer, der mit seinen Lehren
euch mahnte, endlich, endlich umzukehren?
Und warum trachtet ihr nach Gottes Sohn?
Nein, jedem Baum ist schon in jungen Jahren,
daß ihn sein Hochmut nicht zum Himmel trägt,
die Axt an seinen Wurzelstock gelegt,
und einmal wird die Schneide niederfahren!

Der Bauherrn Stolz verwarf zwar manchen Stein,
doch dieser eine, dieser allerletzte,
den sie verwarfen, ist erwählt, Gott setzte
ihn in der Menschheit Haus als Eckstein ein.
Nun sollen sich die Wege an ihm scheiden.
Ihr schlagt den rechten oder linken ein.
Doch die den dritten suchen zwischen beiden,
sie scheitern an dem kantig-scharfen Stein.

Hier stehe ich, ans Straßenkreuz gestellt,
damit ihr Grenze, Bahn und Ziel erkennt.
Wer von euch toll und trotzig mich berennt:
vor meinem Bug wird seine Stirn zerschellt.
Ihr, die ihr Augen habt und sehen könnt:
Hier stehe ich, nicht nur für diese Zeit,
nein, unverrückbar auch in Ewigkeit!«

Wegemal

Du stehst als Stein und Mal,
wo sich der Weg verzweigt:
der, welcher bergwärts steigt,
der andre führt zutal.

Viel Träumer wandern hier.
Doch jeder muß dich sehn.
Und viele bleiben stehn
und blicken auf zu dir.

Bald funkelt Sonnenschein,
bald Mond- und Sternenstrahl,
taghell und nächtlich fahl,
auf deinem nackten Stein.

Auch wälzt Gewölke sich,
perlt feucht auf deinen Wangen,
und Blitze grell umfangen
mit Feuerarmen dich.

Dann legt der Herbst dir Blatt
und Frucht als Opfer nieder,
bis Winter dir die Glieder
in Schnee gebettet hat.

Wie auch das Jahr, die Zeit,
die Stunde um dich kreist:
Wenn du den Weg uns weist,
wird er uns nicht zu weit.

Du weist uns ja zum Licht
auch ohne Schrift und Zeichen.
Gott schrieb in deinem bleichen,
verklärten Angesicht.

Kardienstag

Am Morgen, ehe noch der Dunst der Nacht
vom hellen Licht der Sonne aufgesogen,
weckt er sie schon, daß sie zum Tempel zogen.
Da war so mancher, der sich aufgemacht,
sich Tag für Tag an seine Spur zu heften,
viel auch in Eile zwischen den Geschäften:
Handwerker oft, die noch ihr Werkzeug trugen
im blauen Kittel, Hämmer oder Sägen,
die bei der Arbeit oder auf den Wegen
ihn trafen, ehe sie sich zu ihm schlugen.
Auch Fraun und Mägde, die mit Korb und Taschen
ihm nahten, für ein kurzes Weilchen bloß
zu lauschen und ein Wort sich zu erhaschen,
nun kamen sie schon Stunden nicht mehr los.
Selbst Kinder zogen mit, in ihren Händen
von Holz ein Pferdchen oder Reifenspiele.
Dazu die Kranken, unabsehbar viele,
in Zuversicht, er wird ihr Leiden enden.

Ein Mütterchen war heute mitgekommen
dicht hinter ihm. Sie nestelte am Tor
mit Zitterhänden ihren Beutel vor,

und als sie einen Pfennig draus entnommen
nach langem Suchen, mühevollem Spähn
ins ärmlich Leere, ehe sie ihn fand,
sah man sie trippelnd hin zum Pfosten gehn,
verstohlen, wo der Opferkasten stand.
Dort ließ sie ihre Gabe und verschwand
und mischt sich eilig wieder zu den andern,
um weiter mit dem Zug hinaufzuwandern.

Der Heiland aber sah ihr Tun genau,
und schnell in seiner Freude winkte er
die Jünger etwas näher zu sich her
und flüsterte: »Seht einmal diese Frau!
Das Mütterchen hat sehr viel mehr gespendet,
als alle andern sonst gespendet haben,
die nur von ihrem Überflusse gaben:
All ihr Habe hat sie aufgewendet,
all ihre Armut legte sie hinein
in Gottes Opferkasten, all ihr Brot
und noch ihr Herz dazu. Doch hat sie Not,
wird dieses reiche Herz ihr Tröster sein.«

Und zu den andern lauter sagte er:
»Denn dies ist das Geheimnis, das ich bringe:
Wer gibt, ist reich, indessen arm ist der,
der nimmt und geizt und feilscht um Erdendinge.
Doch wer sein Alles opfert oder wer
sich selber darbringt, sei er auch geringe,
ist wie ein König. Und die leiden müssen,
sind zehnmal seliger, als die genießen.
Gott lehrt es euch begreifen: Gottes Leid
und Schande ist auch Gottes Herrlichkeit.«

Und weiter in den Innenhof hinein
begab er sich zu einer Säule Fuß.
Rings um ihn her saß auf der Treppe Stein
das Volk und lauschte seiner Rede Fluß.

»Ich will euch mündig machen«, lehrte er.
»Denkt euch ein großes Gut: Was unterscheidet
den jungen Sohn vom Knecht? Zwar er ist Herr,
doch steht er unter einem Vormund, der

statt seiner herrscht, Befehle gibt und leitet.
So treibt euch Sitte, Satzung und Gebot,
das zu euch wie zum Sohn der Vormund spricht:
›Tu dies und tue das, doch jenes nicht!‹
und euch mit Lohn und Strafe lockt und droht.

Nun sollt ihr also durch mich mündig sein.
Kein andrer denkt für euch und führt euch mehr.
Wohl, das Gebot war gut. Indessen wer
dem Herzen folgt, gebietet sich allein.
Und das ist besser. Jedes Herze ist
und jeder Tag und jede Stunde neu.
Drum ein Gesetz, dem ihr gehorcht, ermißt
nicht wie das Herz, was gut und nötig sei.

Da ist wohl mancher froh und tanzt und lacht
und denkt mit Freuden: ›Bin ich endlich frei?‹
Doch habt ihr euch Gedanken schon gemacht,
wie schwer sich selber zu gebieten sei?

Wie selig bist du doch, du Kinderzeit!
Der Mutter Hand, ihr liebevolles Wort
führt euch den Weg, und war er euch zu weit,
so trug sie euch auf ihren Armen fort.
Der Vater tat dem Herzen oft Gewalt
und schalt und schlug. Doch durch die Strenge war
und durch sein Wort sein Kind der Sorge bar,
und Kindertränen, sie versiegen bald.
Euch war das dunkle, war das heitre Jahr,
euch war die Wiese, war das Feld, der Wald
Gespiele nur, *ihm* waren sie die Bürde,
die Zukunft seine Last und seine Würde.
Er trug das Erbe für euch und er mehrte,
was ihr genosset und was euch gehörte.

Ihr aber triebt im Spiel dahin, wie euer
buntfarbnes Segel fröhlich Windhauch griff,
und ahntet keinen Abgrund und kein Riff
und ahntet kaum: ein andrer saß am Steuer,
und ahntet niemals: euer Erbe war
und euer Leben täglich in Gefahr.

So ließt ihr von Gesetzen euch befehlen,
ihr brauchtet nicht zu wägen und zu wagen.
Nun mache ich euch frei, und ihr müßt wählen
und müßt das eigne Herz um Auskunft fragen.
Und nicht um Wiese oder Wald und Feld
nur geht es hier: ein andres Erbe müßt
ihr tragen, das euch zugefallen ist
aus Gottes Hand, der euch für mündig hält.

Erschreckt ihr endlich? Seht ihr endlich ein,
was ihr damit auf euren Schultern tragt?
Entsinnt euch doch: Ich habe euch gesagt,
wie schwer es ist, Gefolgschaft mir zu sein
und dieses Gotteserbe zu verwalten,
das Himmelreich! Ihr wißt: Es haßt die Welt
das Ewige und müht sich, daß sies fällt.
Ihr aber sollt es fest in Händen halten.
Und nicht nur halten sollt ihr es, auch mehren.
Ihr tragt die Last ja nicht für euch allein,
nein, für die ganze Welt, und es gehören
der Menschen Seelen alle mit hinein
in dieses Erbteil: Selbst der dürre Sand
in Feindesherzen ist noch Ackerland.

Das alles ist euch also auferlegt.
Gott wird euch einst nach eurem Erbteil fragen.
Doch wenn ihr euch zu eifrig darum regt,
wird euch die Welt zuvor ans Kreuz schon schlagen.
Ganz gleich: Ihr müßt es dulden und ertragen.
Seht zu, wie euer Acker Früchte trägt!

Erschreckt ihr endlich? Fürchtet euch nicht mehr,
denn ich will alle Tage bei euch sein.
Mit meinem Leibe schlag ich vor euch her
in euren Feind die große Bresche ein.
Ich gehe euch voran, drum doppelt schwer
ist, was ich zwinge, denn ich bin allein.
Doch ihr tragt schon auf eurer Mühsal Bahn
mein Kreuz als Zeichen eures Siegs voran.
Doch ihr könnt schon frohlocken: Gottes Leid
verwandelt euer Leid in Seligkeit.« –

Wie eine Hand sich aus der Erde reckt,
so stiegs am Mittag hinterm Berge auf
von Westen her und wuchs und quoll herauf
und hielt den halben Himmel bald bedeckt
und griff schon nach der Sonne und versteckt
sie hinterm drohend rollnden Wolkenhauf.
Und durch das düstere Gewühle fuhren,
erst fern, dann nah, der Blitze grelle Spuren.

Der Herr war auf dem Wege stadthinaus
zum Hügelgrund, Gethsemane genannt,
wo weithin Ölbaum neben Ölbaum stand.
Sie streckten silbergrau die Zweige aus.
Doch plötzlich griff ein Windstoß ins Geäst,
um Blatt und Früchte vom Gezweig zu brechen,
die er wie Schloßen wirbelnd jagen läßt
und Sand und Staub, daß sie wie Nadeln stechen.
Und da es auch zu tropfen schon begann
und droben eine kleine Scheune stand,
so stürmten sie nun eilig hügelan
und blickten in das aufgewühlte Land.

Da senkte sich der Staub: Der Tempel stand
weißflimmernd vor dem schwarzen Himmelsplan,
des Decke züngelnd Blitz um Blitz zerbrach,
hell widerspiegelnd sich in Turm und Dach.

Und Petrus streckt die Hand ins Stürmen aus
und schrie: »Herr, sieh doch nur, wie göttlich schön
die weißen Steine dieses Wunderbaus
mit marmorheller Pracht im Dunkel stehn!«

Der Herr jedoch: »Ja, sehts und suchts zu fassen:
Er scheint ein Monument der Ewigkeit,
und doch wird Gott bereits nach kurzer Zeit
nicht einen Stein mehr auf dem andern lassen!«
Er sprachs, da fuhr ein letzter trockner Strahl
herab und spiegelt sich im Marmor wider.
Dann Stille, und dann rauscht mit einemmal
ein schwerer, dichter Regenvorhang nieder. –

Nun saßen sie da unterm niedern Dach
und sahn das Strömen unaufhaltsam gehn,
als Petrus mit Jakobus zu ihm sprach:
»Herr, wann wird das, was du verheißt, geschehn?
Wann kommt der Tag, wo, was so herrlich blinkt,
der Tempel und die Welt, in Trümmer sinkt?
Wann kommst du selber wieder, wie du sagst,
daß du als Gottes Sohn und Richter tagst?«

Der Herr erhob sich, und er stand im Tor.
Die Traufe tropft wie Trommelwirbel laut.
Der Regen rauscht, doch in der Ferne blaut
ein lichter Streif schon durch das Grau hervor.

»Was wollt ihrs wissen?« fragte er sie dann,
»wahrlich, die meisten werden nicht vergehen,
die mich und meinen Erdenwandel sahn,
eh sie nicht auch den Tempel stürzen sehen.
Das andre aber: steigt Gewölk herein
aus Westen, meint ihr: ›Bald wird Regen fluten.‹
Merkt ihr, der Wind fällt aus dem Süden ein,
dann sagt ihr: ›Bald wird Hitze bei uns gluten.‹
Ihr Toren, glaubt ihr, gleichermaßen leicht
sei Gottes Wirken euch vorauszusehen?
So wie ein Dieb euch in der Nacht beschleicht,
so unvermutet, ist die Zeit erreicht,
wird auch des Menschen Sohn in Wolken stehen.
Doch vorher wird zu ungeheuren Kriegen
noch Reich mit Reich und Volk mit Volk sich heben,
und Hunger, Pest und Tod nur werden siegen
und Sterne stürzen und die Erde beben.
Und selbst die Könige und selbst die Reichen,
sie werden angstgescheucht in Höhlen wohnen.
Und nur die Gotterwählten, die das Zeichen
auf ihren Stirnen tragen, wirds verschonen.

Wer dann im Feld ist, steige ja nicht nieder,
um etwas aus dem Hause noch zu schaffen!
Wie in den Tagen Noahs wird es wieder:
An einem Mühlstein mahlen sie, zwei Brüder,
der eine bleibt, den andern wird es raffen.
Zwei stehen auf dem Acker, um zu mähen,

der eine fällt, der andre aber lebt.
Und dreifach Weh den Fraun, die schwanger gehen
in jenen Tagen, wenn die Flucht anhebt!
Denn niemand ist, der ihnen helfen kann.
Nur Tote liegen rings verstreut umher.
Einsam und öde wird die Erde dann,
verwildert Wald und Feld und wüst das Meer.

Doch plötzlich werden Riesenheere stehn
aus Menschenbestien, welche Kronen tragen
und alles niederstampfen, niederschlagen.
Kein Ängstlicher wird ihrem Zorn entgehn.
Und darum mahn ich euch: Sorgt, daß ihr nicht
die Stunde überseht, und haltet Wacht!
Denn hüllt sich erst aus Finsternis und Nacht
und heller als der Sonne hellstes Licht
der Sohn in seiner Herrlichkeit und Pracht
und geht mit Tod und Leben ins Gericht,
und öffnen Gräber sich, sich zu entleeren,
und wenn das Meer erst seine Toten speit:
dann ist es schon zu spät, dann ists nicht Zeit,
sich zu besinnen noch und zu bekehren.

Dann wehe denen, die gleich wüsten Knechten,
sobald der Herr dem Hause fern ist, prassen!
Denn plötzlich kehrt er heim und wird sie fassen
und wird erbarmungslos mit ihnen rechten.

Und wehe, wenn ihr wie die Mägde seid,
die sie mit Lampen auf die Hochzeit sandten:
Fünf waren töricht, fünf jedoch gescheit
und putzten ihre Dochte, daß sie brannten,
und gossen Öl auf, doch die andern nicht.
Und da der Ruf ertönt: ›Der Bräutgam naht!‹
erstrahlten die Gescheiten zwar im Licht,
jedoch die andern liefen erst zur Stadt,
um in der Dunkelheit noch einzukaufen.
Und als sie dann nach mühevollem Laufen
zurückgekehrt, die Lampen vollgegossen,
da war der Hochzeitssaal bereits verschlossen.
Da rüttelten und pochten sie und keuchten:
›Herr, mach uns endlich auf, die Lampen glühn!

Wir scheuten wahrlich weder Last noch Mühn,
um dir auf deinem Hochzeitsfest zu leuchten.‹
Jedoch der Bräutigam rief: ›Zu dieser Zeit
erwart ich niemand mehr, es ist zu spät.
Und hieltet ihr euch früher nicht bereit,
beklagt euch jetzt nicht, daß ihr draußen steht!‹«

So sprach der Herr. Der Regen rauschte nieder
und alles saß noch atemlos und schweigend.
Doch plötzlich hob er seine Stimme wieder,
die Melodie des Regens übersteigend:

»Ich sage euch: Seid ständig auf der Wacht!
Ihr kennt den Tag nicht, kennt die Stunde nicht;
und plötzlich, ehe ihr daran gedacht,
steht ihr beschämt vor Gottes Angesicht.
Dann wird er euch nach eurem Erbe fragen,
das er euch einst zu treuen Händen gab.
Da hilft kein Zögern, und ihr dürft nicht sagen:
›Ich fühlte mich so nahe nicht dem Grab,
drum weiß ich nicht, wieviel ich Frucht getragen,
ich rechnete die Ernte noch nicht ab.‹

Die Rechnung Gottes wird dann strenger sein,
als rechne jeder selbst für sich allein.
Denn ihr seid aufgerufen, acht zu geben:
Der Tod umlauert mitten euch im Leben.«

Media vita in morte sumus

Mitten im Leben
sind wir im Tod.
Mitten im Sterben
wer hilft uns zum Leben?
Wer gibt den Erben
der Sterblichkeit
durch sein Sterben
Unsterblichkeit?

Ach, es begreift kein verständger Verstand:

Gottes Tod durch unsre Hand
ist unsres Lebens,
des wahren Lebens,
Unterpfand
aus Gottes Hand.

Karmittwoch

Er ging zur Nacht nicht nach Bethanien wieder,
denn tiefer Schlamm war ringsum auf den Wegen
und Wasser wühlte von den Bergen nieder,
und immer sprühte noch ein leichter Regen.

Man hatte ihm ein Stübchen eingerichtet,
im Gutshaus von Gethsemane zu bleiben.
Doch trommelte am Morgen an den Scheiben
der Regen noch, das Grau war nicht gelichtet.

Er stand und sah hinaus im Kreis der Jünger.
Die Stadt war noch vom Regenstaub verhüllt.
Er stand und klopfte ungeduldertüllt
die trübe Fensterscheibe mit dem Finger.

So ward es Vormittag, so Mittagszeit.
Da hielt es ihn nicht mehr, das Müßigsein.
Und plötzlich rief er aus: »Macht euch bereit!
Ich muß hinüber, denn sie warten mein.«
Und zog den Mantel übers Haupt hinauf
und lief hinaus und sprang von Stein zu Stein
den Weg hinab und in die Stadt hinein
und durch die Gassen und zum Tempel auf.

Sie hockten lange schon in den Arkaden
der Halle Salomos, um sein zu harren,
die Treuen, welche ihm auf seinen Pfaden
bereits seit Wochen nachgezogen waren.
Sie sammelten sich glücklich um ihn her.
Er sah in ihren hellen, offnen Mienen

das Licht der Wahrheit, zwielichtüberschienen
vom Regenlicht, und es ergriff ihn sehr.

Er hieß sie, sich zu setzen rings um ihn,
und sprach zu ihnen und sein Herz ward weit:

»O meine Freunde, nun verrinnt die Zeit,
daß ich, ein Sohn der Erde, bei euch bin.
Die Zeit rinnt wie der Regen. Seht, es weint
der Himmel selbst. Auch ich bin nun betrübt.
Denn ihr habt mich, ich habe euch geliebt.
Indes wir waren ja in Gott vereint
und bleibens, wenn ich scheide, ewiglich.
So wie zwei Liebende, wenn sie sich trennen,
in einem Stern die Blicke einen können,
so trifft im Glauben unsre Seele sich.

Nun will ich euch zum letztenmale danken.
Denn eure Seele ist ein auserlesen
und köstliches Gefäß für mich gewesen,
drin meine Worte in die Tiefe sanken.
Und danken will ich auch um euretwillen
dem Vater droben auf des Herzens Knien:

›Du hast, o Herr, dem Sohn die Macht verliehen,
die Menschenherzen mit dir zu erfüllen.
Durchdringe nun und heilge sie, auf daß
sie dich als ihre Frucht in Demut tragen,
die reift und die ans Licht will, und dann laß
sie nicht allein in ihren schweren Tagen!

Doch die, die du noch enger mir gesellt,
sie leg ich dir besonders in die Hand.
Ich bin nicht lange mehr in dieser Welt,
du nimmst mich wieder, wie du mich gesandt.
Bewahre du sie nun, wie ich es tat!
Sieh, keiner ist vom Wege abgeirrt –
nur einer, den dein Geist erlesen hat,
daß deines Sohnes Werk vollendet wird.
Sie sind nicht von der Welt, gleichwie auch ich.
Bewahre sie, du weißt, man wird sie jagen
und hassen und verfolgen gleichwie mich.

Hilf ihnen ihre Frucht noch auszutragen!
Sie haben – außer einem – mich erkannt
und dich zugleich in mir, du mußt sie weihen.
Ich sende sie, so wie du mich gesandt,
damit sie deiner Wahrheit Herold seien.

Indes nicht jene nur, auch alle die,
die durch ihr Wort noch an mich glauben werden,
der Jünger Jünger, und die hier auf Erden
einst die Gemeinde sind, o heilge sie!
O laß sie *eins*, laß sie *ein* Leib, der meine,
auf Erden sein, den man nach mir benennt,
daß alle Welt durch sie dereinst erkennt:
Was mein ist, war von jeher auch das Deine,
und alles Deine hast du mir geschenkt
und deinen Geist in meinen eingesenkt.
Und jene Liebe, welche uns durchtränkt,
durchtränke und durchdringe und durchscheine
den ganzen Leib: die heilige Gemeine!‹«

Er sagte es, und die da um ihn saßen,
sahn zu ihm auf mit ganz versunknen Blicken.
Der Regen stob. Indessen sie vergaßen
den trüben Tag. Doch bald schwamm hinterm Rücken
des Herrn ein Schein und funkelte im Feuchten.
Und in der Wolkenschleier grauem Wogen
wölbt sich auf einmal als ein buntes Leuchten
auf seinem Haupt des Bundes Regenbogen. –

Nur einer saß im Finstern finster dort.
Ein Wetterleuchten stand ihm im Gesicht.
Doch kams von draußen nicht, vom Regenlicht,
durchs Innre zuckts ihm bei des Heilands Wort.
Und bald schon konnt er sich nicht mehr bezähmen
und seiner Sinne Aufruhr niederhalten.
Ob *ihm*, ob *ihm* des Herren Worte galten?
Was sprach er da? Sollte es *ihn* beschämen?

Er quälte sich um Klarheit, doch es wühlte
von Bildern ihm im Kopfe hin und wieder.
Gewaltsam rang er seine Blicke nieder
und zwang in Worte, was er unklar fühlte:

»Herr, es war Isaak nicht Gottes Sohn,
nein, Abrahams. Du sprichts von deinem Tod.
Als über Isaak sein Vater schon
das Messer zückt, da rief auf einmal Gott
und kurz vorm Ende: ›Laß den Knaben los!‹
Und der war eines Menschen Same bloß.«

Da sprach der Herr: »Du denke, was du mußt,
und tue das, was du begannest, weiter!
Es gleicht der Leib dem Pferd, doch in der Brust
die Seele lenkts am Zügel als sein Reiter.«

Da sah man Judas ächzend sich bewegen.
Er hob sich, hielt sich an der Wand und aus
dem Dämmerlicht tappt er wie blind hinaus
und wankt gesenkten Hauptes durch den Regen. – –

Vom innern Tempel drang ein mattes Licht
aus einem Fenster, als der Abend sank.
Drin scharten auf geschnitzter Tempelbank
die Priester sich um ihren Meister dicht.
Der Hohepriester zauste an dem Bund
der Rolle, die er in den Händen trug,
und schrie in einem fort: »Genug, genug!
Es gibt *ein* Urteil nur und *einen* Grund:
Viel besser, als ein ganzes Volk verdirbt,
ist, wenn ein einzelner für alle stirbt.«

Da ließen sie zwei Spitzel vor sich kommen,
die schon seit Tagen bei des Heilands Scharen
zu spähn und ihn zu stelln beauftragt waren,
und fragten: »Habt ihr ihn nun festgenommen?«

Doch nur ein Hohngelächter, hell heraus,
war deren Antwort: »Geht doch selbst und seht!
Eins ist gewiß, ihr Herrn, ihr lernt daraus:
So nahm noch niemand Menschen ins Gebet,
so, gleich dem einen ungeheuren Mann,
hat *euch* kein Sterblicher noch reden hören.
Geht nur hinaus: Er wird es euch schon lehren,
ob einer kommen und ihn greifen kann.«

Da schrie der Hohepriester: »Also seid
auch ihr von ihm bekehrt?« und alles grollte.

Doch Nikodem, der einst zu nächtger Zeit
den Heiland sprach und ihm nun helfen wollte,
stand auf und sagte: »Wenn ihr so verfahrt,
wie noch kein Richter je vor euch verfuhr,
daß ihr ihm, eh er noch vernommen ward,
das Urteil sprecht, so rat ich eines nur:
Laßt euch um keinen Preis mehr vor dem Fest
und auf das Fest zu einem Schritt bestimmen,
denn dann ist Volks zuviel, und keiner läßt
es zu, daß wir auch nur ein Haar ihm krümmen.«

»Noch vor dem Fest«, schrie da des Hasses Chor,
»noch vorher muß er auf der Strecke bleiben!
Wollt ihr ihm erst das ganze Volk zutreiben,
den großen Wallfahrtszug zu uns empor?«

Und ein Tumult entstand, und in dem Wühlen
trat plötzlich von den Spitzeln einer hin
und sprach: »Wozu hier weiter Rollen spielen?
Wozu? Ich kann mein Amt nicht mehr erfüllen,
weil ich jetzt einer seiner Jünger bin.«

Und auch der andre faßte Mut, und schon
stand er an seiner Seite in dem Kreis
und sprach gleich ihm: »Ich rede, was ich weiß,
ich weiß jetzt: dieser Mann ist Gottes Sohn.«
Und rief: »Drum rat ich eins nur: Laßt ihn gehen!
Ihr werdet Aufruhr und Empörung säen.
Und wenn die Macht des Volks euch nicht beirrt,
und wenn ihr mit Gewalt sie angreift, wird
Gott selber plötzlich ihm zur Seite stehen.«

Die Priester sprangen wild vor Zorn heran.
Man griff die beiden, warf sie aus dem Saal.
Doch waren dann auch alle auf einmal
verstummt und sahen sich betreten an.
Es wußte keiner sich mehr Rat. Sie hockten
wie Angeklagte ängstlich vor dem Richter.

Und ihre grauen, bärtigen Gesichter
warn ahnungsvoll, und ihre Stimmen stockten. –

Doch plötzlich stand da in den dunklen Tiefen
des Saals – er mußte stumm gekommen sein –
ein fremder Mann, und seine Augen liefen
irrlichternd auf und ab durch ihre Reihn.

Auf sprangen da die Priester noch einmal,
noch einmal wüteten sie durch den Saal,
auch *ihn* zu packen, fuhrn ihn keifend an,
zornpolternd, fragten nicht nach seinem Willen.
Doch er: »Ihr Herrn, ich kann euch leicht erfüllen,
was euer Häscher nicht erfüllen kann.«

Ihm zitterte das Kinn, als hätt er Fieber.
im struppigen Gesicht hing Regen noch.
Sein schwarzes Haar und seine Kleidung roch
nach Feuchte bis zur Priesterbank hinüber.

»Ihr braucht ihn ja, kann ich euch recht begreifen,
nur einmal einzeln mit den zwölf Genossen
und nicht von tausend Menschen eingeschlossen,
die nächtens ihm sogar das Haus umstreifen.
Ich kann euch dienen: Dieser Tage hat
er seine Wohnung dicht hierher verlegt,
wo er im Park sich nachts allein bewegt.
Die Massen aber nächtgen in der Stadt.«

Als er so sprach, da stand er schon im Ringe
der Priester, welche ihn erregt umschwärmten.
Und während sie die Wendung ihrer Dinge
bejubelten und wieder schrien und lärmten,
verkaufte er den Herrn für dreißig Silberlinge. – –

Der Regen ließ nun nach. Es weht ein Duft
von feuchtem Acker, Labsal in der Luft.
Und das Gewölke auf dem dunklen Grund
des nächtgen Himmels schob sich aus dem Schein.
Da hing in Zweigen, drin wie Edelstein
die Tropfen blinkten, groß der Mond und rund.

Die Kühle atmend und den tiefen Frieden
ging Jesus mit den Jüngern durch die Nacht,
die letzte, die der Vater ihm beschieden,
eh er den Schmerz ihm zum Gefährten macht.
Es blitzten drunten aus dem weiten Tale
die Lichter von Jerusalem herauf.
Der Mond aus fahler Schale von Opale
goß auf des Heilands Haupt Verklärung aus.

»Will eine Frau gebären und die Wehen,
die ersten, leisen künden ihre Zeit,
die durch den Leib mit heißen Schauern gehen,
dann packt sie Schreck und packt sie Traurigkeit.
Doch hält sie erst ihr Kindlein an der Brust,
die Frucht der Bitternis, die ihr entfuhr,
ist alles längst vergessen, dann bleibt nur
das Glück der Fruchtbarkeit, der Reife Lust.«
So sprach der Herr. »Nun seid auch ihr voll Trauer.
Doch denkt daran: Ihr sollt mich wiedersehen,
auch ich will meine Wehen überstehen,
auch ihr sollt nicht in Trübsal untergehen.
Die Freude aber ist von langer Dauer.
Die Erde löst dereinst in Asche sich,
doch meine Worte bleiben ewiglich.

Ich werde dann an Gottes Seite thronen
und ihr an meiner Seite, und es singen
die Himmel und die Engellegionen
das Lied vom Überwinden und Vollbringen.
Auch eure Namen sollen darin klingen.
Und noch in Jahrmillionen und Äonen
wird man die Liebe preisen, die ihr brachtet,
durch die ihr Welt und Menschen selig machtet.

Doch sollt auf eurem Weg, den ihr allein
noch gehen müßt, verlasse ich euch jetzt,
ihr auch mitnichten ganz verlassen sein:
Es ward mir ein Vertreter eingesetzt.
Er wird wie Flammenflut vom Himmel schweben
und auf euch niederfahren, und es gießt
in alle sich, die da im Glauben leben,
des Vaters Geist, der auch der meine ist,

und gibt euch Trost, und wird euch mehr noch geben
und helfen, wenn ihr keine Hilfe wißt.
Sein Hauch wird eurem Mund die Worte leihn,
beim Beten, Kämpfen, Künden Vormund sein.

Er ist die köstlichste, der Kräfte Kraft
im Himmel und auf Erden. Was da lebt
(ists nicht das Böse, das drin wuchernd webt),
lebt, quillt und wächst durch seine Eigenschaft.
Denn nichts ist tot, was Gottes Atem hebt:
Es atmet selbst der Stein, es treibt der Saft,
es treibt das Blut in Gras und Baum und Blatt
nur durch den Geist, der sie erschaffen hat.

Ihm schließt sich jegliches Geheimnis auf,
der Erden Tiefen und des Himmels Weiten,
der Sonne Leuchtkraft, der Gestirne Lauf,
das Herz des Menschen selbst schließt sich ihm auf
und läßt sich von des Schöpfers Weisheit leiten.

Ist dieser Geist erst in euch eingeflossen
– und freut euch, daß er kommt, muß ich gleich gehen! –,
dann ist euch auch die ganze Welt erschlossen:
Ihr werdet aller Dinge Innres sehen.
Und gleich den Dichtern, gleichwie ein Prophet
hört jeder dann das Seufzen und das Sehnen,
das wie ein traurigsüßes leises Tönen,
wie Heimweh, durch die ganze Schöpfung weht.
Ihr aber könnt dies Klingen dann begreifen
und aller Menschenherzen Melodie
und laßt sie unter euren Händen reifen
durch Gottes Geist und heilt und heiligt sie.

So schenkt euch Gott das Höchste, das er schafft:
den Heilgen Geist und seine Schöpferkraft.«

Veni, Creator Spiritus

Komm, Heilger Geist, du Schöpferkraft,
kehr in der Deinen Herzen ein

und laß, was deine Gnade schafft,
den Menschengeist dir Heimat sein!

Der Ruf du und Berufung heißt:
Gott schickt aus höchstem Himmel dich
als Quell der Inbrunst, Glut und Geist
und salbt mit dir uns innerlich.

Du Gnadengabe siebenfach:
aus Gottes Hand durch seinen Bund
strömst du uns zu, wie er versprach,
und füllst mit Wohllaut unsern Mund.

O gieße unsern Sinnen Licht
und unsern Herzen Liebe ein,
laß unsrer Leiber Schwäche nicht
dem Schwung der Seelen Hemmnis sein!

Vertreibe, was uns feindlich ist,
mach, daß der Friede fruchtbar wird!
Wenn du uns Wegbereiter bist,
ist keine Kraft, die uns verwirrt.

Gib uns vom Vater Wissenschaft,
laß uns im Geist den Sohn erschaun
und mache, daß wir deiner Kraft
im Glauben allezeit vertraun!

Daß unser Herz den Schöpfer preist
und ihn, der uns vom Tod befreit,
und dich, den sie gesandt, den Geist,
von Ewigkeit zu Ewigkeit!

Gründonnerstag

Es war die Sitte seit des Moses Zeiten,
am Donnerstag das Osterlamm zu schlachten.
Die Jünger fragten, da sie des gedachten:
»Wo willst du, Herr, daß wir es dir bereiten?«

Der Herr wies Petrus und Johannes an
und sprach: »Den Marktbrunn wißt ihr an der Straße.
Geht gleich hinab. Denn dorthin kommt ein Mann
mit seinem Krug, auf daß er Wasser fasse.
Ihr kennt ihn schnell: Im Krug ist eingebrannt,
wie Josef seine Brüder wiedersieht,
und wie sein alter Vater in das Land,
drin er regiert zu ihm herniederzieht.
Grüßt diesen Mann und sagt: In seinem Haus
will heute abend ich in eurem Kreise
mein Ostern halten. Er geht dann voraus,
damit er euch ein Zimmer bei sich weise,
bequem gepolstert und uns angemessen.
Dort bleibt und kauft und macht, wie ihr es wißt,
das Lamm zurecht, damit es fertig ist,
komm mit den andern ich hinab zum Essen.«

Die beiden fandens nach des Herrn Gesichten.
Sie kauften dann das Lamm und kauften Wein
am nahen Markt mit aller Sorgfalt ein
und schickten sich sogleich, es herzurichten.
Holzkohlen sah man sie im Garten schichten.
Am Spieß das Lamm hing in den Dampf hinein.
Und so wards braun beim Drehn, sie hielten beide
mit Blick und Nase Vorschmack schon der Freude.

Auch drinnen wurde alles vorbereitet:
der Tisch gedeckt, die Stube ausgefegt,
das weiße, scharfgekniffte Tuch gebreitet
und das Geschirr vor jeden hingelegt,
im Dämmer noch das Lämpchen angefacht,
und so dem Herrn das Mahl bequem gemacht.

Er kam und sprach: »Die Stunde brach herein,
da ihr mit mir die letzte Mahlzeit eßt,
die Opfermahlzeit vor dem Opferfest.
Da sollt ihr rein von Kopf bis Füßen sein.«

Und hieß sich Petrus vor ihn niedersetzen
und bückte sich und goß in eine Schale
das Wasser ein und löst ihm die Sandale,
und seinen Fuß begann er ihm zu netzen.

Doch Petrus sprang empor: »Was tust du, Herr!«

Der Herr indes: »Noch kannst dus nicht verstehen.
In wengen Tagen wirst du klarer sehen.«

Doch Petrus rief aufs neue: »Nimmermehr!
Du mir die Füße waschen? Nein, Herr, nein,
für alle Zeiten schämt ich mich vor dir.«

Da sprach der Herr: »Willst du nicht folgsam sein,
o Petrus, hast du nichts mit mir gemein.
Doch wasch ich dich, gehörst du ewig mir,
und ich bin dein bis an der Welten Ende.«

Da setzt sich Petrus voller Eifer wieder:
»Dann wasch mir, Herr, das Haupt und auch die Hände,
das Herz in meiner Brust und alle Glieder!«

Der Herr sprach liebevoll: »Das braucht es nicht.
Wer badete, spült nur den Fuß noch rein,
um dann auch wirklich vollends rein zu sein:
Ihr badet ja mit mir in Gottes Licht.«

Dann winkt er auch die andern Jünger her
und wusch sie, und er sprach: »Versteht ihr wohl,
was dies, mein Handwerk, an euch zeigen soll?
Ihr nennt mich Meister, und ihr nennt mich Herr.
Ich bins und will euch so ein Beispiel geben:
Tut gleichwie ich, und niemals soll sich mehr
ein Meister über seinen Knecht erheben.
Tut gleichwie ich, man wird euch ewig preisen
– bis auf den Einen hier –, und ihr gewinnt
Erkenntnis, daß nur wahre Herren heißen,
die als die Herren wahre Diener sind.«

Sie setzten sich zu Tische und sie aßen.
Johannes saß zur Rechten, Petrus links
und Judas gegenüber, während rings
die andern ohne sondre Ordnung saßen.
Ein langes Schweigen stand in ihrem Kreise.
Ein jeder war auf seinen Platz gebückt,

und die Gedanken waren weit entrückt.
Nur die Geschirre klirrten manchmal leise.

Doch da sie nun noch nicht getrunken hatten,
goß Petrus Wein in jeglichen Pokal
und blickt zum Herrn. Der sprach mit einemmal:
»Von euch wird heute einer mich verraten.«

Sie saßen alle, blutlos das Gesicht
und tief erschrocken, und sie sahn sich an,
voll Mißtraun jeder seinen Nebenmann:
»Bin ichs, Herr?«
»Herr, bin ichs?«
»Nein, ich bins nicht.«
Und als der Heiland stumm blieb, nickt verstohlen
Petrus Johannes zu: »Frag du ihn doch!
Dir sagt er es am allerehsten noch.«
Doch während beide grade sprechen wollen,
versetzt der Herr: »Daß ihr nicht rätseln braucht:
Der ists, der mit mir in die Schüssel taucht.«

Sie sahen: Judas hatte seinen Bissen
erhoben an der Gabel und taucht ein.
Da fuhr der Herr ganz plötzlich auch hinein
mit seiner Gabel. Jeder sollt es wissen.
Doch Judas rückte seinen Stuhl und stand
vom Platze auf und wandte sich und schritt
zur Tür, und aller Augen gingen mit,
bis daß die Tür sich schloß und er entschwand.

Jetzt richtet sich der Herr im Sitz empor:
»Nun laßt uns eine andre Mahlzeit halten!
Uns hatte des Gedankens Gift zerspalten,
nun sind wir wieder eins wie je zuvor.
Nun eßt das Mahl, durch das ich die Gemeine
und euch in Ewigkeit mit mir vereine.«

Er nahm das Brot, nachdem er so gesprochen,
vom Tische auf und dankte Gott und brach
es auseinander, reicht es hin und sprach:
»Dies ist mein Leib, er wird für euch zerbrochen.«

Und hob den Kelch, drin Flammengluten flossen:
»Nehmt auch mein Blut im Kelch, im Neuen Bunde!
Trinkt alle, denn es wird für euch vergossen,
trinkt alle, wer von meinem Blut genossen,
ist frei von Leid und Schuld seit dieser Stunde.«

Und hob ihn ihrer jedem an den Mund,
der voller Inbrunst sich ihm hingebeugt,
und alle blickten in den roten Grund,
darin das Blut den Gottesbund bezeugt.
Und sagte: »Vom Gewächs des Weinstocks werden
nun meine Lippen fürder nicht mehr schlürfen,
bis wir gemeinsam alle, statt auf Erden,
im Reich des Vaters davon trinken dürfen.
Ihr aber nehmt ihn, bleibt ihr nun allein,
auch hier wie heute mir zum Angedenken.
Im Brot will ich den Leib, das Blut im Wein
dem Vater und der Welt als Opfer schenken.«

Dann hieß er sie, die Hände mit ihm falten.
Sie beugten ihre Häupter und begannen
das Dankgebet, und ihre Stimmen hallten
im dunklen Raum wie Sturm in nächtgen Tannen. – –

Sie gingen nach Gethsemane hinaus.
Die Nacht war feucht und kühl und ohne Licht.
Ein Schleier von Gewölk verschloß sie dicht.
Der Herr mit Petrus schritt dem Zug voraus,
die andern tappten schweigend hinterdrein.

Sprach Petrus: »Lege uns das Gleichnis aus:
Warum soll Brot dein Leib, dein Blut der Wein,
was soll die Reingung unsrer Füße sein?
Auch sprichst du so vom Tode gradheraus,
von deinem Kreuzestod, der Welt Gewinn.
Herr, deute uns der dunklen Worte Sinn!«

Da sprach der Herr: »Die Zeit reicht nicht mehr hin
zu langer Rede, und die Zukunft lehrt
euch alles ohnedies, was ihr jetzt hört:
Das Blut, das Kreuz, sie sind nicht Gleichnis mehr,
wie ihr vermeint, sie sind die Wirklichkeit.

Und scheint ihr Rätsel euch auch noch zu schwer,
so wartet nur: Einst kommt auch jene Zeit,
da man das *eigne* Kreuz euch auferlegt,
daß ihr es tragt, bis es euch gleichfalls trägt.«

Der Herr blieb stehn, die Gruppe kam heran,
und sie umringten ihn, indes er lehrte:
»Denn ihr müßt jetzt, da ich es nicht mehr kann,
die Hirten werden über meine Herde.
Du mußt mir, Petrus, meine Lämmer weiden.
So weide sie!«
»Ja, Herr, ich bin bereit.«
»So weide sie!«
»Ja, Herr, mit tausend Freuden!«
»So weide sie!«
»Ja, auch durch tausend Leiden
kommt, wie du weissagst, meines Kreuzes Zeit! –
Was fragst du dreimal, Herr? Und wenn auf Erden
dir alle, so wie er, Verräter werden,
und ob mich Hölle oder Tod bedroht:
Ich gehe, wenn du willst, auch in den Tod.«

Da schlug der Herr die dunklen Augen nieder
und hauchte leise: »Noch in dieser Nacht,
eh noch der Hahn zum dritten Schrei erwacht,
verleugnest du mich dreimal – immer wieder.«

Er schritt mit ihnen auf dem Wege fort
den Hügel aufwärts in den Ölbaumhain,
und sprach: »Nun laßt mich eine Zeit allein!
Ich steige noch ein wenig und will dort
noch einmal mit dem Vater Zwiesprach halten,
denn meine Seele ist zu Tod betrübt.
Ach, wacht auch ihr mit mir, wenn ihr mich liebt,
bis unsre Feinde ihres Amtes walten!«

Und ging hinauf. Die Gruppe blieb zurück.
Johannes stand mit Petrus etwas näher.
Er aber als ein dunkler Schatten höher
vorm dunklen Himmel, sichtbar ihrem Blick,
reckt seine Arme aus und warf sich nieder
auf sein Gesicht und hob sich auf die Knie

und breitete die Arme nochmals wieder
und schrie verzweifelt auf zu Gott und schrie:

»Gerechter Vater, laß den Kelch der Pein,
ists möglich, doch an mir vorübergehn!
Indessen nicht nach meinem Willen, nein,
nach deinem Willen möge es geschehn.«

Und ging hinab und fand: sie schliefen alle.
»So bleibt doch«, rief er, »eine Stunde wach
und fleht, daß keiner in Versuchung falle!
Der Geist ist willig, doch das Fleisch ist schwach.«

Und stieg zum zweiten und zum dritten Male
hinauf und rang mit Gott und schrie und rief,
daß ihm der Schweiß wie Blut in Strömen lief
und Ohnmacht ihn umhüllte schwer und tief.
Erst als ein Engel kam mit einer Schale
– sie sahen ihn erwachend noch entschweben –,
trank er draus wieder Kraft und wieder Leben.

Denn sie erwachten plötzlich, weil mit Lärmen
vom Hügelgrund nach oben Stimmen drangen.
Da sahn sie schon die Fackeln lohn und schwärmen
und eine Meute, die mit Spieß und Stangen
herauf sich wälzte, Judas in der Mitte.
Und während unstet sie das Licht umschien,
trat er mit stolpernd ungewissem Schritte
vor seinen Meister hin und küßte ihn.

Der aber streckte ihnen beide Hände
voraus, da sie mit Stricken vor ihn traten,
und sprach bekümmert: »Mußt du mich am Ende,
o Judas, noch mit einem Kuß verraten?«

Und sie umschrien den Heiland, und sie hingen
an seinen Kleidern, stießen ihn und gafften,
indes die Häscher schon die Stricke rafften,
ihm die Gelenke damit zu umschlingen.
Und in dem Sprühn und qualmger Fackeln Wehen
da huscht es schattig auch auf dem Gesicht

des Herrn, jedoch sein Antlitz rührt sich nicht,
bleich ließ und schweigend er das Werk geschehen.

Nur Petrus, der das alles wahrnahm, blickte
sich hilfesuchend nach den Brüdern um.
Dann packte ihn der wilde Zorn, er zückte
das Schwert wie rasend, schlug um sich herum
und schlug blindwütig in den Kreis hinein
und hieb und raste. Alles sprang zurück.
So hieb er nur dem Knecht vom Ohr ein Stück,
bis ihm der Herr befahl: »Das Schwert steck ein!
Denn wer zum Schwert greift, geht durchs Schwert zugrunde.
Will mich der Himmel retten, brauchts nicht dein.
Was kämpfst du gegen Gott? Mir schlug die Stunde.«
Und heilte schnell dem Knechte seine Wunde
und zog dann zwischen Fackeln querfeldein. – –

Die Stadt und Straßen mieden sie. Sie führten
durch Äcker ihn ins Hohepriesterhaus.
Dahinter war im engen Hofe drauß
ein groß Gewimmel, wo sie Feuer schürten,
um sich zu wärmen, denn die Nacht war kühl.
Dort streift auch Petrus bei des Kaifas Scharen,
des Hohepriesters, um in dem Gewühl
vielleicht von drin, vom Heiland, zu erfahren.
Doch noch drang keine Kunde an sein Ohr.
Nur manchmal beugte sich an den Gardinen
der Fenster, draus die hellen Lichter schienen,
ein und der andre dunkle Umriß vor.

Als Petrus also nun den Hof durchspürte,
erhob sich plötzlich in der Flammen Scheine
mit lautem Kreischen von den Mägden eine:
»Dort ist ein Mann ja, den er mit sich führte!«
Und auch ihr Schatten reckte an der Wand
nach ihm die drohend ausgestreckte Hand.

Da trat er schnell dahin, wos finster war,
und sprach: »Ich weiß nicht, was sie von mir will,
und auch wovon sie spricht ist mir nicht klar.«
Indessen wurde alles wieder still.

Doch da er sicher wurde wie zuvor
und meinte, die Gefahr sei nun gebannt,
schlich er sich lauschend an des Hauses Tor,
wo plötzlich wieder einer vor ihm stand
und sprach: »Warst du nicht auch mit von den Seinen?«
Und wieder müht sich Petrus zu verneinen:
»Ich kenne diesen Menschen wahrlich nicht.«
Und stahl sich nochmals heimlich aus dem Licht.

Der Herr stand während dessen drin im Hellen
und dichtgedrängt die Priester um ihn her.
Sie suchten ihn mit Redeschwall und -schwirren
und hinterhältgen Fragen zu verwirren.
Er aber gab jetzt keine Antwort mehr.

Da trat der Hohepriester vor ihn hin,
gekränkt in seines Amtes Eitelkeit,
und brüllt ihn an: »So wahr ich Kaifas bin,
du wirst den Mund noch auftun mit der Zeit!«

Der Herr jedoch: »Ich habe öffentlich
und frei gelehrt in Schulen und auf Straßen,
und noch zu keiner Zeit verbarg ich mich.
Du kannst dir überall berichten lassen.«

Da schlug der Knecht die Wange ihm und sprach:
»So redest du mit Hohenpriesters Gnaden?«

Sprach Jesus: »War es Lüge, weists mir nach.
Wars aber Wahrheit, was tust du mir Schaden?«
und sagte nichts mehr, wie sie ihn auch quälten
und wüteten und baten oder grollten.
Und Kaifas wußte bald sich nicht mehr Rat.
Er ließ ihn wieder fesseln und befehlen,
daß sie ihn ins Gefängnis bringen sollten,
und dann zum Reichsstatthalter in der Stadt.

So schleiften sie ihn lärmend durch die Mengen
und durch den Hof. Auch Petrus sah von fern,
wie sie ihn führten, und er wollte gern
am Hoftor sich in seine Nähe drängen.
Da hielt auf einmal mitten im Gewühl

ihn einer an: »Das ist ja, der heut nacht
dem Malchus seine Wunde beigebracht,
der uns mit seinem Schwerte überfiel!«

Doch Petrus schrie: »Du mußt von Sinnen sein.
Ich habe keinen Menschen überfallen,
und habe hier mit diesen Dingen allen
auch nicht einmal das mindeste gemein!«
Und schüttelte ihn ab, der ihn umkrallte,
und schlüpfte eilends aus der großen Zahl
von Menschen, die im engen Tor sich ballte.

Da krähte auch der Hahn zum dritten Mal.

Und plötzlich sah er klar, wie alles war,
und Reue und Verzweiflungsangst beschlich
die Seele ihm, und aller Hoffnung bar
ging er hinaus und weinte bitterlich.

Die Reue

Gerechter Gott, ich wein, ich weine:
Was habe ich getan!
Wars nicht mein Vorsatz, meines Herzens Plan,
für alle Zeit nur dir alleine
getreu zu sein bis in den Tod?
Gerechter Gott,
ich wein, ich weine.

O Vater du, mit ganzer Seele
hab ich mich dir gelobt.
Und nun auf einmal, nun durchwühlt, durchtobt
mein wundes Herz die Qual der Hölle,
der Hoffnung Tür fällt donnernd zu?
O Vater du,
hilf meiner Seele!

O Heiland, Herr, du hast gelitten,
ich habe nicht gewacht
und, als die Welt sich dir zum Richter macht,

verleugnet und dich abgestritten,
als kennte ich dich gar nicht mehr.
Durch mich, o Herr,
hast du gelitten.

Wie reut es mich, wie soll ichs tragen?
Hab ich, weil ich gefehlt,
dich, der für uns den Tod am Kreuz erwählt,
nicht noch einmal ans Kreuz geschlagen?
Mein Heiland, ach, erbarme dich!
Wie reut es mich.
Wie soll ichs tragen?

Karfreitag

Die Sonne quoll so blutig nie herauf
wie diesen Tag. Nie zog so mit Geschrei
so morgenfrüh so große Menge auf
am Platze vor der Reichsstatthalterei.
Doch als auf das Gerücht im Schreckenslauf
des Herrn Gefolgschaft ebenfalls herbei
voll Angst zu des Pilatus Wohnung hetzt,
da fanden sie die Straße schon besetzt.

Wer Ohren hatte, hört des Hasses Brüllen,
wer Augen hatte, sah, die Priester waren
mit dem gekauften Klüngel aufgefahren,
den Platz mit ihrem Geiste auszufüllen,
so daß die wengen, die zum Heiland standen,
auch nicht die allerkleinste Lücke fanden.

Zum drittenmal klopft Kaifas nun schon an:
Pilatus schlafe noch. Zum drittenmal.
Da ward die Tür ihm endlich aufgetan
und zum Empfang des Reichstatthalters Saal.
Pilatus kam herein, Kaifas begann:

»Wir klärten gestern endlich seinen Fall
und übergaben ihn in dieser Nacht

zur Aburteilung der Besatzungsmacht.
Du weißt, er hat den Kaiser oft gekränkt,
insonderheit die Ordnung eurer Welt,
hat zur Befreiung unser Volk gedrängt,
sich selbst als König ihm vorangestellt,
kurz, all sein Tun auf Dinge nur gelenkt,
die man seit je zum Hochverrate zählt,
auf Dinge, die den Tod, sonst nichts, verdienen.
Du sollst sie nun kraft deiner Vollmacht sühnen.«

Pilatus winkte. Jesus ward, begleitet
von zwei Soldaten, in den Saal geleitet.

Er sah nicht auf, und seine Augen schienen
wie blind schon für die Welt, in der er stand.
Pilatus blickte staunend unverwandt
wie in ein offnes Buch in seine Mienen.

»Du wirst des Hochverrates angeklagt.«
Der Heiland schwieg.
»Hier steht ein Mann vor mir,
der dich des Aufruhrs zeiht, und der mir sagt,
nach königlicher Macht gelüste dir.«
Der Heiland schwieg.
»Ich will nicht in dich drängen,
doch mir als Richter bist du überbracht.
Dich freizulassen steht in meiner Macht,
und gleichermaßen, dich ans Kreuz zu hängen.
Die Macht ward mir vom Kaiser übergeben.
Bricht meine Hand den Stab, so bricht sie Leben.«

Der Heiland sprach: »Du tust nach Recht und Pflicht:
Du hast vom Kaiser, der von Gott das Amt.
Doch jenen trieb die Bosheit, vor Gericht
mich anzuklagen, denn sein Amt tats nicht.
Darum trägt er die Schuld und wird verdammt.
Dem Kaiser steh ich Rede. Diesem spricht
mein Mund nicht Antwort, wie sein Blick auch flammt
und mich verbrennt und ihn das Böse quält,
ein Vorschmack seiner Qual in jener Welt.«

Kaum tat der Priester seiner Wut Gewalt,
als er dies hört. Jedoch Pilatus dreht
sich zu ihm hin, verbeugt sich knapp und kalt
und läßt ihn stehen – bis der Priester geht.

Da spricht Pilatus denn zum Herrn: »Dein Blick
und deine Stirn sind eines Knechtes nicht.
Zwar steht dir offne Güte im Gesicht,
doch glaub ich wohl, du schreckst vor nichts zurück.
Ich dachte gleich, wir können ohne jenen
vielleicht als freier Mann zum freien sprechen:
Trugst du dich wirklich mit so kühnen Plänen,
als König römische Gewalt zu brechen?«

»Ein König bin ich«, sprach der Herr, »doch findet
nicht auf der Welt mein Reich sich, und Gewalt,
wie du es meinst, in irdischer Gestalt,
ists nicht, worauf sich meine Macht begründet.
Wär ich, den Thron zu stürzen ausgegangen,
ließ ich hernach mich wohl von Pfaffen fangen?«

»So bist du dennoch König?«

»Ja, ich bins.
Gott sandte mich, damit auf dieser Welt,
der wirren, Wahrheit wieder Einzug hält.
Wer Wahrheit sucht, ist niemals Sklavensinns.«

»Was ist wohl Wahrheit?« sprach Pilatus leise.
»Und kann ein König nach der Wahrheit spüren?
Zu spüren und zu forschen lebt der Weise.
Doch Könge lehren nicht, nein, Könge führen.
Du hast auf Herrschaft deinen Sinn gelenkt,
du sagst es selbst, und solchem Werke schenkt
die Lust zur Wahrheit selten Fruchtbarkeit.«

»Drum sei«, sprach Jesus, »jedes Herz, das denkt
und plant, bereit zu Einsamkeit und Leid.
Auch ich bin lange schon dazu bereit.
So walte deines Amts, wenn man dich drängt!
Du hörst, es rast das Volk vor deinem Haus.
So liefre ihnen denn ihr Opfer aus!«

Wahrhaftig scholl von draußen in den Saal
seit langem schon der Straße Ungeduld.
Sie schrieen: »Hängt ihn doch! Um seine Schuld
noch zu erweisen, brauchts kein Tribunal.
Wer ihm nicht Feind ist, liebt den Kaiser nicht.
Was zögert man das Urteil noch hinaus?«

Da schrie Pilatus, und er trat vors Haus:
»Soll ich euch zeigen, wie man Aufruhr bricht?
Noch hab ich keine Schuld an ihm gefunden.
Mein Kaiser aber will nicht Unschuld quälen.«

»Was Unschuld?! – Hörten wir nicht unumwunden,
er träumte, sich dem Reich voranzustellen?
Willst du erst warten, bis er es vollendet,
dann bist du deines Kaisers Freund nicht mehr!«

So schrieen sie – bis sich Pilatus wendet.
Er schritt zum Saal zurück und seufzte schwer:

»So sah ich selten einen Haß sich regen,
wie deiner Sklaven draußen gegen dich.
Was soll ich tun? Vielleicht – verstehe mich! –
vielleicht, kommt man der Menge halb entgegen,
daß schon ein erstes starkes Schreckensbild
den eklen Durst nach Blut in ihnen stillt?
Vielleicht begreifen sie am Blut, das fließt,
zum erstenmal, daß du ein König bist?«

Gesenkten Hauptes dacht er qualvoll nach.
Dann winkt er die Soldaten stumm herbei
und flüsterte mit ihnen, und er sprach,
daß mit der Marter zu beginnen sei.

Sie bringen auf den Tempelvorplatz ihn.
Die Meute rast und schmäht, als sie beginnen,
den Mantel ihm, den Rock und auch das Linnen
von seiner schmalen, weißen Brust zu ziehn.
Mit einem Reif von Dornen kränzt man ihn,
bis blutge Tropfen ihm zum Munde rinnen,
und geißelt ihn mit Strick und Dornenruten,
bis tausend Bäche auch am Leib ihm bluten.

O unser Herr und Heiland, welch ein Bild!
O wüschen Tränen ab, was blutig quillt!
Wär unsre Scham dir Linderung im Schmerz
und Trost dir unser trostbedürftges Herz!

Die Menge raste, und Pilatus ging
im Saale auf und ab und her und hin
und biß die Lippe weiß. Und da erschien
sein Weib ganz plötzlich, denn sie suchte ihn:
»Was tust du mit dem Menschen, den man fing?
Ich bitte dich, laß dich mit ihm nicht ein,
mir träumte Schreckliches von ihm und dir!
Ein Gottmensch ist er, kann nicht schuldig sein.«

Da schrie sein Gram aus ihm – er schritt zur Tür –:
»Seit wann mischst du dich in mein Amt hinein?
Willst du für mich nach Rom und willst es tragen,
daß sie mich wiederum beim Thron verklagen?«

Und ging zum Heiland wiederum hinaus
und sah das Blut, doch fest und stumm den Mund,
und rief erschrocken und in Ehrfurcht aus:
»Welch Mensch!« beschämt bis in der Seele Grund.
Und auch die Menge war auf einmal still.
Begriff sie jenes Augenblicks Gewicht?
Pilatus dachte qualvoll nach: Ob nicht
die Not nun eine Wendung nehmen will?

War nicht noch Barrabas in seiner Hand,
der Mörder, und verwirkte auch sein Leben?
Und war nicht Festessitte hierzuland,
der Angeklagten einen freizugeben?

So hieß er plötzlich voller Zuversicht
die Marter sie beenden, und er trat
vors Volk und sprach, und er beschwor und bat
(denn an Beredsamkeit gebrachs ihm nicht),
und sprach und fragte endlich, als ihm schien,
daß seiner Worte Sieg vollkommen sei:
»Den Barrabas, den Mörder, oder ihn,
den ihr hier seht, ich geb euch einen frei.«

Sie blickten ihn verwundert an und groß:
Wer war denn Barrabas für sie? Er schien
nichts als ein simpler kleiner Mörder bloß.
Drum schrien sie: »Den Barrabas gib los!
Den andern aber – kreuzge, kreuzge ihn!«
Sie sahn den Heiland schon in ihren Händen,
und ihr Gejauchze wollte nicht mehr enden.

Da stürzte des Pilatus Hoffnung ein,
und in ein Becken ließ er Wasser fließen:
»Ich wasche mich von dieser Sünde rein.
Auf euer Haupt mag sich sein Blut ergießen!«

»Ja«, scholl die weite Straße voller Hohn,
»auf uns mags kommen und auf unsre Kinder!«

Und so geschahs, und so fiel Gottes Sohn
dem Pöbel zu und in die Hand der Sünder.
Sie rissen von der Treppe ihn herab
und spien ihm unter Lachen ins Gesicht
und schlugen ihn aufs Haupt. Er rührt sich nicht,
als man ihn durch die Reihen weitergab.
Nur in der Augen schmerzenstrübem Licht
da spiegelt sich die Qual zu leiden ab,
und unterm Blut die Stirne war wie Eis
und unterm Eis die Wangen fieberheiß. –

Sie zogen ihm die Kleider wieder an,
die Henker. Und damit ers selber trug
zur Richtstatt Golgatha dem Zug voran,
ward auf die Schulter ihm das Kreuz getan,
das schreckliche Gebälk, das wie ein Pflug
im Sande schleifend tiefe Furchen schlug.
Schon klebte vieler Mörder Blut daran,
nun sollt es auch der Unschuld Blut noch färben.
Gott sollte wie ein Mörder für uns sterben.

Schon lange ächzt er, unters Kreuz gebückt,
da hört er Schluchzen, und um aufzuschauen
hielt er ganz kurz nur ein: Da sah er Frauen
vom Schwall des Volks ihm in den Weg gedrückt.
Es schwoll ihr Weinen. Und er sah Johanna,

die Gutsfrau droben aus Gethsemane,
und viele andre noch und auch Susanna
und des Jakobus Mutter Salome.
Da rief er: »O ihr Töchter dieser Stadt,
spart eure Klagen, weint nicht über mich,
daß eurer jede Tränen noch für sich
und noch für ihre Kinder übrig hat!
Bald tretet ihr in jene Schrecken ein,
da bittet ihr die Berge ›Fallt zusammen!‹
und Hügel ›Stürzet über uns herein!‹
Dann werden nur die Leiber selig sein
der Unfruchtbaren, die nicht niederkamen.
Denn seht, wenn das am grünen Holz geschehen,
wie soll es dann dem dürren erst ergehen!«

Er sprach es. Doch ein Knecht des Henkers schlug
ihn mit der Gerte, weil er wieder stand.
Da zog er denn erneut das Kreuz und trug
es weiterschleifend durch den tiefen Sand.
Und sein Gesicht war schweißverklebt und rot.
Er brach – wie oft! – in seine Knie und droht
zu fallen, aber hielt noch immer stand.
Und hinter seiner Spur die Knechte trieben
ihn wie ein Tier voran mit Geißelhieben.

Und doch aus seinen bleichen Lippen kamen
nicht Klage- und nicht Schmerzenslaut hervor.
Erst als der Weg bergan stieg vor dem Tor
brach er zum dritten Male ganz zusammen.
Und zwischen seiner weißen Zähne Schar
entsprang ein rotes Rinnsal jenem Mund,
der einst so gottbegeistert herrlich war,
und dunkelte den staubig-hellen Grund.

Da lief so mancher zu ihm, ihn zu halten,
auch Fraun, mit Tüchern sein Gesicht zu trocknen.
Die Henker aber geißelten und knallten
mit Lederpeitschen zwischen die Erschrocknen.
So mußten sie denn wieder von ihm weichen.
Nur einer blieb noch: voll Verachtung ließ
er seinen starken Rücken ihren Streichen,
ein Mann, der Simon von Cyrene hieß.

Schon trug er stolz der ersten Marter Zeichen
und nahm das zweite noch: denn alsbald ließ
zum Lohn, da Jesus kaum vermocht zu stehen,
man Simon mit der Last des Kreuzes gehen. –

Am Hügel Golgatha, wo Felsenstein
wie kahler Schädel rund im Sand sich hebt,
da hält der Zug. Und mit der Hacke gräbt
man Grund aus, und man pflanzt die Kreuze ein.
Denn mit dem Heiland führte man Verbrecher
noch mit hinauf zum Foltertod: zwei Schächer.

Da nahm der Henker einen Becher Wein
und goß in diesen Trank, den süßen, schweren,
ihm ein betäubend bittres Gift hinein,
dem grellen Schmerz, der vor ihm stand, zu wehren,
Der Heiland aber stieß das Glas vom Munde.
Er wollte sterben wie sein Wandel war
im Garten dieser Erde: hell und klar
noch in der schrecklichen, der letzten Stunde.

Schon schwankten hohe Leitern. Es begann
ein Hämmern oben am Gebälk. Sie hieben
zum Hohne auch die große Tafel an.
»Der Juden König«, stand darauf geschrieben.
Dann zogen sie ihn selbst am Strick hinan,
wo sie ihm Nägel durch die Hände trieben
und durch die wunden Füße. Und der Schmerz
durchkrampfte immer neu sein wundes Herz,
und alle Muskeln seines Leibes schwollen.
Er aber rief mit aufgestellten Mienen
aus rauher Kehle, dran die pulsend vollen
Geäder schlugen: »Herr, vergib du ihnen,
sie können ja nicht wissen, was sie tun!«

Dann fiel sein Haupt zurück, und Dunkelheit
umhüllte ihm für eine Weile nun
und Nacht und Ohnmacht gnädig all sein Leid.

Vom Hämmern aber und vom Werken rings
noch dröhnt es fort: Sie banden ihm zur Seite
die beiden Mörder an – so rechts wie links –,

und gleich geschlagnen Stieren brüllten beide.
Und über das Gelärm der dichten Mengen
im Grunde schrillte ohne Scham ihr Schreien.
Da mühten vor den Kreuzen von den Dreien
Soldaten sich, das Volk zurückzudrängen.
Zu ihrer Opfer Füßen aber saßen
am Stamm die Henker wie in Baumes Schatten
und würfelten gefühllos und gelassen
um Jesu Rock, den sie gestohlen hatten.

Fließt denn vom Himmel keine Träne nieder?
Hüllt denn die Sonne nicht vor Scham sich ein?
Ach, stechender nur fällt ihr Strahl herein
und quält noch bittrer die gequälten Glieder!

Und höher stieg des Tages Glut herauf.
Er aber schlug die Augen wieder auf:
Da sah er in Gesichter überall,
in grinsende, des Volks und seiner Wachen,
und höhnisch drangs mit unverschämtem Lachen
zu ihm herauf: »Er rettet nicht einmal
sich selbst vom Tode und sich selbst von Qual
und will zum Herrn sich fremder Sorgen machen?
Steig doch herab vom Kreuz, wenn dus vermagst
und Gottes Sohn bist, wie du immer sagst!«

Auch von den Schächern, die da bei ihm hingen
in seiner Höhe, rührte einer sich
und rief mit wilden Flüchen: »Spute dich!
Kannst du von irgendwo uns Hilfe bringen,
meinthalb vom Teufel, aber spute dich!«

Der andre aber dumpf und schmerzverrenkt:
»Schämst du dich nicht vor dem, was deiner harrt?
Uns traf die Strafe recht, doch jener ward
um seine Unschuld zwischen uns gehängt.
O Herr, gedenke mein auf deiner Fahrt,
wenn Gott dich in der Ewigkeit empfängt!«

Der Herr entgegnete: »Ich sage dir:
Noch heute siehst du dich im Paradies mit mir.«

Doch fast gehorchte ihm die Zunge nicht,
sie klebte wie ein Klump an seinem Gaum.
Die welken Lippen öffneten sich kaum,
die Augen stachen ihm vom Sonnenlicht.
Sein Schlund war wie verbrannt, und durchs Gebein
krampfts in den Muskeln wie von Messern scharf.

O, einmal nur die Schmerzen von sich schrein!
Doch wer den Schmerz nicht nur für sich allein,
nein, auch für andre trägt, der schweigt und darf
nicht klagen, sondern muß gleichwie ein Stein,
noch wenn er atmet, eine Säule sein
der Welt, die ihre Hoffnung auf ihn warf.

Er schrie nicht, nein, er rief mit seinen Blicken
und leisen Munds der Knechte einen her:
»Mich dürstet!«, denn er drohte zu ersticken.
Der Knecht indessen griff nach einem Speer,
und einen Schwamm mit Essig füllte er,
ihn auf des Heilands Lippen auszudrücken.
Und eine neue Kraft durchperlte wieder
lebendig seine abgestorbnen Glieder.

Doch plötzlich, als des Mittags Strahlenbrand
und als der Sonne Ball am höchsten stand,
schob sichs, als ob die Scheibe faulig wär,
gleich einer Wolke vor ihr helles Licht
und fraß sich langsam von der Seite her
in sie hinein. Sie trübt sich rot und schwer,
doch war Gewölk am ganzen Himmel nicht.
Und wie die Frucht im dunklen Laube ruht,
schwamm nun im dunklen Himmel reif und süß
der Ball in dunkelpurpurn schwacher Glut.
So ward der Mittag plötzlich Finsternis
und lag wie Abendschatten auf den Mienen
und auf den weißen Leibern der Gehenkten.
Und all die Lärmenden, beklommen senkten
sie ihre Häupter, blutig überschienen.

Da teilte sich mit einemmal die Masse
von weither, wo von Angst und Not gehalten
die Jünger standen, und durch jene Gasse

nun schritten zwei sich stützende Gestalten.
Der Heiland blickte auf, und plötzlich schallten
die Worte durch das schweigende und blasse
Gewoge hin – Wer will das Grauen fassen! –:

»Mein Vater, warum hast du mich verlassen!«

Und wieder sank sein Haupt zurück, die Qual
riß ihn in tiefe Ohnmacht noch einmal.

Doch als sich seine Sinne wiederfanden,
da sah er, die sich zu ihm durchgeschlagen,
und nun schon unter seinem Kreuze standen:
die Mutter, von Johannes halb getragen.
Und ihre Augen blickten groß und rund
und heller als die Sonne zu ihm auf,
und aus dem schmalen, ganz verhärmten Mund
drang ihr Gelispel bis zu ihm hinauf.
Da wiegt er kraftlos, daß das Blut hernieder
aus seiner Dornenkrone sprang, das Haupt,
als wollte er sie trösten, daß er wieder
ihr Schmerzen zugefügt, die an ihn glaubt,
und daß er nicht in ihre Arme fliehe,
und sprach: »O Weib, er soll dein Sohn nun werden!«
und zu Johannes: »O Johannes, siehe,
laß sie nun deine Mutter sein auf Erden!«
und weinte. Auf die Mutter und auf jenen
zu seinen Füßen tropften Blut und Tränen.

Nun nahten langsam auch die andern Frauen,
der Gottesmutter ihren Trost zu bringen.
Auch Jünger wollten sich von fern getrauen,
in seiner Blicke Umkreis einzudringen,
damit er sie erkenne in dem grauen
und rötlich wundersamen Mittagslicht.
Doch nur der Mutter noch schien sein Gesicht.

So standen sie denn Blick in Blick gesenkt,
die Augen sprachen, ob sie gleich auch schwiegen:
Wo hätten Worte je so viel geschenkt,
wie was an Liebe da sich niedersenkt
und in den Blicken schwang, die aufwärts stiegen.

O ewiges, o wunderbares Bild,
wenn durch den Sohn die Mutter sich erfüllt!

Auf einmal strahlte wieder Sonnenlicht,
als wäre eine Flamme angeschlagen.
Ein Donner brüllte durch das Tal getragen,
ein Aufschrei durch die Menge. Weithin spricht
des Heilands Mund befreit: »Es ist vollbracht!«

Und wieder donnerts, doch vom Himmel nicht,
nein, aus der Erde tiefem, dunklem Schacht,
und dann der Ruf in jenes Grollens Ende:

»Nimm, Vater, meinen Geist in deine Hände!«

Doch kaum war noch das letzte Wort verhaucht,
begann der Boden überall zu beben.
Die Menge lief, sie lief wie um ihr Leben,
die Erde war in Staub und Dampf getaucht.
Und Gräber barsten auf, und es erschienen
viel Tote, die sich vielen sehen ließen.
Den Vorhang in dem Tempel aber fanden
die Hüter in zwei Teile durchgerissen.
Und immer noch war ringsum in den Landen
des Grollens Schrecken unter allen Füßen.
Doch als das Beben stillstand ringsumher,
da war beim Kreuz der Hügel menschenleer.

Ein großes Schweigen war mit einemmal,
als ob die ganze Welt gestorben wäre.
Zwar brannte ungebrochen hell der Strahl
der Sonne auf die Äcker und die Meere,
zwar dampft in Hitze weiter Wald und Tal,
die Menschen wandelten wie ohne Schwere.
Allein die Toten stiegen schweigend wieder
in ihrer Gräber Gruft und Tiefe nieder. – –

Am Abend kommt Pilatus aus der Stadt.
Die Leiber zerrn an den durchbohrten Händen,
die Tücher flattern um die dürren Lenden
im Wind, der sich von West erhoben hat.

Der Posten klirrt mit kurzem Schritt heran,
schnarrt seinem Herrn den schuldigen Bericht.
Der steht mit ganz verhärtetem Gesicht
als hörte er die Rede gar nicht an.
Dann gibt er den Befehl, nach Üblichkeit
die Knochen den Gehenkten zu zerschlagen.
So brauchten sie nicht allzu lange Zeit
den bittren Schmerz des Todes zu ertragen.
Auch war ja morgen Feiertag, dann sollten
den Blick sie nicht beleidgen und beschämen
all jener, die sich hier ergehen wollten.
Drum galt es, sie vom Kreuz herabzunehmen.

Da zieht der Wächter neuerlich herauf
mit einer Hellebarde, haut das Bein
von Brust und Schädel beiden Schächern ein.
Sie bäumen sich im Tod noch einmal auf.
Und eben will er sich zum Heiland wenden,
da tritt ein Jüngling plötzlich vor ihn hin,
erfaßt das Schreckenswerkzeug mit den Händen,
und heißt ihn noch ein weniges verziehn.
Dann bittet er Pilatus um die Gabe
des heilgen Leichnams, eh man ihn versehrt.
Doch seine Bitte wird ihm nur gewährt:
gesetzt, daß sich der Tod erwiesen habe.

Der Posten mit der Lanze kommt und sticht
dem Heiland in die Seite bis ins Herz.
Die Wimper und die Lippe zuckt ihm nicht.
Sein Antlitz bleibt gelöst von allem Schmerz.
Die Augen reglos-starr, doch voller Licht,
gleichwie er lebte, blickt er himmelwärts.
Und nur das Tuch um seine Lenden läßt
der Wind noch flattern, der aus Abend bläst.

Pilatus schickte sich zum Gehn, jedoch
auf einmal wiederum zurückgewandt,
erblickt er unterm Kreuz den Jüngling noch,
der dort mit einem andern Manne stand.
Der andre aber war ihm wohlbekannt,
war Nikodemus, der Gelehrte, doch.

Und auch der Jüngling schien ein Pharisäer
mit Namen Josef, ein Arimathäer.

Pilatus trat zu ihnen hin und sprach:
»Noch wüßt ich eines gerne: Was dich treibt,
und warum gehst du jenem Leichnam nach,
der nun, wie ich versprach, dein eigen bleibt?«

Der Jüngling drauf: »Mir sagt er einst im Leben:
›Ein reicher Mann wird schwerlich selig sein‹
und riet, den Armen all mein Geld zu geben.
Nun läßt mich dieses Wort nicht mehr allein.«

Und Nikodem: »Als ich ihn einst gesucht,
da sagte er: ›Gott machts den Weisen schwer.‹
Und immer wieder habe ich seither
dem Geist, der mir gegeben war, geflucht.«

Pilatus sprach: »Es klingt mir allezeit
noch in den Ohren: ›Trägst du Macht, so sei
bereit zur Last von Einsamkeit und Leid!
Nur wer mit Leid bezahlen will, wird frei.‹«

Da sagte Nikodemus: »Mir ward klar,
ein schweres Leid drückt den, der ausersehn,
verflucht in einem und erwählet war,
die Menschen durch sich selber zu erhöhn.
Und noch ein Höhres ward mir offenbar:
Gelängs uns, schlichten Herzens zu verstehn,
daß der, den wir dort oben hängen sehn,
Gott selbst und sein das größte Leiden war,
dann wärn auch wir erlöst und unser Leid
nichts als ein Teil von Gottes Herrlichkeit.«

Sie standen um den Stamm. Es sank der Tag
in Dunst und Dämmer. Nur das Tuch umspielte
liebkosend Gottes Leib mit leisem Schlag,
eh sich der Abend ganz in Schweigen hüllte.

Da flüsterte Pilatus zu den zwein:
»Wer er auch war, sein Herz war königlich.

Gebt ihm ein fürstlich Grab, und braucht ihr mich:
Mir soll kein Gut für ihn zu kostbar sein!«

Und wieder hört zu ihren Häupten leise
das Tuch man in dem Hauch des Abends fliegen.
Sie aber standen lange noch und schwiegen:
der Mächtige, der Reiche und der Weise.

Unterm Kreuz

Unter deinem Kreuz zu stehen,
    während in der Wolken Zügen
droben du die Arme weitest:
    Trost und seliges Entzücken!
Mögen, die vorübergehen,
    schmähn mit Hohn und Haß und Lügen!
Eigne Leiden, seit du leidest,
    heiligen, statt zu bedrücken.

Deiner Hände Schwingen sehen
    aus, als ob in Wolkenflügen
du dem Strom entgegengleitest.
    Doch nichts wird dich uns entrücken:
Denn wir klammern uns mit wehen
    Händen fest am Stamm, als trügen
Kraft und Fittich, die du breitest,
    uns schon durch des Lichtes Brücken.

Und so hoch wie Adler schweben,
    geist- und sonn- und windgetragen,
gleiten wir in jenen leeren,
    reinen, einsam-kühlen Weiten:
Tief, dem Blick kaum greifbar, leben
    irdische Geschlechter, jagen
drunt in Ländern und auf Meeren
    durch die wirbelnden Gezeiten.

Doch sie sind so fern, uns heben,
    gleich der Sehnsucht alter Sagen,
über ihren irdisch-schweren
    Kummer Gottes Wirklichkeiten.

Karsamstag

Auf allen Tempelstraßen, welch Gewimmel
am höchsten Feiertag der Judenheit!
Sogar die Bettler hielten im Getümmel
mit offnen Hüten große Erntezeit.
Zwar saßen sie mit Frösteln, denn der Himmel
war dicht verhangen. Und kein Festtagskleid,
in Frühlingsfarben blühend, ward entdeckt.
Sie blieben in der Mäntel Grau versteckt.

So wälzt sichs auf dem Tempelweg hinan:
gedämpftes Rufen und Geschwätz und wieder
ein stummes Trauerblicken himmelan
statt fröhlicher Musik und heller Lieder,
und füllt den Tempelsaal, die Höfe aus,
bis Kopf an Kopf die Menge harrend steht.
Und vom Gesims des Turmes schallts heraus:
der Aufruf der Posaunen zum Gebet.

Da schaukelt aus der Stadt, von drunten her,
rings von Gepränge und Gefolg umblitzt,
die Sänfte, drin der Hohepriester sitzt,
zieht eine Furche durch das Menschenmeer,
durch Auffahrt, Höfe, Treppen, Höfe hin,
und steht erst vor dem Goldnen Tempeltor.
Dort heben sie vom hohen Sitze ihn.
Ein langer Purpurteppich läuft davor,
geglättet seinem Fuß, die Stufen auf
bis in die Halle, seines Stolzes Straße.
Und er rafft den Talar und steigt hinauf
und wendet sich und steht nun vor der Masse,
die zu ihm aufblickt, steht und streckt die Hand
zum Segen über ihre Köpfe aus.

Auf einmal – aus dem Hauf, der ihn umstand,
trat finsteren Gesichts ein Mann heraus.
Und zähnebleckend und mit Haßgebärde
warf er ausholend einen Beutel hin
vor seine Füße, der mit Klirrn und Sprühn
aufbarst und sich verstreut auf Stein und Erde.
Und durch das Schweigen klimperte es hell.

Jedoch der Werfer ward nicht mehr gefunden.
Denn so wie er gekommen war, so schnell,
war er auch wieder im Gewühl verschwunden.

Der Hohepriester hatte ihn erkannt.
Hohngrinsend kehrt er sich und schritt hinein.
Die Schar der Priesterjünger aber stand
noch lang gebückt und las die Münzen ein,
als tilge sie mit Eifer blutger Schuld
geheimes Zeichen aus vor dem Gewimmel,
darin man noch mit Sanftmut und Geduld
auf Festglanz hofft, selbst unter trübem Himmel,
und auf das Opfer hinter heilger Schwelle,
daß sich des Herrn umwölkte Stirn erhelle. – –

Indessen warn die Straßen in der Stadt
wie ausgestorben. Alles Leben schwieg.
Und nur ein Weib, scheu um sich blickend, stieg
hinauf zum Gutshof den vertrauten Pfad,
bis sie vor einer Kätnerhütte stand,
ringsum das Gärtchen eingezäunt mit Stein.
Dort hielt sie, noch einmal zurückgewandt,
und öffnete die Tür und trat hinein.

Den engen Flur erhellte nicht ein Schein.
Sie tastete durchs Dunkel mit der Hand
und fand die Klinke, drückt sie zaghaft-schwach
und spähte in das niedre Wohngemach.

Da saß am Tisch ein hühnenhafter Mann,
das Haupt gestützt, das Antlitz in den Händen,
und rührt sich nicht einmal, den Kopf zu wenden.
Sie aber beugt sich vor und sprach ihn an:

»Wie lange sitzt du hier und willst noch greinen?
Seit gestern sind wir euch schon auf den Spuren,
dir und nicht minder auch den andern Seinen,
die wie die Winde auseinanderfuhren.
Solln wir euch denn beschämen, wir, die Frauen?
Maria, Salome und ich, wir haben
ihn gestern ganz allein im Abendgrauen,
mit fremder Hilfe, ganz allein begraben.

Und du bist fern, grad du, von dem man glaubt,
daß er ihm die Gemeinde anbeschied?«

Da senkte Petrus tiefer noch das Haupt:
»Weib, was soll ich, der ihn doch auch verriet?
O sähe einer in mein Herz hinein,
das klagt mit jedem Schlag mich ewig an:
Wenn ich ihn nicht verleugnet hätte, dann
vielleicht würd er uns nicht gekreuzigt sein.
Vermocht ich es, ihm lebend abzuschwören,
wie darf ich dann dem Toten angehören?«

Da ließ sie sich an seiner Seite nieder
und zog ihm seine Hände vom Gesicht
und sah die tränenroten Augenlider
und rief ihn an: »Begreifst du es denn nicht:
Für den die Lehre und das Wunder warb,
wie viele wollten ihm gehorsam sein!
Doch jenem folgen, der am Kreuze starb,
das ist die Tat! Mit ihr stehst du allein!
Vielleicht nur mußtest du ihn darum schmähen,
um nun in solchen Taten aufzustehen?«

Er sah sie an, als ständ die Antwort auf
die Frage ihr in ihrem Angesicht,
und lange, lange las er so darauf
und las und las. Und doch begriff ers nicht.

Da nahm sie ihn und zog ihn sanft hinaus.
Und ihre liebevollen Hände lenkten
ihn stadtwärts. Und die beiden tappten drauß
straßauf, straßab und suchten die Versprengten
von Tür zu Türe und von Haus zu Haus
bei allen, die sich einst zum Heiland drängten.
Und fanden sie der Brüder einen dort,
der zog mit ihnen ihre Straße fort.

So gab sichs, als sich seiner Stunden Waage
zum Abend neigte jenem trüben Tage,
daß endlich ihre ganze kleine Schar
in Magdalenens Haus beisammen war. – –

Zu dieser Stunde tönte an ihr Ohr
vom Tempel wieder der Posaunen Schrei.
Dort trat der Hohepriester nun vors Tor,
die Opferherde trieb man ihm herbei.
Sie wälzt sich blökend auf dem Weg empor,
ein wogendes und wollges Einerlei,
wie Schaum und Gischt aus reingewaschnen Fellen
und Rücken tänzelnd wie bewegte Wellen.

Der Hohepriester aber stand im Glanz
der Krone: Gold schloß seine Schläfen ein
und Gold die Brust, und darauf spielt ein Kranz
von zwölf Smaragden, und ein Flittertanz
von Licht blitzt in des Abends Grau hinein.
Und auch die Schultern krönt ein heller Stein.
Darunter aber dunkelfaltig ranns
von Purpur ihm auf Hüfte, Schoß und Bein.
Und des Gewandes kostbar-schwere Bürde
gab seinem Schreiten königliche Würde.

Und kniend wählten Priester aus der Herde,
sie ihm zu reichen, Opferlämmer aus.
Er prüfte sie mit wägender Gebärde
und gab sie rückwärts in das Tempelhaus
den Priestern hinter ihm zum Tor hinein,
um sie am Altar opfernd darzubringen.

Und rings begann das Volk mit Litanein
und klagenden Gebeten dumpf zu singen.
Und durch die Höfe wogt die Melodie
erbarmenswert bis ins Gewölk hinauf.
Jedoch der Himmel blickte trübe wie
zuvor und tat sich keinem Rufen auf
und keines Opferrauches süßem Ruch,
der aus der Halle Nacht ins Freie wich
und doch nicht aufstieg, sondern wie beim Fluch
des Kain als düstrer Streif am Boden schlich.

Und die Beklommenheit, die rings entstand
und alles Volk ergriff, ward riesengroß:
Denn eins der Lämmer riß sich blökend los
und sprang dem Hohepriester aus der Hand

und durch die Reihen derer, die da sangen.
Und immer wieder machte es sich frei.
Und in die frommen Litaneien klangen
auf einmal scheuchend Rufe und Geschrei.
Und als sie glaubten, daß es eingefangen
und an der Mauer aufgehalten sei,
da sprangs empor und auf der Mauer Rand
und dann von Fels zu Fels hinab ins Land.

Sie sprangen hinterdrein, und viele blickten
von oben mit erregtem Lärmen nieder,
als ihm die Häscher immer näher rückten.
Und doch entlief es ihnen immer wieder,
bis dahin, wo sich schon am Ackerrain
gebüschumwuchert dürre Eichen nährten.
Dort schlüpft es voller Angst vor ihnen ein.
Man brach die Zweige, die den Zugang wehrten
und drang ihm nach: Da sah mans zitternd stehn.

Doch plötzlich stehen alle starr im Rund:
Denn über ihm hängt, scheußlich anzusehn,
verquolln die Augen und der bärtge Mund
weit offen und der Hals wie abgeknickt,
die Leiche eines, der sich dort erhängt,
an den sich nun das Lämmchen ängstlich drückt,
als ob es bei ihm Schutz zu suchen denkt.

Und angestoßen drehte sich und schwang
der Leichnam droben langsam her und hin.
Es knarrte an dem morschen Ast der Strang.

So richtet der Verbrecher sich, dem schien,
daß er Gott selbst mit seinen Listen zwang.

Nur dann wird, was wir planen, wirken, schauen,
lebendge Wahrheit, will uns Gott erwecken.
Doch die mit Eitelkeit und Selbstvertrauen
auf Menschenwitz den Turm zum Himmel bauen,
sie säen List und ernten Tod und Schrecken.

Der Turm

Glaubt ihr, Gott mit List zu zwingen
und mit Schlichen und mit Schlingen
seine Welt nach eurem Planen
neu zu bauen und mit Türmen,
die Gebirg und Himmel stürmen,
euch den Weg zu ihm zu bahnen?

In dem großen Babel schichten
Stein auf Stein sie, und es richten
stets die eifrigen Empörer
ihre Gier bis in die Sterne,
eh sie Gott aus seiner Ferne
noch verwirrt hat, die Verschwörer.

O ihr künstlichen Erfinder,
o ihr zehnmalklugen Gründer,
träumt nur eure großen Träume!
Rafft nur eure Riesenreiche!
Denn der Blitz mit schnellem Streiche
fällt zuerst die höchsten Bäume.

Was sind eure Abenteuer
ohne Glauben? Was ist euer
kühner Bau, der liebeleer ist?
Könnt ihr denn auf Marmor säen,
könnt ihr Korn vom Steingrund mähen,
könnt ihr schwimmen, wo kein Meer ist?

Ein Grund nur kann Früchte tragen,
eine Frucht nur Wurzel schlagen:
Pflanzt den Herzen Demut ein!
Ein Turm nur wird ewig dauern:
Wachsen seiner Kirche Mauern
doch aus Herzen statt aus Stein.

Ostern

Wie leichter atmet sichs nach banger Nacht,
wenn endlich sich im Raum die Schatten lichten
und auf den nachtverschlossenen Gesichten,
als öffnen Blüten sich, der Tag erwacht!

Zwar schliefen noch die meisten ringsumher
im niedren Dachraum bei Gebälk und Sparren
tief seufzend, denn die müden Herzen waren
von jener Tage Alp noch bergeschwer.

Nur Petrus blickt mit trüben Augen stumm
Johannes an, als nun nach all dem Jammer
der Tag heraufkam in die dunkle Kammer;
und auch Johannes blickt sich fragend um
und sah den stummen Petrus an, der blaß,
die Stirn am taubenetzten Fenster, saß.

Doch richtet der sich endlich auf und sprach
als Antwort gleichsam an sich selbst und alle:
»Welch einer Hoffnung trauern wir denn nach
und welchem Glanze, daß er auf uns falle?
Als ob ihn uns das Schicksal schuldig wäre!
Warn das denn Könige, die uns gebaren?
Wir trugen doch nur mit an *seiner* Ehre
und sind nur wieder, was wir vorher waren:
armselge Fischer, die an ihren Seen
alltäglich wieder ihre Netze ziehn.
Nur daß sie sich im Alltag künftighin
erinnern dürfen, wie sie ein Geschehn,
ein großes, einst erweckte – und durch ihn.
Doch war das alles uns ja bloß geliehn.
Ein Narr nur wird verbriefte Rechte sehn,
wo Gnade war. Uns steht nichts fürder an,
als in uns zu verschließen, was wir sahn.«

Der Jüngling aber sprach – und nur mit Not
zwang er sein Herz, vor Qual nicht aufzuschrein –:
»Ich lebte doch, und soll nun wieder tot
ein ganzes, langes Erdenleben sein?
Mich nüchtern wieder nur dem Alltag weihn,

und spürte doch, ich war berauscht von Gott?
Nein, eher stirbt mein Herz in Martern ab,
eh mir der Geist verlischt, den er mir gab.«

Ein kaltes Fieber packte ihn, ihm floß
ein Strom von Tränen, und er stürzte nieder
und, das Gesicht getaucht in Petri Schoß,
zuckt Krampf und Schluchzen ihm durch seine Glieder.
Doch riß kein Wort vom Mund sich ihm mehr los.
Und Petrus beugt sich zu ihm immer wieder,
des Seidenhaar durch seine Hände glitt,
die doch nicht sänftigten, was er erlitt.

Indessen hatte wie aus Meeresschwall
die Sonne sich im Hügelgrund erhoben.
Sie schoß, als wär ihr leichter, lichter Ball
getaucht nur vom Gewicht der Nacht, nach oben.
Da sahen sie im Dämmer drunt die Frauen,
sahn Salome und Magdalenen drauß.
Die traten mit den Rechen vor das Haus,
um noch vor Hitze nach dem Grab zu schauen.
Die weißen Füße flogen auf dem Sand,
die Kleiderfalten glockengleich im Schein.

Doch plötzlich hielt Marie betroffen ein,
und zu der Schwester, die zur Seite stand:
»Wer wälzt uns«, rief sie aus, »zu dieser Stunde
den Stein, den schweren, von des Grabes Tor?«
(Denn einer Höhle gleich im Felsengrunde
lag Jesu Grab, ein großer Block davor,
damit kein Fremder den Bezirk entweihe,
darin sein heilger Leib gebettet schlief.)
So standen sie denn zögernd da, die zweie,
bis Salome vertrauend weiterlief.

Als sie indessen in den Garten kamen,
von dem man schon die Felsenwand erblickt,
da schraken sie noch mächtiger zusammen:
Der Riesenblock, vom Tor des Grabs gerückt,
lag weit beiseite, doch kein Mensch umher
im ganzen weiten Grund. Sie sahn sich an
und traten ängstlich an das Tor heran.

Da ward es offenbar: Das Grab war leer.
Wo sich zuvor die heilgen Glieder streckten,
da lagen nur noch, sorgsam hergerichtet,
in Falten eingekniffl und aufgeschichtet,
die weißen Tücher, die ihn einst bedeckten.

Da kehrten sich die beiden um und sprangen,
so schnell die schreckgelähmten Füße trugen,
den Weg zurück. Und ihre Herzen schlugen
bis in die Kehlen, die nach Atem rangen.
Sie standen bei den Jüngern unterm Dach
erst still, bemüht, zu Worten sich zu sammeln.
Die eben schliefen, waren alle wach,
doch keiner noch begriff der Frauen Stammeln.
Nur Petrus und Johannes traf gleichwie
ein Blitz ins Herz das Wort: »Das Grab ist leer!«
Die schmale Stiege abwärts jagten sie.
Und wiederum die Frauen hinterher.

Johannes lief voran, die Leidenschaft
der Jugend flog vor ihm auf schnellen Schwingen.
In ungestümen Sätzen voller Kraft
sucht Petrus vorwärtsrudernd nachzudringen.
Doch vor dem Grabe hielt Johannes ein,
dem Älteren den Vorrang nicht zu schmälen.
Nur eilig einen Blick warf er hinein:
Da fand er alles nach der Fraun Erzählen.

Dann traten sie selbander in die Höhle
vors leere Lager in den niedern Raum,
und noch ganz schattenhaft so wie im Traum
griff erster Ahnung Schauer ihre Seele.

Drauß aber standen vor des Grabes Pforte
die Frauen wieder, um sie zu erwarten.
Da sahen sie: es nahte aus dem Garten
der Gärtner, wie sie meinten, sich dem Orte.
Und Magdalena sprach ihn ruhig an:
»Herr, sicherlich, du hast ihn weggetragen.
So bitten wir dich herzlich, uns zu sagen
– wir liebten ihn –, wohin du ihn getan.«

Da blickte ihr, gleichwie mit stummem Klagen,
der Mann in ihre Augen und begann
unhörbar fast die Lippen zu bewegen:
»Maria!« – und sie warf sich ihm entgegen.

Sie schrie vor Glück – und »Meister!« rief sie laut.
Und auch die andre schrie und sprang ihr nach
und streckte ihre Hände aus. Er schaut
ihr ernst ins Antlitz, wiegt das Haupt und sprach:

»Berührt mich nicht! Noch dürft ihr mich nicht fassen.
Ich bin noch nicht zum Vater aufgefahren.«

Sie stehen wie erstarrt, jedoch sie lassen
die Arme sinken, die geöffnet waren.
Doch eh auf ihren Schrei noch aus der Gruft
zu ihnen Petrus und Johannes eilte,
da sahn sie schon, wie sich sein Bild zerteilte.
Nur noch ein Sonnenstaub hing in der Luft.

Die beiden Jünger aber, staunend blickten
sie auf die Stelle, die ihr Finger wies,
und fragten, fragten, da sich den Verzückten
die Zunge doch so schnell nicht lösen ließ.

Auf einmal warf sich Petrus auf die Kniee
und beugt sich in den tauig-samtnen Sand
mit weiten Augen, lippenbebend: Siehe,
er hatte eines Fußes Spur erkannt.
Die weichen Ballen eingewölbt, und dicht
die Zehen, ebenmäßig vorgerückt.
Ein Ameis wühlte sich daraus ans Licht,
sandrieselnd, den der Schritt hineingedrückt.
Da aber, da wo sich der Spann erhob,
ganz deutlich sah er da und mitteninne
die Wunde, drum sichs rosenblättrig schob,
ganz frisch vernarbt. Dann schwanden ihm die Sinne.

So lag er lange. Endlich stand er auf.
Ein Lächeln schwamm verklärt auf seinen Mienen.
Von seligstem Entzücken hell umschienen,
schritt er den Dreien fest und froh vorauf.

Und um ihn strahlte nun in allen Zweigen,
im Knospengrün, viel lichter als vorher
die Sonne. Und er sah ins blaue Meer
des Himmels ungezählte Lerchen steigen.
Sie wiegten ihre kleine Brust im Flirrn
der Morgenluft, und trällernd musizierten
die kleinen Kehlen, deren Töne Schwirrn
erregt und blitzend wie die Schwingen schwirrten.

Darunter aber schritt er mächtig hin,
der Ostergnade, die er trug, gewiß.
Gleichwie die Lerchen stiegen, blitzend-süß,
flog seine Seele jubelnd vor ihm hin.

Und als die Seinen droben ihn umdrängten,
da wars, als ob die Worte, die er fand,
der niedren Kammer enge Wände sprengten.
Und ringsum dehnte sich das weite Land.
Und grün behaucht zu seinen Füßen senkten
Wald, Strom, Gefilde sich. Er aber stand
so hoch, so weit die Stimme dröhend schwebt:
»Er ist erstanden! Unser Heiland lebt!«

Die Freunde aber jubelten umher
und stiegen zu den Fraun hinab ins Haus
und dachten der Verfolgung Angst nicht mehr.
Selbst auf die Straße liefen sie hinaus
und harrten auf des Heilands Wiederkehr
und spähten fern und nahe nach ihm aus.
Und von der Größe ihres Glücks beklommen
frohlockten sie: »Er kommt! Ja, er wird kommen!« – –

Indessen stieg die Sonne hoch hinauf.
Indessen neigt sich ihre lichte Bahn.
Der Frühling tat sich unergründlich auf.
Ein Mittagswölkchen schwamm im Himmelsplan.
Und erste Schatten im Gebirg erwachten.
Und feuchter atmeten die kühlen Gründe.
Die Quellen rauschten lauter. Es entfachten
ihr sanftes Spiel die abendlichen Winde . . .

Sie hatten ohne Unterlaß gehofft.
Sie hatten ohne Unterlaß geglaubt.
Beim Lauschen der Erwartung ward zu oft
die neubelebte Hoffnung neu geraubt.
Sie setzten sich zu Tisch, sie aßen kaum,
sie warteten. Ein Stuhl blieb unbesetzt,
ein Teller leer, ein Becher unbenetzt.
Hart tackt der Pendelschlag der Zeit im Raum.
Noch hielt sich stummverzweifelt bis zuletzt
ein jeglicher an seiner Hoffnung Saum.
Doch stahlen sie sich alle nach und nach
in jene Kammer wieder unterm Dach.

Jakobus zog Taddäus vor den andern
zur Seite, und er flüsterte: »Bevor
der Tag sich an den Abend noch verlor,
laß uns nach Emmaus zum Vater wandern.«

Sie stapften alsbald ihren Weg hinauf,
bedrückt und schweigend. Keiner blickte auf.

Nur einmal, als sie so selbander liefen,
da rief Jakobus grimm- und grambewegt:
»Glaubst du, wer aufstehn kann aus Grabestiefen,
hält müßig still, wenn man ans Kreuz ihn schlägt?«

Ihn schmerzte selber des Gedankens Hohn,
und er zerriß sein Herz mit diesem Wort.
Es hatte ihn erzürnt: Es glaubte schon.
So warf er es mit blindem Wüten fort.

Da plötzlich wars, als ob beim Brückensteg,
wo sich am Bach die beiden Pfade zweigen,
ein fremder Schritt noch kläng vom andern Weg.
Schon sahen sie auch einen Schatten steigen.
Durch dunstge Schwaden zwischen Weidenschatten
sprach er sie an: »Was führt ihr da für Reden?
Als ob sie einen erst gekreuzigt hätten,
und der ersteht dann, als sie ihn bestatten!«

Da blickt Taddäus auf und murrt ihn an:
»Du scheinst der einzge hierzulande noch,
dem nicht bekannt ist, was sich jüngst getan.«

Der andere zurück: »Was meint ihr doch?«

Er ging nun schon an ihrer Seite hin.
Es war ein Mann von bleichem Angesicht,
unheimlich glühte seiner Augen Licht.
Grad hatte auch Jakobus jetzt im Sinn,
mit kurzer Rede mürrisch zu erwidern,
als er des Fremden milde Züge sah
und jenes Leuchten unter dunklen Lidern.
Da wußt er selber nicht, wie ihm geschah.
Er faßte ein Vertrauen und er sprach
– und aller Groll verschwand aus seiner Seele –:
»Das Schicksal Jesu quält und geht uns nach,
der Gottes Sohn galt, und der ohne Fehle
gewandelt ist und ward ans Kreuz geschlagen.
Wie konnte das an Gottes Sohn geschehn?
Und wer darf hoffen, daß er nach drei Tagen,
wie er verhieß, nun noch wird auferstehn?«

Da sprach der Fremde, seine Stimme war
behutsam sanft wie einer Mutter Hand,
und beide Brüder fühlten wunderbar
sich durch sein Wort und seinen Blick gebannt:

»Ihr Unverständigen, versteht ihr nicht?
Sie mußten grade Gott ans Kreuz euch schlagen:
Nur er kann Leid und Schuld für alle tragen
und muß es, daß nicht seine Welt zerbricht.
Wenn ihr nun künftig, seit den Wundertagen,
der Brüder Last tragt, kann euch das Gewicht
des Leidens niemals mehr zu Boden drücken,
nein, wird euch hoch in Heilands Höhen rücken.
Des Sohnes Blut soll eure Taufe sein,
und sei die Taufe künftig aller Welt.
Taucht eure Seelen in sein Leiden ein!
Und wenn er dann die Auferstehung hält,
ersteht er zum Triumph nicht mehr allein,
nein, alle die sich unters Kreuz gestellt,
und die dem Leid der Welt geduldig waren,
sie werden mit ihm auf zum Vater fahren.«

So sprach der Fremde. Und gewaltig klang
und tröstlich seiner Stimme Melodie
das abendeinsame Gefild entlang.
Der weiche Pfühl des Nebels wiegte sie.
Von den Propheten sprach er, deren Sang
Gott zeitig schon der Weisheit Kraft verlieh.
Und von den Vätern sprach er und dem Bunde,
den sie mit Gott einst schlossen, und der Kraft,
die ihn zerstörte, daß die alte Wunde
noch vielfach schmerzlicher und tiefer klafft.
Und auch von künftgen Tagen gab er Kunde:

»Des Glaubens und der Gnade Eigenschaft
baut durch der Zeugen Hand«, so rief er aus,
»nun allen Heiligen ein festes Haus.«

Sie lauschten atemlos. Die Straße glitt
unmerklich unter ihren Füßen fort.
Mit Sorge sahen sie den kleinen Ort,
die ersten Häuser nahn bei jedem Schritt.
Schon dämmerte das Land, der Nebel fiel,
ein frischer Wind strich aus dem Tal heraus.
Auch in den Zweigen ward es mählich still:
Da standen sie mit ihm vor ihrem Haus
und bangten, würde das der Abschied sein?
Und drängten ihn mit flehenden Gebärden:
»Herr, bleibe bei uns! Es will Abend werden.
Herr, bleibe bei uns, laß uns nicht allein.«

Da trat er denn mit ihnen unters Dach.
Der Tisch stand in der Stube schon gedeckt.
Ein Lämpchen funkelt traulich durchs Gemach,
das ihnen freundlich Heimatschimmer weckt.
Sie setzten sich zum Mahl. Er obenan.
Da stand er plötzlich auf und nahm das Brot
und segnet es und brachs und dankte Gott.
Und ihre Augen wurden aufgetan.

Sie sahn auf einmal um sein Haupt den Strahl
wie eine Krone schweben, sein Gesicht,
die Hände, seine Schultern wurden licht
wie eine Flamme. Und mit einemmal

erglomm der ganze Raum im weißen Schein,
als ob ein silbernes Metall verbrennte,
auflodert und verlischt. Und dann am Ende
wars wieder dunkel und sie ganz allein.

Erst waren sie geblendet. Doch die Glut
im Innern brannte fort, die er entfacht.
Sie liefen nun schon wieder durch die Nacht,
laut betend liefen sie: »Herr, gib uns Mut
und gib uns Kraft, Herr, um mit dir zu tragen,
wozu du uns beriefst, und gib Vertrauen
und reine Hände! Denn nun wolln wirs wagen,
am Werk, das du begannest, fortzubauen.
Und gib auch unsern Brüdern, dich zu schauen,
und segne sie, damit sie nicht verzagen,
auf daß sich eine einzige Gemeine
um dich, dein Wort und deine Tat vereine!«

So stürmten sie die Stiege denn nach oben.
Da war der Riegel vor die Tür getan.
Sie pochten ungestüm und polternd an.
Der schwere Riegel ward zurückgeschoben.
Und breit stand Petrus auf der schmalen Schwelle
und streckte blinzelnd eine Kerze aus.
Mit angestrengtem Blick forscht er ins Helle.
Dann aber trat er aus der Tür heraus
und ließ die zwei vorbei. Und alle scharten
sich drinnen um sie. Und mit nächtlich weiten,
vom Licht ganz aufgeschreckten Augen starrten
sie voller Angst und Neugier auf die beiden.

Die aber rühmten laut, wie sie ihn fanden,
und wie sein Wort vor ihnen aufgeklungen
und er das Brot brach und sie ihn erkannten.
Und immer wieder mit beredten Zungen
beschworen sie: »Der Herr ist auferstanden!
bis sie das Echo der Begeisterungen
laut übertönte und im großen Chor
des Jubels ihre Stimme sich verlor.

Nur Thomas schwieg und hielt sich stumm zurück.
Sein Herz war noch von Kummer ganz umnachtet.

»Wem klänge nicht die Botschaft, die ihr brachtet«,
so murmelt er, »wie himmlische Musik?
Doch war ich einmal meiner Hoffnung Narr
und trüg es nicht zum zweiten Male mehr.
Seh ich ihn nicht mit Augen sonnenklar
und spricht er nicht: ›Leg deine Hand hierher,
hier ist die Wunde, welche tödlich war,
hier rissen mich die Nägel, hier der Speer!‹
so glaub ich nicht. Verrät bei euch ja doch
auch euer Jubel eure Schwachheit noch.
Auch ihr sucht Zeugnis seiner Göttlichkeit.
Dann ist kein Wunder mehr, daß er erstand,
doch aller Wunder Wunder, daß Gott Leid
und Tod für uns erlitt durch Menschenhand.
Auch ihr sucht Zeugnis noch und fragt im Stillen,
der Frage Stachel läßt euch nicht mehr ruhn
wie mich: Was kommt er nicht und zeigt sich nun,
und seis auch nur um unsrer Schwachheit willen?
Dann, wärs zum Sterben, wäre ich noch sein.
Herr, komm, ach komm! Was läßt du uns allein!«

Er schrie, er schrie es, und von Tränenbächen
hell überströmt stand er mit einem Male.
Und so wie er, so standen plötzlich alle,
um weinend nieder in die Knie zu brechen
und die verschlungnen Hände zu erheben,
die heiße Stirn zu beugen und zu schrein:

»Herr, komm, ach komm! Was läßt du uns allein!
Du Auferstandner, hilf auch uns zum Leben!«

Nur Petrus stand, als alle um ihn lagen,
einsam und sah mit Wehmut seine Brüder.
Sie hörten fast unhörbar in ihr Klagen
ihn »Amen!« sprechen: »Amen, Herr, kehr wieder!
Und wirf noch einmal Trotz und Kleinmut nieder
und lehr uns lieben, glauben, Leiden tragen
und durch den Tod zum Leben auferstehn!
Doch unser nicht, dein Wille soll geschehn.«

Auf einmal spürten sie: Es fuhr ein Wehen
durchs niedere Gebälk des Daches hin.

Und wo noch eben Dunkel war, da schien
der Sterne Kuppel plötzlich aufzugehen.
In ihrer Mitte aber sahn sie ihn,
die Füße neben ihren Füßen stehen,
indes um seine Stirn die Sterne flogen
und Wolken hell um seine Schultern zogen.

Er schritt zu Thomas. War es noch, als schreite,
wars nicht, als schwebe er, da er ihm schweigend,
sich aus der ungeheuren Höhe neigend,
die Hand aufhob in seine wunde Seite,
daß er die Narbe dort, die klaffend breite,
des Speeres taste, dann, die Arme zweigend,
die Nägelmale in der Hände Flächen?
Und wars nicht, als er anhub, um zu sprechen,
als kläng sein Wort aus tiefer Himmelshöhle
wie aus der Tiefe ihrer eignen Seele?

»Nun ist mir wie im Himmel, so auf Erden
vom Vater Kraft und Herrlichkeit verliehn.
Ihr aber, geht zu allen Völkern hin
und tauft und lehrt sie, daß sie kundig werden
und Gottes Gnade jedes, Licht und Schein
des Geists hinfort und meinen Namen trage!
Und fürchtet nichts: Denn ich will alle Tage
bis an der Welten Ende bei euch sein.«

Österliches Vaterunser

Vater unser, der du nicht mehr droben
fern im Himmel nur, auch in uns bist,
seit der Heiland sich vom Tod erhoben
und dein Wille so geschehen ist,

Dank, ach Dank! Dein Reich ist nun gekommen.
Täglich Lebensbrot ist uns verliehn.
Und das Leid, die Schuld sind uns genommen,
wie auch wir der Welt die Schuld verziehn.

Ewig heiligen und preisen wir
darum auf den Knieen deinen Namen.
Leid ist Kraft und Herrlichkeit in dir,
und das Kreuz ist Sieg geworden. Amen.

INHALT